Chinas Power-Tuning

Gerhard Preyer · Reuß-Markus Krauße

Chinas Power-Tuning

Modernisierung des Reichs der Mitte

Gerhard Preyer
Goethe-Universität
Frankfurt am Main
Frankfurt a. M., Deutschland

Reuß-Markus Krauße
Projekt ProtoSociology
Goethe-Universität
Frankfurt am Main
Frankfurt a. M., Deutschland

ISBN 978-3-658-02977-7   ISBN 978-3-658-02978-4 (eBook)
DOI 10.1007/978-3-658-02978-4

Die Deutsche Nationalbibliothek verzeichnet diese Publikation in der Deutschen Nationalbibliografie; detaillierte bibliografische Daten sind im Internet über http://dnb.d-nb.de abrufbar.

Springer VS
© Springer Fachmedien Wiesbaden 2014
Das Werk einschließlich aller seiner Teile ist urheberrechtlich geschützt. Jede Verwertung, die nicht ausdrücklich vom Urheberrechtsgesetz zugelassen ist, bedarf der vorherigen Zustimmung des Verlags. Das gilt insbesondere für Vervielfältigungen, Bearbeitungen, Übersetzungen, Mikroverfilmungen und die Einspeicherung und Verarbeitung in elektronischen Systemen.

Die Wiedergabe von Gebrauchsnamen, Handelsnamen, Warenbezeichnungen usw. in diesem Werk berechtigt auch ohne besondere Kennzeichnung nicht zu der Annahme, dass solche Namen im Sinne der Warenzeichen- und Markenschutz-Gesetzgebung als frei zu betrachten wären und daher von jedermann benutzt werden dürften.

Lektorat: Dr. Cori Antonia Mackrodt, Katharina Gonsior

Gedruckt auf säurefreiem und chlorfrei gebleichtem Papier

Springer VS ist eine Marke von Springer DE. Springer DE ist Teil der Fachverlagsgruppe Springer Science+Business Media
www.springer-vs.de

Inhaltsverzeichnis

1 Einleitung 1
   1.1   Das Land der Rätsel 1

Teil I Chinas Entwicklungspfad

2 Neuer Wohlstand ohne Utopie 9
   2.1   Regierung des Nichtregierbaren 9
   2.2   Regieren jenseits von Demokratie und Diktatur 13
   2.3   Punktueller Protest bei allgemeiner Akzeptanz des Wandels. ... 15
   2.4   Vom Vormund zum Moderator 17
   2.5   Konflikt ohne Streit. 19
   2.6   Utopie und neues Glück. 23

3 Chinesisches Wirtschaftswunder 27
   3.1   Vom Sprung nach vorn 27
   3.2   Marsch in Etappen statt Quick Solution 31
   3.3   Hybridisierung von Politik und Wirtschaft 33
   3.4   Kontinuität in der Diskontinuität. 36
   3.5   Metamorphose zum Schmetterling 38
   3.6   Von der Schwäche zur Stärke 40

4 Ausgleich ohne Gleichheit 45
   4.1   Harmonie durch Ungleichheit 45
   4.2   Hybridisierung des chinesischen Rechts 47
   4.3   Justitia ohne Binde 50
   4.4   Rückbindung an die Vergangenheit. 52
   4.5   Sozialordnung ohne Verrechtlichung 55
   4.6   Ungleichheit als Zukunftserwartung 57

5	Zukunft der Innovation	61
	5.1 Mache es so, wie Dein Lehrer	61
	5.2 Universität als Dienstleister	63
	5.3 Investition und Innovation	66
	5.4 Vernetzung mit dem globalen Wissenschaftssystem	68
	5.5 Kreativität durch Mix	71
	5.6 Wege ohne Ziel	73

Teil II Kosmische Einheit und soziale Ordnung

6	Ordnung von Kosmos und Gesellschaft	81
	6.1 Heilige Ordnung des Neokonfuzianismus	81
	6.2 Masken der Wirklichkeit	84
	6.3 Ordnung des Himmels	87
	6.4 Magische Einheit von Kosmos und Kollektiv	89
	6.5 Perspektivismus der Wahrheit	91
	6.6 Identität durch Grenzen	94

7	Alle unter einem Himmel	101
	7.1 Schutz nach außen durch innere Einheit	101
	7.2 Stärke in der Schwäche	103
	7.3 Ordnung des Heterogenen	106
	7.4 Netzwerk: Einer von Vielen oder Keiner	108
	7.5 Bekannte Lösungsstrategie für neue Probleme	111
	7.6 Verbindlichkeit in der Unverbindlichkeit	113

8	Jeder für sich und alle gemeinsam	119
	8.1 Hinwendung zum Neuen	119
	8.2 Veränderung der Sozialbeziehung	124
	8.3 Solidarität durch Grenzziehung	127
	8.4 Vernetzte Interessenverfolgung und soziale Bindung	130
	8.5 Prestige als Kommunikationsgeheimnis	132
	8.6 Chinesische Strategien der Konfliktabsorption	135

9	Zukunftsanforderungen – Verklärung der Vergangenheit und die Unbekanntheit der Zukunft	141
	9.1 Veränderte Ausgangssituation	141
	9.2 Politik: Wohlstand und seine Folgen	143
	9.3 Wirtschaft: Nach dem Wirtschaftswunder	146

9.4	Recht: Vorrang der Unterschiede	149
9.5	Wissenschaft: Innovation im globalen Markt	150
9.6	Kultur: Neuerfindung des Mythos	152
9.7	Kollektive Identität: Fortschreibung der Einmaligkeit	154
9.8	Gemeinschaft: Einigkeit mit Zwietracht	155

10 Leitfaden für Entscheider – Zähmung des chinesischen Drachens... 159

10.1	Eigenart des Anderen	159
10.2	Soziale Netzwerke für sich wirken lassen	161
10.3	Nicht nachvollziehbare Entscheidungen verstehen	162
10.4	Management in China	163
10.5	Erfolgreiche internationale Beziehungen	165
10.6	Kooperation in Kultur und Wissenschaft	167

Hintergrund und Literatur 169

Die Autoren 173

Einleitung

1.1 Das Land der Rätsel

> *Die glorreiche Vergangenheit fordert die Gegenwart für eine erfolgreiche Zukunft heraus.*
> Deng Xiaoping
>
> *Folge dem Wandel.*
> Chinesisches Sprichwort

Der Umbruch der chinesischen Wirtschaft von der Plan- zur Marktwirtschaft ist seit Anfang der 1990er Jahre in aller Munde. Durch die Massenmedien und Erfahrungsberichte werden Erwartungen und Ängste geweckt. Rückblickend wird sowohl von westlicher als auch chinesischer Seite eine Erfolgsgeschichte erzählt. Die Darstellungen gehen dahin, dass China durch seinen wirtschaftlichen Erfolg zur neuen Weltmacht aufgestiegen sei. Der westliche Journalismus und die Vertreter des politischen Systems äußern jedoch auch Vorbehalte gegenüber dem chinesischen Erfolgsmodel. Sie klagen die Menschenrechte und die Forderungen der Protestbewegungen in China ein. Es wird auch danach gefragt „Was die Chinesen beabsichtigen und welches politische Programm sie verfolgen?". Die wirtschaftliche Entwicklung hat sich bereits dahin gehend eingependelt, dass die westliche Wirtschaft zunehmend von China abhängig ist. Es besteht kein Zweifel mehr daran, dass China in einem Zeitraum von 20 Jahren von einem Schwellenland zur zweitgrößten Wirtschaftsmacht aufstieg.

Die Einbeziehung Chinas in das globale Wirtschaftssystems wirkt sich bereits dramatisch aus. China stützte in der Finanz- und Wirtschaftskrise 2008 die alten Wirtschaftsmächte durch Konjunkturprogramme für die Binnenwirtschaft und durch den Kauf von Staatsanleihen. Innerhalb des politischen Systems und der internationalen Beziehungen ist die Rolle der chinesischen Außenpolitik weniger durchsichtig. Es stellt sich zunächst so da, dass sie ihre politischen auf ihre wirtschaftlichen Interessen abstimmen. Dabei fällt auf, dass die chinesische Politik keine politische Ideologie verfolgt. Vielmehr werden bei politischen Problemen von chinesischer Seite aus Einzellösungen bevorzugt. Damit geht einher, dass das politische Zentrum kein neues Gesellschaftsmodell in der Innen- und Außenpolitik verfolgt. Wie man die Veränderungen auch immer politisch, moralisch und kulturell bewertet, sie haben etwas Rätselhaftes. Der Verlauf der Veränderung entzieht sich der Vorhersage.

Ein durchgängiges Wirtschaftswachstum des Bruttoinlandsprodukts im zweistelligen Wertebereich wurde von westlichen Fachwissenschaftlern und Politikern ausgeschlossen und mit der Erwartung des nahenden Endes des wirtschaftlichen Erfolgs in Frage gestellt. Die Einschätzung besagt, dass die wirtschaftliche Veränderung nur durch eine politische Demokratisierung zu festigen sei. Auch in diesem Fall bewies China mit der Aufrechterhaltung der Ordnung des politischen Zentrums durch die Kommunistische Partei das Gegenteil. Die zu erwartende Ausweitung des wirtschaftlichen Erfolgs im Hinblick auf eine politische Einflussnahme, hat sich anders als erwartet gestaltet. Das politische Zentrum verfolgt keine Konfliktstrategie, wie Moskau zur Zeit des Kalten Krieges, sondern orientiert sich in der Außenpolitik an seinen wirtschaftlichen Interessen. Das schließt einen Konflikt mit westlichen Staaten und eine unterschiedliche Interessenverfolgung beider Seiten nicht aus. Die chinesische Entwicklung belegte, vergleichbar der japanischen Modernisierung, dass auch ein pragmatisches Umgehen mit Konflikten der wirtschaftlichen Entwicklung nicht widerspricht. Die chinesische Gesellschaft ist somit weder als eine totalitäre, noch als eine gutwillige Sozialordnung zu beschreiben.

Die chinesische Gesellschaft ist eine hybridisierte Gesellschaft. Das heißt, es gibt kein umfassendes Muster aus einzelnen Bestandteilen, die originär der chinesischen Gesellschaft oder ihren Substrukturen zuzuordnen sind. Hybridisierung bedeutet die Neuformierung und Zusammensetzung von Einzelelementen und ihre Reorganisation zu einem veränderten Gebilde. Die katholische Kirche in der historischen Altstadt von Dali in der Yunan-Provinz sieht für den westlichen Betrachter wie ein chinesischer Tempel aus. Die chinesischen Architekten verbanden das Kreuzsymbol mit lokalen Traditionen und chinesischen Vorstellungen. Die Form der Dächer und die Gebäudeform ähneln den umstehenden chinesischen Gebäuden. Derjenige, der die Funktion des Gebäudes kennt, mag die Eingangsfront als Kreuz erkennen, aber es handelt sich nicht um eine westliche Kirche. Der Chinareisende wird westlichen ausgerichteten Hochzeiten in China begegnen, bei der die Braut ein weißes Hochzeitskleid trägt und der Bräutigam einen schwarzen Anzug. Das ist deshalb erwähnenswert, da die Farbe „weiß" in dem chinesischen kulturellen Kontext eine negative Bewertung hat. Die traditionelle Hochzeitsbekleidung der Braut mit einem roten Hochzeitskleid und des Bräutigams mit einer besonderen Bekleidung wird bei einer zweiten Feier im engen Familienkreis getragen. Daran erkennen wir, dass sich westliche Elemente in der chinesischen Gesellschaft wiederfinden. Wir sollten uns aber fragen, ob sie in einem vergleichbaren Funktionszusammenhang stehen. Der Veränderungsprozess ist umfassender zu charakterisieren. Die Einzelbestandteile sind aufgespaltet und mit neuen Elementen rekombiniert.

Hybridisierung schließt einen dominanten sozio-kulturellen Hintergrund nicht aus. Er ist zu erkennen, da wir sonst keinen Zugang zu der chinesischen Modernisierung finden. Das gilt auch für die Teilnahme an der chinesischen Kommunikation. Diesen Hintergrund sollte der Leser der einzelnen Kapitel des Buches immer im Blick behalten. Er kann sich dadurch, das ihm oft begegnete unverständliche Verhalten von Chinesen und ihre Problemlösungen besser erklären und sich darauf einstellen. Der Hintergrund lässt sich an der neokonfuzianischen Weltsicht und Lebensführung verdeutlichen. Für sie ist der Versuch und der Anspruch, die Welt zu beherrschen ein Irrtum, da die Welt selbst aufgrund ihrer Komplexität und Kontingenz von niemanden beherrscht werden kann. Das unterscheidet sie von der christlichen Tradition „Mach Dir die Erde untertan" und ihren Variationen. Die konfuzianistische Vision ist nicht die Beherrschung der Welt, da sich alles in einem fortlaufenden und unabgeschlossenen Wandel befindet. Wir können deshalb aus dieser Sicht nur dem Wandel durch Anpassung folgen. Ihn zu beherrschen wäre sinnlos.

Die Modernisierung Chinas unterscheidet sich von der westlichen Modernisierung dahin gehend, dass das politische System auf die Erfordernisse eines modernen Wirtschaftssystems abgestimmt wurde. Das hat weitreichende Folgen. Wir sollten deshalb nicht die Frage stellen, ob und wann eine politische Demokratie in China durchgesetzt wird und ob und in welchem Ausmaß die Menschenrechte, die Forderung nach Gerechtigkeit und der Minderheitenschutz für die Stabilität und die Fortentwicklung der chinesischen Gesellschaft erforderlich sind. Das sind Erwartungen, die aus der westlichen Perspektive an die Chinesen herangetragen werden, ohne dass sie dort eine breitere Aufmerksamkeit und Wertschätzung finden. Die chinesische Gesellschaft ist auch keine pluralistische Zivilisation, die durch den Pflichtethos vergangener Denker zusammengehalten wird. Sie sollte auch nicht voreilig als schlafende Weltmacht gedeutet werden. All diese Beschreibungen thematisieren nur einzelne Gesichtspunkte und sind nicht in der Lage, den Gesamtverlauf der chinesischen Modernisierung und die damit einhergehenden Veränderungen in den Blick zu nehmen. Auch wenn die Struktur der chinesischen Modernisierung nicht auf andere Gesellschaften anzuwenden ist, so liefert sie jedoch über ihre Strukturprobleme und ihre strukturellen Lösungen wichtige Informationen darüber, wie die charakteristischen Zusammenhänge der Modernisierung Chinas im Unterschied zu den westlichen Gesellschaften zu erfassen sind. Hervorzuheben ist, dass die chinesische Modernisierung nicht durch externe Faktoren ausgelöst und gesteuert war, sondern sich einer Eigenleistung verdankt. Das bedarf vor allem einer Erklärung, möchte man diese Modernisierung verstehen und ihre Folgen abschätzen. Im Unterschied zu dem westlichen Entwicklungspfad der Modernisierung als Analyserahmen ist eine Vorgehensweise zu wählen, welche die sozialen Strukturen systematisiert, die den Strukturwandel der chinesischen Gellschaft auslösten. Die Ansätze, die den Vergleich und die Untersuchung der chinesischen Modernisierung am Beispiel der Unterschiede zu der westlichen Modernisierung vornehmen, verstellen sich die Einsicht in den chinesischen Modernisierungsvorgang seit Anfang der 1990er Jahren, sofern sie die Mängel der chinesischen Version hervorheben.

„Wohlstand für alle unter einem Himmel" könnte das Credo der chinesischen Gesellschaft lauten, wenn „alle" als eine voselegierte Mitgliedschaft und Wohlstand als die Orientierung an einer diesseitigen Ordnung beschrieben wird, die nicht auf die westliche Moral und ihre Gerechtigkeitserwartungen zu verpflichten ist. Aus dieser Perspektive handelt es sich bei der chinesischen Gesellschaft um einen Ordnungszusammenhalt, der von der äußeren Grenze aus gebildet und durch seine Abgrenzung fortlaufend stabilisiert wird. Das schützt sie teilweise vor der Nichtkalkulierbarkeit von Ereignissen. Um die chinesische Modernisierung zu erfassen, sollte man sich nicht zu sehr an der chinesischen Staatsorganisation, noch an der chinesische Zivilisation orientieren. Für das Verständnis der chinesischen Modernisierung sollten wir einen neuen Blick ausbilden, der vom westlichen Betrachter den Mut verlangt, sich von seinem eigenen Hintergrund ein Stück weit zu distanzieren, um sich auf die Beobachtung der inneren Zusammenhänge in der chinesischen Gesellschaft einzulassen.

Chinas „Power Tuning" betrifft die Verfahrensweise, wie die politische Elite unter den besonderen Voraussetzungen des maoistischen Gesellschaftsmodells die strukturellen Veränderungen der chinesischen Gesellschaft auslöste, die wir als Modernisierung beschreiben. Das kann man damit vergleichen, wie ein Motor aufgerüstet wird, um schneller mit einem Automobil zu fahren, ohne ihn durch einen

1.1 Das Land der Rätsel

besseren Motor auszutauschen. Das betrifft eine Modernisierung der schrittweisen und experimentellen Umstrukturierung der Wirtschaft, der Wissenschaft und der Öffnung des Zugangs zu diesen Funktionsbereichen für neue soziale Gruppen, westliche Investoren und westliche Wissenschaftler. Sie leitet aber keine Umgestaltung des politischen Zentrums und der Definition der kollektiven Identität der Chinesen als eine alte einmalige Zivilisation ein, die ihr eigenes Geheimnis hat.

Der Vorlauf zur Modernisierung seit Anfang der 1990er Jahre war die stufenweise vorgenommene Entkollektivierung der Landwirtschaft von 1979–1986. Sowohl die Auslösung als auch die fortlaufenden Problemlösungen, die sich im Zuge dieser Restrukturierung einstellten, folgten der sich jeweils bewährenden Strategie, ohne ein Gesamtexperiment durchzuführen. Das lässt sich auch dadurch erklären, dass die Katastrophen seit der zweiten Hälfte des 19. Jahrhunderts und die Verwirklichung des maoistischen Gesellschaftsmodells in dem kollektiven Gedächtnis nachwirkten. Das gilt vor allem für die Kulturrevolution, die nur eine Generation vorher die chinesische Gesellschaft erschütterte. Nach den gesellschaftspolitischen Katastrophen der chinesischen Gesellschaft im 20. Jahrhundert bewahrheitet sich aus chinesischer Sicht die kulturelle und politische Gültigkeit der Äußerung von Deng Xiaoping von der Rückbesinnung auf „die glorreiche Vergangenheit", welche „die Gegenwart für eine erfolgreiche Zukunft" herausfordert dadurch, dass man „dem Wandel folgt" und sich ihm nicht entgegenstellt. Es mag unter den Chinaexperten umstritten sein, aber die Verfassung dieses Sozialstruktur und das ihr entsprechende soziale Ordnungsmodell lässt sich durchaus mit Max Webers soziologischer Analyse der Eigenart der chinesischen Gesellschaft charakterisieren. Er beschreibt ihre Gesellschaftsordnung als einen rationalisierten Traditionalismus der konfuzianischen Literatenelite, die sich an die dynamischen Handlungsbereiche anpasst.

Es gibt nicht wenige Stimmen, welche die Modernisierung Chinas mit seinem kontinuierlich hohen Wirtschaftswachstum als ein Erfolgsmodell einstufen, das, nicht nur für Schwellenländer, Lösungen für die Problemstellung des 21. Jahrhunderts bereitstellt. Bei allen positiv zu bewertenden Errungenschaften stellt sich die Frage, wie dieser Erfolg zustande gekommen und ob er tatsächlich auf andere Gesellschaften zu übertragen ist? Um die Veränderung zu verstehen, empfiehlt es sich, den politischen, den wirtschaftlichen, den rechtlichen und den wissenschaftlichen sozialen Rahmen ebenso wie die chinesische Kultur, die kollektive Identität der Chinesen und die Gemeinschaftsordnung auf ihre Eigenheit hin in den Blick zu nehmen. Erst dann, wenn das Zusammenspiel dieser Bereiche deutlich wird, kann auch der besondere Pfad der chinesischen Modernisierung erfasst und gewürdigt werden. Daran ist zu erkennen, dass sie nicht auf andere Gesellschaften zu übertragen ist.

Bei dieser Vorgehensweise empfiehlt es sich nicht von Einzelbeobachtungen auszugehen und diese zu Verallgemeinern. Das verschließt einen systematischen, auch handlungsrelevanten, Zugang zur Struktur der chinesischen Modernisierung. Zwar werden Einzelfallbeschreibungen oft genutzt, um über eine Illustration einen leichten Zugang zu erreichen. Sie münden dann oft in einem: Das Kennen wir oder das ist uns fremd. Aus dieser Kenntnis sind aber nur wenig nutzbringende Folgerungen zu ziehen. Aus diesem Grund haben wir uns dafür entschieden, ein Gesamtbild zu umreißen, ohne dem Leser mit zu vielen Einzelheiten in die Irre zu führen. Es empfiehlt sich deshalb, bei der Beobachtung und Beschreibung der chinesischen Gesellschaft von dem besonderen Zusammenspiel der Innovationen des politischen Zentrums im Hinblick auf das Wirtschafts-, Rechts- und Wissenschaftssystems und dem kulturellen Hintergrund, der Konstruktion der kollektiven Identität und der Veränderung der Gemeinschaftsbildung auszugehen.

Die Leserinnen und Leser des Buches möchten wir zu mehr Verständnis für die chinesische Modernisierung hinführen. Das betrifft die Erkenntnis ihrer charakteristischen Problemlösungen und Voraussetzungen. Daraus ergeben sich besondere Zukunftsanforderungen für die chinesische Gesellschaft, die andere Problemlösungen als im Westen einleiten, aber zugleich auch erfordern. Das haben Entscheider für ihre Strategie in Wirtschaft, Politik und Wissenschaft miteinzubeziehen, um in China und in der Kommunikation mit Chinesen erfolgreich zu sein. Durch die Lektüre möchten wir dazu verhelfen, „Das Land der Rätsel" zu entzaubern und eine sachliche und strategische Einstellung gegenüber der chinesischen Modernisierung, ihrer Verklärung und Dramatisierung auszubilden. In diesem Sinne gehört auch zur Botschaft des Buches, dass es keine „gelbe Gefahr" gibt.

Teil I
Chinas Entwicklungspfad

Neuer Wohlstand ohne Utopie 2

2.1 Regierung des Nichtregierbaren

Es gehört zu den Eigentümlichkeiten der chinesischen Modernisierung seit den 1990er Jahren, dass China bereits eine maoistisch-kommunistische Revolution erlebte. Das wird meistens nicht angemessen als Hintergrund bei der Einstufung der Organisation des gegenwärtigen politischen Systems Chinas berücksichtigt. Man neigt eher dazu, einen sich einstellenden Bruch zwischen dem politischen Regime des maoistischen Kommunismus und der Politik der wirtschaftlichen Öffnung Chinas zu dem westlichen Wirtschaftssystem anzunehmen. Dabei ist jedoch im Blick zu behalten, dass das politische Regime des chinesischen Kommunismus das politische System zentralisierte und die Kommunistische Partei Chinas die chinesische Gesellschaft nach ihrem Programm des Maoismus umgestaltete. Insofern verfügte die chinesische Bevölkerung durch das maoistische Gesellschaftsexperiment und die Kulturrevolution über revolutionäre Erfahrungen, sei es im Guten oder im Bösen. Vor diesem Hintergrund fanden die Entscheidungen der Durchführung des Umbaus der Planwirtschaft statt, da die Erfahrungen für die radikalen und nicht steuerbaren Auswirkungen noch gegenwärtig waren.

Wir möchten deshalb zuerst den blinden Fleck des westlichen Beobachters und das weit verbreitete Bild der westlichen Medien über das Demokratiedefizit Chinas korrigieren. Das legt einen weiteren Schritt nahe. In der chinesischen Gesellschaft finden viele Proteste statt, und sie ist keine friedliche und harmonische Gesellschaft. Die weitaus interessantere Frage ist, wie das politische System der chinesischen Gesellschaft Konflikte verarbeitet. Das führt uns zu der Funktion und der Leistung der politischen Organisation und den Entscheidungsabläufen in der politischen Kommunikation.

Die Erfahrung des Bürgerkriegs, des maoistischen Gesellschaftsexperiment und der Kulturrevolution hat das Kollektivbewusstsein der Chinesen beeinflusst. Es wird oft übersehen, dass der Maoismus, vielleicht auch unabsichtlich, eine neue Organisation des politischen Zentrums herbeiführte. Sie hat es in China vorher noch nicht gegeben. Durch den Maoismus wurde der chinesische Nationalstaat etabliert. Er führte eine, wenn auch nach außen und innen konfliktreiche, neue kollektive Identität der Chinesen herbei. Mao Zedong war und ist noch eine Symbolfigur. Er spielte in der chinesischen Innen- und Außenpolitik eine maßgebliche Rolle, wie es seine Herbeiführung der Kulturrevolution 1965 belegt. In der eher naiven Betrachtung könnte man dazu neigen, dass die durch Kriege und Revolutionen erfahrene Bevölkerung nach dem Scheitern des chinesischen Experiments zur politischen Innovationen bereit war. So naheliegend diese Sichtweise auch sein mag, man denke an die Kulturrevolution, die in wenigen Jahren die gesamte Bevölkerung erfasste, es trat eine ganz anders geartete Veränderung der chinesischen Gesellschaft ein. Das politische System wurde nicht revolutioniert, sondern das Wirtschaftssystem. Es fällt aber sofort noch etwas anderes auf, das politische System war der Initiator der wirtschaftlichen Öffnung Chinas zum westlichen Wirtschaftssystem.

Diese Eigenart des politischen Systems ist als ein innovativer Traditionalismus zu bezeichnen. Es ist mittlerweile offensichtlich, dass sich diese Art des Traditionalismus an veränderte Situationen fortlaufend anzupassen vermag. Das belegen die wirtschaftliche Öffnung, die Deregulierung der Planwirtschaft, der Generationswechsel und die veränderten Anforderungen an die Beschaffung von Wissen und seine wirtschaftliche Nutzung. Insofern organisierte die Kommunistische Partei als eine staats- und kollektiverhaltende Ordnungsmacht weiter das Politische als die Entscheidung über die Zugehörigkeit zu der chinesischen Gesellschaft. Wer nach China reist, der wird sich der Erfahrung nicht entziehen können, dass die Kommunistische Partei eine anerkannte Ordnungsmacht ist. Wir erliegen leicht der Täuschung, dass im Zuge der wirtschaftlichen Modernisierung die Aufrechterhaltung der politischen Alleinvertretung der Kommunistischen Partei bald beendet sein wird. Vermutlich wird diese westliche Erwartung enttäuscht werden.

Das Unverständliche, das uns in der politischen Organisation Chinas begegnete, ist naheliegender Weise der Umstand, wie eine politische Planwirtschaft eine Marktöffnung durchführen konnte, ohne dass sie dabei durch die neuen Freiheitsspielräume grundsätzlich in Frage gestellt wurde. Für die staatserhaltende Orientierung der Kommunistischen Partei ist es charakteristisch, dass sie sich während der wirtschaftlichen Modernisierung sensibel für die globale Veränderungsprozesse erwies und für innovative Lösungen bei der Marktöffnung bereit war. Hervorzuheben ist dabei, worin diese innovativen Veränderungen bestanden. Der Start in die wirtschaftliche Modernisierung bestand darin, dass man in lokal begrenzten Gebieten mit Modellversuchen experimentierte, ohne die Folgen abschätzen zu können. Zu erwähnen sind vor allem die Direktwahl von Dorfvorstehern und die Abstimmungsverfahren von Stadtbewohnern über Lokalpolitiken, die von Experten und Fachgremien begleitet wurden. Sofern diese Modellversuche erfolgreich waren, übertrug man sie auf andere Regionen, um sie dadurch erneut zu überprüfen. An dieser Vorgehensweise fällt auf, dass man auch von dem Zusammenbruch in der Sowjetunion etwas lernte, da man kein Totalexperiment vornahm. Diese Vorgehensweise hatte zum Ergebnis, dass ein Flickenteppich von unterschiedlichen Problemlösungen entstand, wobei die ausprobierten Lösungen zugleich miteinander konkurrierten. Rückblickend kommt man nicht umhin, in diesem Start der chinesischen Modernisierung ein erfolgsversprechendes Verfahren zu erkennen.

Der Beginn der Marktöffnung war gerade keine Kulturrevolution, sondern er passte sich an die örtlichen Gegebenheiten an. Dadurch gefährdete sie nicht die Stabilität der Gesellschaft durch großflächige Experimente und Verwerfungen. Vielmehr löste die Marktöffnung die Umstellung des Wirtschaftssystems erst aus. Die modernisierten Staatsunternehmen unterliegen nicht ausschließlich den Marktmechanismen, sondern sie werden auch durch Subventionen und protektionistische Maßnahmen gestützt. Das wurde durch die Beibehaltung von planwirtschaftlichen Festpreisen und die Ergänzung von marktwirtschaftlichen Zusatzeinnahmen erreicht. Die politischen Entscheidungspakete, wie die Fünfjahrespläne, benennen nur Zielvorgaben und nicht mehr die Art und Weise ihrer Umsetzung. Es sind gerade keine Zweckprogramme, sondern Konditionalprogramme, die auf die jeweilige Situation abgestimmt werden. Darin besteht eine Konstanz und ein Wandel zugleich. Bei Maos „Großem Sprung nach vorne" wurden alle gesellschaftlichen Gruppen in China dazu verpflichtet, zu dem politisch vorgegebenen Planungsziel beizutragen, wie zum Beispiel die Stahlproduktion zu erhöhen. Das Ziel und seine Zwecksetzung folgten dem ideologischen Programm, dass das schwerindustrielle Wachstum den Wohlstand für einen großen Teil der Bevölkerung bedeutet. Diese Ideologie stellte sich als falsch und verhängnisvoll heraus. Sie kostete Millionen Chinesen das Leben. Durch den neuen Programmwechsel steht nun eine sich an veränderte Situationen anpassende Zielverfolgung im Vordergrund und nicht mehr die festgesetzte Zwecksetzung des maoistischen politischen Gesellschaftsprogramms. Die eingerichteten Modellregionen belegen den Erfolg dieser unorthodoxen Vorgehensweisen. Die herausragende Leistung des politischen Systems Chinas bestand nun darin, dass es ihm gelang, unter einer stabilen politischen Ordnung flexible Lösungen bereitzustellen. Das erlaubte zugleich eine individuelle und institutionelle Planungssicherheit für die von den Veränderungen betroffenen Bereiche. Sie ermöglichte eine Zusammenlegung von Ressourcen und erweiterte dadurch den Gestaltungsspielraum. Die Leistung des politischen Zentrums Chinas besteht somit darin, dass es für die gesellschaftliche Kommunikation Entscheidungen bereitstellte und zugleich damit Unsicherheiten absorbierte, da die Veränderungen nur von einem begrenzten Ausmaß waren.

Bei dem Vergleich mit der Sowjetunion fällt auf, dass die Veränderungen der Gesellschaft nicht zu politischen Irritationen und Kriegen führten, wie zum Beispiel die Abspaltung von Teilrepubliken und die kriegerischen Auseinandersetzungen im Fall Tschetschenien. Die Umstellung der Planwirtschaft zu privatwirtschaftlichen Bereichen erfolgte in China durch die Aufrechterhaltung der formalen Organisation des politischen Systems durch die Kommunistische Partei Chinas. Das gewährleistete die Aufrechterhaltung der Grenzen Chinas nach außen und die Stabilität nach innen, so dass keine Abspaltungen von ethnischen Gruppen aus dem Staatsgebiet eintrat. Die chinesische Modernisierung verlief aber nicht nur durch eine teilweise Privatisierung von Unternehmen. Zu der Öffnung des Wirtschaftssystems gehörte es auch, dass Experimentierfelder zwischen ihm, dem Rechts- und dem Wissenschaftssystem erlaubt und ausprobiert wurden. Damit ging ein Austausch zwischen diesen Bereichen einher, der zum gegenseitigen Vorteil der Interessengruppen führte. Daran erkennen wir ein Charakteristikum der chinesischen Modernisierung, das darin besteht, dass die Bedeutung des politischen Systems für ihre Rahmenbedingungen nicht ab-, sondern sogar zunahm.

Die politisch utopische Ideologie des maoistischen Programms war nicht mehr das politisches Programm der Kommunistischen Partei Chinas. Mao Zedong wurde zwar nicht verteufelt, und es kam auch zu keiner Verwerfung der Vergangenheit. An die Stelle einer programmatisch langfristige Umgestaltung zu einem utopischen Zustand trat eine mittelfristige wirtschaftsliberale Orientierung. Sie war ausschließlich am wirtschaftlichen Erfolg orientiert. Diese Programmatik, die wir aus westlicher Sicht nur schwer nachvollziehen können, war kein abrupter Systemwechsel. In der Mao-Ära findet sich die Zusammenführung der kommunistischen Modernisierungsideen, der konfuzianischen Tradition und der nationalen Abgrenzung statt. Deng Xiaoping rief den Sozialismus chinesischer Prägung aus. Im Demokratievergleich benutzen Chinesen gerne den Vergleich mit einem Koch. Die Demokratie ist ein Koch, der unterschiedliche Gerichte zubereitet. Das chinesische politische Zentrum seit den 1990er Jahren ist dagegen eher ein Moderator. Das schließt harte Statuskämpfe der Mitglieder

der chinesischen Kommunistischen Partei nicht aus. Die Verminderung der Trennschärfe führt in der Abstimmung mit westlichen Politikern und Journalisten oft zu Verwirrungen. Chinesen legen einen großen Wert darauf, wie sie die Menschenrechte und die Armutsbekämpfungen eingeführt, als auch umgesetzt haben und dabei in einem kurzen Zeitabschnitt mehr Veränderungen vorweisen, als manche westlichen Gesellschaften. In ihrem Selbstverständnis gilt das auch für die Eingliederung Tibets, da sie die Tibeter von einer ständischen und religiösen Zwangsordnung befreiten. Der Dalai Lama ist deshalb aus ihrer Sicht ein rückständiger Unruhestifter, der keinen Anspruch darauf hat, die Interessen der Tibeter zu vertreten.

Das steht der westlichen Perspektive oft entgegen, die darauf beharrt, dass nicht in allen Einzelheiten der westliche Weg nachvollzogen wurde und es die Menschenrechte als auch ihre rechtliche Gewährleistung im westlichen Verständnis nicht in China gelten. Dazu gehören die als negativen Rechte einzustufenden Ansprüche auf „Leben und Sicherheit", „Eigentum", „freie Rede", „freie Assoziation", „Privatheit" und „Glaubensfreiheit", welche die Freiheit zum Unglaube einschließt. Es sind deshalb negative Rechte, da positive Menschenrechte, wie zum Beispiel das Recht auf Beschäftigung und eine bestimmte Einkommenshöhe, nicht verwirklichbar sind. Die Forderung von westlicher Seite in China eine Menschenrechtspolitik durchzusetzen, erleben Chinesen vor ihrem geschichtlichen Hintergrund nach wie vor als eine imperialistische Strategie des Westens. In diesem Punkt haben beide Perspektiven von ihrem Standpunkt aus Recht und beschreiben zugleich etwas Anderes, da sie die andere Seite nicht berücksichtigen. Jede Seite stellt eine Selbstbeschreibung von ihrem Standpunkt aus vor, die beide nicht zueinander passen, da sich ihr Hintergrund zu wenig überlappt.

Das politische System orientierte sich bei dem neuen Programm zur Modernisierung an dem Grundsatz des Regierens des Nichtregierbaren. Dieser Grundsatz bedeute, das Ungeregelte seinem Zustand folgen zu lassen und es für sich zu nutzen, anstatt eine Ordnung in einem Chaos zu erzwingen, das nicht zu ordnen ist.

2.2 Regieren jenseits von Demokratie und Diktatur

Worin besteht das Rätsel der chinesischen Politik? Sie ist formal nach westlichen Maßstäben diktatorisch, da sie nicht durch eine Konkurrenzdemokratie gestaltet wird. Sie hat aber zugleich eine Planwirtschaft und damit die Steuerung aller gesellschaftlichen Bereiche aufgegeben. Damit verzichtet das politische System auf einen organisatorischen Durchgriff, aber zugleich wird es dadurch gestärkt. Das politische Zentrum tritt in jeder Ausnahmesituation als der konkurrenzlose Souverän auf, aber es entscheidet nur dann, wenn Entscheidungen nicht durch andere gesellschaftliche Teilbereiche getroffen werden können, wie zum Beispiel der Bau des Drei-Schluchten-Staudamms. Wie lässt sich seine Verfasstheit beschreiben?

Die Struktur des politischen Systems Chinas während der Modernisierung seit den 1990er Jahren lässt sich weder als zentralistischer Parteienstaat, noch staatszentristisch über die Aufbauorganisation der Staatshierarchie angemessen charakterisieren. Das politische System Chinas erlaubt Handlungsspielräume, die sie nicht durch die formale Organisation der Kommunistischen Partei oder die Staatsverwaltung kontrolliert. Insofern findet keine öffentliche Regelung des Privatbereichs statt, auf welche die Charakterisierung als ein staatszentristischer Parteistaat zutrifft, wie zum Beispiel in Nordkorea. Die Kommunistische Partei übt jedoch bei der Besetzung von Stellen im politischen System ihren Einfluss aus, da sie die Bürgermeister, die Provinzgouverneure, die Gemeindevorsteher, die Richter und die Führungspositionen bei der Polizei vorrangig mit Parteimitgliedern besetzt. Die Besetzung der Stellen ist insofern relevant, da unter dieser Voraussetzung nicht nur rein sachliche Erwägungen der Qualifikation, sondern auch die politischen Interessen eine Rolle spielen. Gleichzeitig gehört es zu der Eigentümlichkeit der chinesischen Modernisierung, dass durch die Öffnung der Parteimitgliedschaft für eine breitere Bevölkerungsschicht das Prestige der öffentlichen Positionen abnimmt, da ein immer größerer Personenkreis einen Zugang zu den Stellen erhält. Damit tritt ein erhöhter Wettbewerb um Stellen ein, die durch Parteikader zu besetzen sind. Das führt dazu, dass sachliche Erwägungen, wie zum Beispiel Qualifikation und Erfolg in bisherigen Positionen, als weiteres Auswahlkriterium an Gewicht gewinnen. Somit nimmt auch die direkte politische Einflussnahme auf die Ausgestaltung der Stellen ab, da die Besetzung sowohl politische als auch sachliche Ziele berücksichtigt. Für die Ausgestaltung der öffentlichen Position ergibt sich daraus ein Spannungsfeld zwischen der organisatorischen Aufgabenerfüllung und der ideologischen und politischen Ankopplung über ein Gebundensein an die Kommunistische Partei. Die entsprechenden Stellen der Organisation der Kommunistischen Partei Chinas können deshalb direkt ihre Interessen verfolgen. Das wird zudem dadurch verstärkt, da jeder Amtsinhaber auch wieder ausgewechselt werden kann. Für den individuellen Positionsträger folgt daraus, dass er notgedrungen zwei Ziele verfolgen muss: Er hat seine sachlichen Aufgabenstellungen zu erfüllen und wirtschaftlich erfolgreich zu sein sowie die Interessen der Kommunistischen Partei zu verfolgen. Beides entscheidet über seinen Verbleib und sein Fortkommen in der Position, die er innehat. Daraus folgt, dass der Amtsinhaber dazu gezwungen ist, seine Region möglichst schnell wirtschaftlich in eine Wachstumsphase zu versetzen. Das wird noch durch die Erwartungen der Verteilung von Ressourcen seiner Netzwerkmitglieder verstärkt, die dem Zentralstaat nicht zur Verfügung stehen.

Das besondere Merkmal des chinesischen politischen Systems sind die Entscheidungsverläufe, da sie verdeckt ablaufen. Das erlaubt eine schnelle Anpassung an sich verändernde Situationen. Beide Merkmale sind dadurch verknüpft, dass alle Äußerungen und Beschlüsse in allen Parteigremien nicht in die Öffentlichkeit gelangen dürfen. Als Sanktion drohen den davon Betroffenen eine Anklage und ein Strafverfahren wegen Staatsverrat. Damit obliegt den politischen Mandatsträgern als oberste Prämisse die Lösungsfindung für die anstehenden Aufgaben. Nach westlichen Maßstäben fehlt diesen Entscheidungsfindungen eine rechtlich-öffentliche und demokratische Kontrolle. Es ist jedoch zu berücksichtigen, dass dadurch die Entscheidungen auf den sachlichen Problembezug fokussiert und einfacher gelöst werden können. Einen Geschwindigkeitsvorteil realisiert dieses Verfahren deshalb, da die notwendigen Entscheidungen und die soziale Anschlussgestaltung keiner öffentlichen argumentativen Begründung und Rechtfertigung unterliegen. An sie wird nur der Anspruch der erfolgreichen Veränderungen gestellt. An dieser Stelle wird ein weiterer charakteristischer Punkt des chinesischen politischen Systems deutlich. Die Entscheidungsverfahren werden nicht unter der Prämisse einer politischen Legitimation der Entscheidungsträger durchgeführt. Sie werden ausschließlich durch ihre Ergebnisse gerechtfertigt. Unter diesen Voraussetzungen ist es für die chinesische Perspektive unverständlich, dass demokratische Verfahren eine Leistungssteigerung gewährleisten sollen. Aus ihrer Sicht dienen die Entscheidungsverfahren nicht der Konfliktverarbeitung und dem Interessenausgleich, sondern sind an bestimmte Ziele und Situationen zu orientieren. Die Einbeziehung einer breiten Öffentlichkeit ist demnach aus dieser Sicht für eine Problemlösung nicht förderlich.

2.3 Punktueller Protest bei allgemeiner Akzeptanz des Wandels

Die Amtswahrnehmung ist unter dieser Voraussetzung der politischen Entscheidungsfindung und der wirtschaftlichen Modernisierung immer eine Grenzwanderung. Es sind Kompromisse einzugehen, und es ist die wirtschaftliche Entflechtung durchzuführen, ohne dabei die Einflussnahme auf wirtschaftliche Veränderungen zu verlieren. Die wirtschaftliche Strategie geht in der Regel dahin, die Privatisierung von Staatseigentum zu fördern, um dadurch die benötigten freien Ressourcen bereitzustellen. Damit geht einher, dass nicht alle Privilegien der bestehenden Gemeinschaftsversorgung aufrecht zu erhalten sind, wie der Zugang zu Wohnraum, Gesundheitsversorgung und Altersabsicherung. Gleichzeitig ist darauf zu achten, dass sich der Protest, zum Beispiel von freigesetzten Arbeitern, nicht gegen das politische Zentrum richtet. Proteste können dabei bis zu einem gewissen Ausmaß toleriert werden, sofern sie sich nicht zu einer expansiven Gruppenbildung ausweiten, die über regionale Bereiche hinausreichen. Das betraf auch die Falung-Gong Bewegung in den 1990er Jahren, die in einer kurzen Zeit den Zusammenschluss von mehreren 10.000 Mitgliedern in verschiedenen Regionen Chinas organisierte. Sie stufte man als gefährlich ein, da sie sich dem Einfluss der Kommunistischen Partei entzog. Ebenso wie bei der Falung-Gong Bewegung achtet das politische Zentrum darauf, dass sich in den neuen Kommunikationsmedien keine überregionalen Gruppen organisieren können. Die Proteste von Arbeitern, die gegen den Verlust ihrer Privilegien durch die Auflösung von Staatsbetrieben aufbegehren, werden solange toleriert, wie sie sich nicht zu einer überregionalen Interessengruppe organisieren. Das betrifft auch die Vereinigung von ethnischen Interessengruppen.

Durch die Umstrukturierung der Steuergesetzgebung seit der Mitte der 1990er Jahre zu Gunsten des politischen Zentrums veränderten sich auch die Konfliktlinien. Der Nutznießer dieser neuen Steuergesetzgebung war das nationale politische Zentrum in Peking. Die Provinzen, die bis dahin die meisten Steuereinnahmen erhielten, mussten sich auf geringere Einnahmen einstellen. Die Steuergesetzgebung ordnete an, welche Einnahmen an das Finanzministerium abzuführen sind. Das schloss nicht die Generierung von zusätzlichen Abgaben an untere staatliche Verwaltungsebenen aus. Davon waren vor allem die ländlichen Gebiete betroffen. Dort erhoben lokale Kader für neue Infrastrukturmaßnahmen, Erschließung von Gewerbegebieten und auch zur Aufbesserung des persönlichen Einkommens zusätzliche Abgaben. Die Einnahmesituation der Landbevölkerung verbesserte sich nicht so wie in den Städten, sondern sie stagnierte. In mehreren Regionen schlossen sich Bauern zusammen und demonstrierten vor den Gemeindebüros. Ihr Protest richtet sich dabei nicht gegen das politische Zentrum, sondern gegen die aus ihrer Sicht willkürlichen und existenzgefährdenden Abgaben an die lokalen korrupten Kader. Sie waren aus Sicht der Bauern die Schuldigen für diese Verschlechterung ihrer wirtschaftlichen Situation. Ihr Protest richtete sich somit nicht gegen die Organisation der Verwaltung, sondern gegen die persönliche Bereicherung. Da die örtlichen Ordnungskräfte der Polizei oft mit den regionalen Kadern kooperierten, unterstützen sie auch die teils rechtswidrige Einnahmebeschaffung der Verwaltung. Eine Sanktionierung der untergeordneten Kader war erst dann zu erwarten, wenn der Protest an höhere institutionelle Stellen der Kreisverwaltung herangetragen und dort akzeptiert wurde. Gleichwohl verstoßen die Kader immer wieder gegen geltendes Recht. Die Konfliktlösung und die Beschwerde gegen Übergriffe von regionalen Kadern kann somit nur so gelöst werden, dass sich die davon Betroffenen an eine höhere Verwaltungsstelle wenden. Sie kann aber nicht über den Rechtsweg eingeklagt werden, da es keine dem Westen ähnelnde Verwaltungsgerichtsbarkeit in China gibt. Diese Petitionen entziehen sich der Berechenbarkeit der Betroffenen, da sie sich auch dem Einwand der Unruhestiftung von der höheren Stelle aussetzen können.

Vor diesem Hintergrund sind die Revolten in China einzuschätzen. Die westlichen Darstellungen unterstellen diesen Protesten oft demokratische Orientierungen und menschenrechtliche Motive. Dabei wird verkannt, dass sie sich gegen lokale Missstände richten. So war der Studentenprotest 1989 kein Versuch eine demokratische Ordnung zu etablieren. Er wendet sich gegen die Korruption und gegen die durch die Inflation ausgelöste Verschlechterung der wirtschaftlichen Situation vieler Chinesen. Auch die regionalen Demonstrationen von arbeitslosen Industriearbeitern in den Nordostprovinzen oder die Aufstände ethnischer Minderheiten in den Westprovinzen Chinas waren keine Proteste gegen das politische System, sondern sie forderten mehr Privilegien als Kompensation des Aufschwungs in den Küstenprovinzen und des dadurch eingetretenen wirtschaftlichen Gefälles.

Um das zerbrechliche Gleichgewicht zwischen unterschiedlichen Interessengruppen aufrecht zu erhalten, wurden seit den 1990er Jahren nur schrittweise wirtschaftliche Innovationen durchgeführt. Sie sind daran zu erkennen, dass im Zuge der Modernisierung Chinas die Staatsbetriebe einer Region nicht gleichzeitig privatisiert wurden. Typisch für die schrittweise Veränderung ist Deng Xiaopings Aufforderung „Überquere den Fluss, indem du Steine wirfst", das heißt, die Entscheidungen sind so zu packen, wie der Fluss zu überqueren ist. Man werfe ein Stein ins Wasser, dann den nächsten Stein und gehe Schritt für Schritt. Damit charakterisiert er nicht nur seinen eigenen politischen Führungsstil, sondern die Entscheidungen des politischen Systems Chinas.

2.4 Vom Vormund zum Moderator

Das politische System Chinas ist keine Diktatur nach dem Modell der untergegangen Zwangsordnung der Sowjetunion oder Nordkoreas. Das gilt auch dann, wenn die kollektiv verbindlichen Entscheidungen nicht über eine demokratische gewählte Regierung gefällt werden. Der Organisation der Kommunistischen Partei kommt eine ganz andere Funktion zu. Sie erfassen wir erst dann, wenn wir die besonderen Herausforderungen des politischen Systems zu Beginn der 1990er Jahre erkennen. Sie bestanden vor allem darin, die soziale Ordnung zu gewährleisten und zugleich eine weitreichende Übersteuerung der Lebensführung aufzugeben. Diese besondere Veränderung erfolgte durch die Aufgabe einer ideologischen Vision und ihrer Verbreitung durch die kommunistische Elite. Das erlaubte es, größere Gruppen in die Eigenverantwortlichkeit zu entlassen. Insofern beobachten wir einen gegenläufigen sozialen Wandel. Er bestand in einer weitreichenden Lockerung der staatlichen Vorgaben. Die national staatliche Ordnung galt es dabei zu erhalten. Die Zulassung von Kritik wurde zwar toleriert, jedoch durfte sie nicht den politischen Vorrang der Kommunistischen Partei in Frage stellen.

Die Entkollektivierung des Agrarsektors zwischen 1978–1986 ermöglichte durch die Setzung von privaten Anreizen, indem sie einen Lebensmittelmarkt und dadurch eine bessere Versorgung der Bevölkerung gewährleistete, die es im Zeichen des Maoismus nicht gab. Man sollte sich dabei an die Opfer der Hungernöte am Ende der 1950er Jahre als Ergebnis des kommunistischen Experiments erinnern. Das waren Ereignisse, welche die Einbildungskraft eines durchschnittlichen Mitglied der westlichen Gesellschaft überstiegen. Das war von westlicher Seite nicht selten ein blinder Fleck der Beobachtung. Diese Umstellung erfolgte in mehreren Phasen. Ohne diese Versorgungsmöglichkeiten zu gefährden, bestand die Aufgabe darin, mit der Umstrukturierung des Agrarsektors die erforderlichen Ressourcen für die Staatsunternehmen bereitzustellen. Gleichzeitig fand ein Wechsel von der Schwerindustrie zur Herstellung von Versorgungsgütern statt. Das erforderte einen Technologietransfer, da durch seine lange Isolation China von modernen Technologien abgeschnitten war. Im Zuge der Dezentralisierung konnten Staatsunternehmen und Kolchosen Gewinne durch die Herstellung von Verbrauchsgütern erwirtschaften. Diese Lockerung ermöglichte eine höhere Mobilität in der Bevölkerung. Sie war zwar gesetzlich verboten, wurde aber toleriert, wie zum Beispiel die Wanderarbeiter.

Die Wirtschaftsreformen veränderten die planwirtschaftliche Übersteuerung des Wirtschaftssystems durch die Zulassung von Privatunternehmen und von Marktpreisen. Somit bestand für die Gesellschaftsmitglieder die neue Option zu einer selbstbestimmten und interessenorientierten Lebensführung sowie die Chance Privateigentum zu erwerben. Charakteristisch für die wirtschaftliche Modernisierung ist die Aufgabe einer zentralen Steuerung der Zusammenlegung von Ressourcen im Sinne einer stalinistischen Planwirtschaft zu Gunsten einer dezentralen regionalen Steuerung. In Modellversuchen wurden Sonderwirtschaftszonen eingerichtet, die ausländische Investoren anwarben. Das politische System sah sich genötigt, neue Wege der Ressourcenverteilung und den Anschluss an moderne Technologien zu finden. Als sich Mitte der 1990er Jahre der Erfolg des Abbaus der Übersteuerung des Wirtschaftssystems und der Lebensführung erkennen lies, ging man dazu über, die Modellregionen lokal zu erweitern, die Zulassung von Privateigentum und privaten Unternehmen mit mehreren Gesellschaftern zu erlauben und zur Sicherung der politischen

2.4 Vom Vormund zum Moderator

Einflussnahme vom politischen Zentrum aus die Steuereinnahmen neu zu verteilen. Das politische Zentrum konnte so vom Wirtschaftserfolg der Regionen profitieren.

Im Rückblick auf die vergangen zwei Jahrzehnte wechselt die Rolle des politischen Zentrums vom Vormund zum Moderator. Der Vormund gab seine strenge Regeln auf und moderiert fortan. Die Gewährleistung von mehr Selbstständigkeit und wirtschaftlicher Freiheit führte in der chinesischen Gesellschaft nicht zur Auflösung der politischen Ordnung oder dem Verlust von Regeln. Stattdessen war eine neue Orientierung und Stabilität gefragt, die Ausdruck in der kollektiven Identität der Chinesen fand. Diese Stärkung der kollektiven Identität stabilisierte das politische System und wurde zu dem Programm der politischen Eliten.

2.5 Konflikt ohne Streit

Die Veränderung des politischen Systems und die Modernisierung der chinesischen Gesellschaft ließ die Bildung von Teilbereichen zu, die ihren eigenen Aufbau und ihren eigenen Verfahrensweisen folgten. Dazu gehören die gesellschaftlichen Bereiche wie Wirtschaft, Recht und Wissenschaft. Für die chinesische Gesellschaft ist eine engmaschige Verflechtung dieser Teilsysteme bezeichnend. Der Nutzen für die Teilbereiche besteht darin, dass das politische System, unabhängig von der formalen Ausgestaltung, einen Mechanismus zur Konfliktverarbeitung und der Zielverfolgung bereitstellt. Im Konfliktfall können unterschiedliche Interessengruppen für sie zugeschnittene Problemlösungen vom politischen System erwarten. So kann der notwendige Ausbau der Infrastruktur für die Wirtschaft durch das politische System auch gegen Widerstände anderer Interessengruppen schnell umgesetzt werden. Die Konfliktaustragung wendet sich nicht gegen das politische System, sondern wird durch es geregelt. Deshalb wird der formale Aufbau des politischen Systems auch nicht in Frage gestellt. Aus der chinesischen Innenperspektive würde ein Umbau zu einem demokratischen Entscheidungsverfahren eher zu Unsicherheiten und zum Zerfall der Stabilität der politischen Ordnung führen. Im Selbstverständnis der Chinesen ist eine stabile politische Ordnung immer einer gerechten Ordnung vorzuziehen, die durch Unsicherheit bedroht ist. Am Besten lässt sich das durch das kollektive Gedächtnis der Chinesen erklären. Als ein solches Scheitern der politischen Ordnung wird der Bürgerkrieg in China, in der Folge des Zusammenbruchs der Qing-Dynastie als auch die bürgerkriegsähnlichen Zustände während der Kulturrevolution zwischen 1966–76 erlebt. Aus der chinesischen Innenperspektive wird die Leistungsfähigkeit des politischen Systems anerkannt, da es stabile Lösungsvorschläge bereitstellt.

Für das politische System Chinas ist die Art der Konfliktgestaltung, der Zielverfolgung und vor allem die Stabilisierung der kollektiven Identität charakteristisch. Dabei ist folgende Struktur zu erkennen. Die sozialen Bindungen werden durch eine gemeinschaftliche Legendenbildung sowie durch eine Konfliktabsorbtion erzeugt. Konfliktpolarisationen entschärfen sich durch den Erhalt und die Umbildung der Statusordnung. In China werden die politischen Entscheidungen verdeckt in verschlossen Gremien getroffen. Das ermöglicht eine Konfliktvermeidung. Sofern Konflikte nicht abstimmbar sind, so werden sie durch Ausgrenzung gelöst. Die anstehenden Entscheidungen bleiben inhaltlich unbestimmt und sind auszulegen. Damit ermöglichen sie eine Stabilisierung der kollektiven Identität und der sozialen Gruppen, da die etablierte Statusordnung nicht offensichtlich bedroht wird. Der hierarchische Aufbau des politischen Systems, der durch informelle Netzwerke durchdrungen ist, erlaubt den gerichteten Informationsfluss bei der gleichzeitigen Interessenabstimmung.

Bei dem Abstimmungsmuster ist zu erkennen, dass die auftretenden Konflikte nicht frontal und direkt kommuniziert werden und die sachliche Abstimmung über eine schrittweise Annäherung stattfindet. Hervorzuheben ist an dieser Stelle, dass diese Grundmuster des politischen Systems den westlichen Erwartungen an das politische System entgegenstehen. Im Westen findet die Interessengestaltung frontal vor und für ein Publikum statt, ohne dass dieser Vorgang so ohne Weiteres zu besseren Erkenntnissen führt. Zudem üben dabei auch die Verbände einen Einfluss auf die politischen Entscheidungen aus. Die westliche politische Strategie unterscheidet sich von der Form der chinesischen Konfliktverarbeitung. Das politische System Chinas ist keine konstitutionelle Demokratie, aber es ist auch keine kommunistische Diktatur. Es fällt auf, dass entgegen den westlichen Darstellungen die Kommunistische Partei Chinas eine verbreitete Legitimität hat. Das wird auch nicht durch die vielen Proteste widerlegt, die fortlaufend in China vorkommen. Proteste finden gegen illegale Landnahmen und der Verkauf von Bauflächen an Entwicklungsgesellschaften, Umweltverschmutzung und soziale Ungleichheit vor allem im Hinblick auf die bestehenden Lebensverhältnisse auf dem Land und in der Stadt statt. Dabei handelt es sich um Folgeprobleme der Modernisierung. Die Proteste sind vor allem lokal und stellen das politische Zentrum nicht in Frage.

Die chinesische Form der Konfliktverarbeitung führt dazu, dass sie in der Zeitordnung eine sequenziell rückbezügliche Orientierung etabliert und das Verständnis von Zeit dahin gehend fasst, dass es die nahe Zukunft und die nahe Vergangenheit unbestimmt lässt, da sie dadurch veränderbar bleibt. Die ferne Vergangenheit weist auf die soziale Herkunft der Chinesen und dient als Ideal der Orientierung, da sie alles verbindet. Die ferne Zukunft existiert in der chinesischen Vorstellung nur in sofern, da in sie der Kreis zur Wiederkunft des einstigen Ideals projiziert wird. Das chinesische Kollektiv hat als Mitgliedschaftsbedingung die gemeinsame Herkunft. Diese Orientierung wird vom politischen System unterstützt, da über die Auslandschinesen Ressourcen ins Reich der Mitte fließen. Sie versucht das politische System zu erhalten, indem sie die Legendenbildung fördert: China sei ein ewiges Reich und ein Zivilisationshöhepunkt. Durch eine selektive Geschichtsbetrachtung werden Legenden gebildet, die dem Erhalt und der Stabilisierung der kollektiven Identität dienen. Diese Form der Auswahl der vergangen Geschehnisse wird durch eine Ausgrenzung und eine Neuzusammensetzung gebildet. Das ist auch typisch für die Konfliktgestaltung, da entweder eine gemeinsame Interessenverfolgung wahrgenommen wird oder eine Ausgrenzung der Betroffenen stattfindet, die sie in eine isolierte Position hinein zwingt. In ihr ist keine Interessenverfolgung mehr möglich. Daher dient die Ausgrenzung auch als Sanktionsmechanismus für die Konfliktgestaltung. Die charakteristische Form der Konfliktgestaltung führt zu einem Mit-Mach-Zwang, der die Mitglieder fortlaufend dazu anhält für den Erhalt der Gruppe zu sorgen, indem sie durch ihre Kommunikation und Interaktion die Gruppe erhalten. Es ist die Autorität der Gruppe, die die Aktivität der Mitglieder beurteilt. Sie entscheidet fortlaufend über Mitgliedschaft und Nichtmitgliedschaft und die Vorteilsnahmen der Gruppenmitglieder.

Durch diese Veränderungen der Einflussnahme des politischen Zentrums auf die Regionen fand ein Anspruchswechsel auf Versorgungsleistungen statt. Es wurden nicht mehr nur Ressourcen verteilt, sondern die Regionen entließ man in eine Selbstständigkeit. Die lokalen Institutionen des politischen Systems waren in der Folge der wirtschaftlichen Modernisierung und ihrer politischen Förderung für die Erhaltung und Steigerung des Lebensstandards verantwortlich. Die lokalen Proteste richteten sich somit in unterentwickelten Regionen gegen die lokale politische Führung und es waren keine Proteste gegen das politische Zentrum.

In kleineren Modellregionen erlaubte man sogar, mit einer Graswurzeldemokratie zu experimentieren. Man führte Wahlperioden ein und lies die lokale politische Führung von der Bevölkerung wählen. Dies sollte einer zu engen Interessenabstimmung zwischen politischer Führung und Wirtschaftsunternehmen als auch der Korruption entgegenwirken, die nicht einer größeren Gruppe zu gute kamen. Auch Rechtsentscheidungen werden nicht ausschließlich durch die Rechtsdogmatik gefällt, sondern sind auch auf die Interessen der Vertreter des politischen Systems abzustimmen. Für das Wissenschaftssystem geht damit einher, dass die Suche nach den besseren Problemlösungen auch den Zielvorgaben des politischen Systems unterliegt. Das bedeutet aber keine Steuerung der Wirtschaft, des Rechts und der Wissenschaft nach den Fünfjahresplänen.

Ein Umbau des politischen Systems Chinas nach dem Modell der westlichen Demokratie ist voraussichtlich bei dieser institutionellen Ordnung nicht zu erwarten. Vermutlich wird eher das Gegenteil eintreten. Das chinesische Modell ist ein Erfolgsmodell, das sich innerchinesisch selbst nicht in Frage stellt. Der Erfolg des politischen Systems besteht darin, die innere Stabilität, die Souveränität nach außen und die wirtschaftliche Öffnung gegenüber überlegenen wirtschaftlichen Bereichen der westlichen Gesellschaft gleichzeitig hergestellt zu haben. Die Irritationen, welche durch die Öffnung hervorgerufen werden, führen nicht zu Konflikten, die das politische System in Frage stellen, sondern vielmehr dazu, dass es neue Aufgaben erhält und dadurch seine Legitimität behält. Die Modernisierung des politischen Systems Chinas ist dabei aber kein Masterplan für erfolgreiche Modernisierungen anderer Gesellschaften, da charakteristische Eigenheiten der chinesischen Gesellschaft bei der Veränderung nicht auf sie zu übertragen sind. Hervorzuheben ist dabei die besondere Form des Interessenausgleichs und der Konfliktaustragung in der chinesischen Gesellschaft. Ihr Zusammenhalt als eine Herkunftsgemeinschaft gilt als Orientierung des politischen Systems. Sie hat in der Kommunikation eine höhere Bedeutung als die Interessengestaltung der unterschiedlichen sozialen Gruppen. Insofern findet keine Infragestellung des politischen Systems aus innerchinesischer Perspektive statt. Das steht im Zusammenhang mit der besonderen Verbindung des politischen Systems zu den Teilsystemen der chinesischen Gesellschaft. Ihre Besonderheit besteht in einem gegenseitigen Abhängigkeitsverhältnis, da es keine Nischen gibt, in die man sich zurückziehen und sich aus dieser Abhängigkeit lösen könnte. Insofern findet zwar eine Öffnung gegenüber internationalen Organisationen und westlichen Wirtschaftsbereichen statt, die wiederum den inneren formalen Aufbau der chinesischen politischen Ordnung stabilisiert. Anders als es westliche Beobachter vermuten würden, finden in China keine Ausbreitung von Nischen statt. Das politische System durchdringt weitgehend die Teilbereiche der Gesellschaft und verhindert dadurch selbstständige Bereiche, die sich gänzlich ihrer Einflussnahme entziehen. Wissenschaftliche und kulturelle Diskurse stehen auch in ihrer Vermeidung von politischen Themen in einer Wechselbeziehung mit der Organisation des politischen Systems. Am Beispiel politischer Karrieren wird deutlich, dass bei Beibehaltung des formalen Aufbaus der politischen Ordnung eine veränderte Ausgestaltung von politischen Rollen möglich sein kann, da die Parteimitglieder in entsprechenden Positionen sowohl ihre politischen als auch ihre wirtschaftlichen Interessen verfolgen können. Daran ist die politische Vernetzung zu anderen Teilbereichen der chinesischen Gesellschaft zu erkennen.

2.6 Utopie und neues Glück

Die Abkehr von der maoistischen Utopie, die Regeln für alle Lebensbereiche vorsah, ging mit der Öffnung der Kommunistischen Partei gegenüber neuen Mitgliedern aus unterschiedlichen Schichten einher. Sie bestand darin, dass schrittweise ein Markt im Wirtschaftssystem zugelassen wurde. Dadurch wurde eine Anpassung des politischen Systems an das Wirtschaftssystem und ein Legitimitätswandel der Politik in der chinesischen Gesellschaft eingeleitet. Es war nicht mehr die Utopie des neuen sozialistischen Menschen nach der marxistisch-leninistischen Interpretation Maos, dem es zu folgen galt. Damit wurde ein stalinistisches Modernisierungsprogramm der chinesischen Gesellschaft aufgegeben. Die Steigerung des wirtschaftlichen Wohlstands übernahm das Wirtschaftssystem und das politische System hatte seinerseits den Umbau der chinesischen Wirtschaft zu gewährleisten. Mit dem steigenden Bruttoinlandsprodukt und dem Anstieg des wirtschaftlichen Wohlstands legitimiert sich die chinesische politische Führung. Es gehört zum Gründungsmythos des Neuen Chinas, dass es durch die Modernisierung gelang, 200 Millionen Chinesen aus der Armut in eine privilegierte Einkommensschicht zu überführen. Diese Veränderung soll nun fortlaufend weiter verfolgt werden, bis die ganze chinesische Gesellschaft zu einem neuen Wohlstand gelangt. Der Erfolg aus der Vergangenheit dient somit als eine Strategie für den Erfolg in der Zukunft. Die Ideologiekritik, die aus dem Westen oder von einzelnen Aktivisten an diese politische Orientierung herangetragen wird, ist deshalb letztlich bedeutungslos. Es sind zwei unterschiedliche Perspektiven, die dieselben Veränderungen unterschiedlich thematisieren. Die eine betont, was bereits erreicht wurde, die andere hebt hervor, was noch zu erreichen ist.

Das politische System bestimmte nicht mehr programmatisch die individuellen Lebensverhältnisse, sondern es sollte an der Verbesserung der Lebensverhältnisse der Bevölkerung gemessen werden. Davon waren die Versorgung mit Gütern, der Ausbau der Infrastruktur, die medizinische Versorgung, die Wohnsituation und der Bildungssektor betroffen. Diese Verbesserung der Versorgung sollte nun nicht mehr durch zentrale Programme des politischen Zentrums erfolgen. Insofern öffnete sich das politische System und ermöglichet die Ausgestaltung von gesellschaftlichen Teilbereichen der Wirtschaft, der Wissenschaft und des Rechts, die nach anderen Verfahrensweisen operieren. Dadurch erlaubte es neue Spielräume der Interessenverfolgung. Man überließ die Teilbereiche aber auch nicht gleich dem freien Mark, um unabsehbare Folgen zu vermeiden, wie sie im Zuge der Umgestaltung in Osteuropa eintraten. Die Reorganisation des politischen Systems lässt sich durch eine Entmachtung und gleichzeitiger

Ermächtigung unterer Hierarchieebenen beschreiben. Diese Veränderung führte zu einer neuen und gewachsenen Anziehungskraft der Parteimitgliedschaft in der Kommunistischen Partei Chinas. Die Öffnung der Mitgliedschaft, auch für Selbstständige und die Senkung der Mitgliedschaftsanforderungen motivierte breitere Bevölkerungsgruppen in die Kommunistische Partei einzutreten und sich in ihr zu engagieren. Damit wurde die Mitgliedschaft zu einem Karrierepool für Studenten und einem Kontaktpool für Unternehmer.

Die Schattenseite solcher sozialen Netzwerke wird oft durch die mit ihnen einhergehende Korruption ihrer Mitglieder beschrieben. Die Einnahmebeschaffung durch Ausnutzung staatlicher Stellung zum eigenen Vorteil ist in der chinesischen Gesellschaft weit verbreitet. Geschenke, Privilegien, festliche Essen und auch Geldzuwendungen genießen in der chinesischen Kommunikation eine hohe Achtung und werden moralisch positiv bewertet. Somit handelt es sich aus öffentlicher Sicht um eine Gratwanderung, darüber zu entscheiden, wann Korruption vorliegt und zu verfolgen ist. Ein hoher Amtsmissbrauch führt in der chinesischen Öffentlichkeit auch zu Protesten. Zwar hat die Kommunistische Partei eine eigne Abteilung zur Korruptionsbekämpfung, die auch hart gegen Mitglieder vorgeht, aber ihre Entscheidung ist oft unberechenbar oder anstehende Korruptionsverfahren werden wegen mangelndem Interesse eingestellt. So übersteigt die Anzahl der öffentlich angeprangerten Korruptionsfälle, die der verfolgten und verurteilten Korruptionsvorwürfe. Es könnte aber auch sein, dass die Antikorruptionsabteilung die Funktion hat, die immer wieder eintretenden Richtungskämpfe in der Partei zu neutralisieren.

Zu Beginn der wirtschaftlichen Liberalisierung waren die Kader von der positiven Entwicklung des Wirtschaftssektors abgeschnitten. Die hohen Einkommen, welche die neuen Wirtschaftsbereiche erzielten, führten zu einer Verteuerung der Lebenshaltungskosten. Die Gehälter der öffentlichen Angestellten stiegen aber nicht im vergleichbaren Maß an. Seit der Mitte der 1990er Jahre trat in China eine Tendenz ein, dass die Mitglieder der politischen Kader auch privatwirtschaftliche Betriebe aufbauten und Gemeinschaftsressourcen für private Zwecke abzweigten. Das ist insofern bemerkenswert, da dadurch die vormalige Elite zu einer neuen Wirtschaftselite aufschloss und den Modernisierungskurs weiter unterstützte und förderte. Das waren keine einzelnen Vorgänge, die mehr oder weniger erfolgreich ausfielen. Es handelte sich dabei um ein Netzwerk, das zum Nutzen ihrer Mitglieder unterschiedliche Ressourcen einbringt. Die Kaderbeamten stellten Bebauungsflächen bereit, auf denen sich Privatunternehmen oder Kollektivunternehmen ansiedelten. Die Gewinne, die diese Unternehmen erwirtschafteten, kamen den Amtsträgern und nicht der Gemeinde zu gute. Somit fand eine Privatisierung von Gemeinschaftsgütern statt. Das konnte einen positiven Impuls für die jeweilige Region setzten und war ein

2.6 Utopie und neues Glück

weiterer Investitionsanreiz. Diese Entwicklung wird unterschiedlich bewertet. Zum einen dient sie als Modell des wirtschaftlichen Erfolgs für andere Regionen, wenn daraus ein prosperierender Bereich geschaffen wurde, zum anderen wird sie von den davon Betroffenen verworfen, die dadurch Nachteile erlangten oder an dem Aufschwung nicht teilhaben konnten, wie zum Beispiel bei den Zwangsumsiedlungen.

Die Modernisierung des chinesischen politischen Systems geht mit einer Veränderung der politischen Willensbildung einher. Das betrifft seine Sensibilität und Reaktion für Veränderungen der sozialen Umwelt und die dazu erforderliche Entscheidungsfindung. Mit der Öffnung des chinesischen Wirtschaftssystems und der Privatisierung stellt sich für das politische Zentrum Chinas das Problem, wie auf daraus sich ergebenden Veränderungen zu reagieren sei. Unbestritten ist, dass China mit der Festhaltung an der Vormachtstellung der Kommunistischen Partei einen anderen Modernisierungspfad als westliche Gesellschaften mit der Einführung der konstitutionellen Demokratie beschreitet. Die Stabilität des politischen Zentrums Chinas ist ein Beleg dafür, dass auch über andere Mechanismen eine Sensibilität für die soziale Umwelt erreichbar ist. Es bedarf daher keines demokratischen Konsens der gewählten Parteien auf einem politischen Markt, sondern die Zielverfolgung und die politische Regulierung gesellschaftlicher Veränderungen kann auch anders erfolgen. Das war bereits bei der japanischen Modernisierung im Zuge der *Meiji Ishin* im 19. Jahrhundert der Fall, die auch nicht dem westlichen Entwicklungspfad folgte. Für die chinesische Modernisierung seit Anfang der 1990er Jahre ist es charakteristisch, dass das politische Zentrum sich auf die Anforderungen eines neuen marktorientierten Wirtschaftssystems einstellte, indem sie eine Wirtschaftselite als Statusgruppe zuließ, die sich über ihre Netzwerke in die Gesellschaft integrierte.

Es ist deshalb zu erwarten, dass auch in mittelfristiger Zukunft die politische Ordnung Chinas von der dominierenden Gruppe innerhalb der Kommunistischen Partei Chinas geprägt sein wird. Die globalen Prozesse werden auf die innerchinesische Interessenwahrnehmung abgestimmt, um die chinesische Wirtschaft zu fördern. Das führt zu einer wirtschaftspolitischen Außenpolitik, die neue Ressourcen und Märkte erschließt, einer globalen und regionalen Sicherheitspolitik und einer neuen internationalen politischen Strategie der Ressourcenabsicherung. Der Kern dieser Strategie wird die Stabilität der chinesischen Gesellschaft sein. Die Minderheitenprogramme und die demokratischen Forderungen werden unter den Voraussetzungen getestet, inwieweit sie zu einer Gewährleistung der sozialen Ordnung beitragen können. Eine Überführung in einen demokratischen Konstitutionalismus ist bei diesen Programmen eher unwahrscheinlich. Es kann sehr wohl sein, dass der politischen Führung die Probleme dieser Autonomieprogramme sehr wohl bewusst sind. Wir können ihr unterstellen, dass sie mit den Folgen der

Vorgänge im ehemaligen Jugoslawien, in Tschetschenien oder im Sudan vertraut sind. Sie belegen, dass immer weitergehende Ansprüche der jeweiligen Ethnien und Religionsgemeinschaften eine Stabilisierung von heterogenen Gesellschaften gefährden. Eine vergleichbare Problemebene wäre aus chinesischer Perspektive die Demokratisierung internationaler Institutionen. Mit einem proportionalen Stimmenanteil von einem Sechstel der Weltbevölkerung ist es wahrscheinlich, dass eine Erhöhung der Stimmanteile auf dieses Verhältnis in der Generalversammlung der Vereinten Nationen zu erwarten ist.

Das neue Glück der Chinesen besteht darin, dass sie seit den 1990er Jahren einen Kommunikationsspielraum zur Verfügung haben, den es in der chinesischen Geschichte vorher nicht gab. Das führt soweit, dass reich werden eine positive Bewertung in der chinesischen Gesellschaft erfährt. Gleichzeitig leiteten die neuen Freiheiten eine unterschiedliche Ausgestaltung der Lebensverhältnisse ein. Die Abkehr von der maoistischen Zwangseinheit einer einheitlichen Lebensform hat somit zwei Gesichter. Es sind die lachenden Gewinner, die sich über die neuen Möglichkeiten und Chancen freuen und die weinenden Verlierer, die sich darüber beklagen, dass sie an den Veränderungen nicht teilhaben können.

Die chinesische Modernisierung wurde durch das politische Zentrum eingeleitet. Es war „eine Modernisierung von oben", die von den sie betreffenden sozialen Gruppen angenommen und unterstützt wurde. Der erwartete Wohlstandsgewinn war für sie eine starke Motivation. Von diesem Blickwinkel aus ist die wirtschaftliche Modernisierung zu beschreiben, die im Verbund mit dem politischen Zentrum zu einer strukturellen Veränderung der chinesischen Gesellschaft führte. Das ist auch deshalb im Blick zu behalten, da die modernisierte chinesische Wirtschaftsordnung eine andere Struktur als das westliche Wirtschaftssystem und seine Organisation hat. Es betrifft dies aber auch das Rechts- und das Wissenschaftssystem. Sie rückten im Zuge der Modernisierung in eine andere Funktion ein, als es uns aus den westlichen Gesellschaften geläufig ist.

Chinesisches Wirtschaftswunder 3

3.1 Vom Sprung nach vorn

Das schnelle und unerwartete wirtschaftliche Wachstum in China fand von westlicher Seite aus ein besonderes Interesse. Das mag damit zusammenhängen, dass es völlig unerwartet eintrat. Es betraf aber auch die Eigenart der Veränderungen der chinesischen Wirtschaft. Insofern ist es nicht überraschend, dass den Beobachtern der chinesischen Modernisierung vor allem die Unterschiede zum westlichen Wirtschaftssystem auffielen. Überraschend war die anhaltende hohe Dynamik bei der Umgestaltung der Planwirtschaft und das damit einhergehend hohe Ansteigen des Bruttoinlandsprodukts. Das löste auf der westlichen Seite auch Ängste aus und wurde zunehmend journalistisch dramatisiert. Es war wieder von der „gelben Gefahr" die Rede, die entsprechende Befürchtungen auslöste. Sollte sich die neue Weltmacht China an den Tisch der Weltmächte setzten, so könnte sie eine Vormachtstellung erlangen.

Um die Eigenart dieses Sprungs nach vorne zu verstehen, ist sich zuerst die Vorgehensweise des politischen Systems bei der Marktöffnung zu verdeutlichen. Das führt uns zu der Besonderheit des chinesischen Modernisierungspfads. Sie ist gerade kein plantechnologischer und marktwirtschaftlicher Umbau des Wirtschaftssystems, sondern eine hybridisierte Version von Modernisierung. Dafür gibt es keine Vergleiche in der Geschichte der Modernisierungen. Wir sollten diesen Vorgang als eine Kontinuität in der Diskontinuität beschreiben und uns nicht von der chinesischen Selbstbeschreibung verwirren lassen. Das führt uns zu der chinesischen Metamorphose und dazu, wie China eine Schwäche in eine Stärke umwandelte.

Die eingetretene Veränderung des chinesischen Wirtschaftssystems widersprachen den Erwartungen der westlichen Wirtschaftswissenschaftler. Sie passte nicht in ihre theoretischen Beschreibungen. Ihre volkswirtschaftlichen Überlegungen legten eher einen radikalen Übergang von der Planwirtschaft zur Marktwirtschaft nahe. Das trat jedoch nicht ein, sondern im chinesischen Umbau des Wirtschaftssystems blieben beide Organisationsformen nebeneinander bestehen. Die Erwartungen gingen auch dahin, dass eine marktliberale Entwicklung einen Einfluss auf das politische System derart nehmen würde, dass sie einen Umbau zur Demokratie befördert und sich das Rechtssystem den westlichen Rechtsordnungen zunehmend anpasst. Diese Veränderungen haben sich bisher nicht eingestellt. Es ist auch hervorzuheben, dass sich das chinesische Wirtschaftssystem noch durch einen weiteren Punkt auszeichnet, der mit den westlichen Erwartungen nicht übereinstimmt. Der wirtschaftliche Wandel entfaltete eine hohe Dynamik, die auch antizyklisch zum asiatischen Wirtschaftsraum bei der Asien-Krise und dem globalen Wirtschaftssystem bei der Finanzkrise verlief.

Der „Sprung nach vorn" der maoistischen Modernisierung der 1950er Jahre verfolgte das Programm, durch die Erhöhung der Einzelleistung eine kommunistische Wirtschaft aufzubauen. Ihr Ziel war der Aufbau der Schwerindustrie, da sie den Status der Weltmacht Chinas gewährleisten sollte. Durch ein einfaches Programm sollte dieses Ziel erreicht werden, da jeder Chinese angehalten wurde, die Grundelemente für schwerindustrielle Güter herzustellen. Kleine Hochöfen sprossen wie Pilze nach dem Regen aus dem Boden und standen bald in jedem Dorf. Das sollte sich zu einem gesamtwirtschaftlichen Nutzen aggregieren. Dieses Programm führte zu einem Rückgang der wirtschaftlichen Leistungsfähigkeit. Weder wurde dadurch eine konkurrenzfähige Schwerindustrie aufgebaut, da die Produkte aus den dörflichen Hochöfen unbrauchbar waren, noch steigerte es die Industrieproduktion, da stattdessen der Ressourceneinsatz verpuffte. Das Ergebnis war eine Unterentwicklung des landwirtschaftlichen Bereichs, die dazu führte, dass zwischen 1958–1963 Hungersnöte ausbrachen, die vielen Chinesen das Leben kostete. Der Schwachpunkt dieses Programms war nicht das Ziel, sondern seine Umsetzung. Sie beachtet nicht den organisationellen Grundsatz: Wenn viele Personen gleichzeitig das gleiche tun, so muss daraus nicht ein Gesamtprodukt mit einem höheren Nutzen entstehen. Die Modernisierung der Wirtschaft nach Maos Tod setzte auf ein anderes Programm. Sie legte ihr Augenmerk auf die Verbindung zwischen den einzelnen Prozessen. Die Vorgehensweise war, begrenzte wirtschaftliche Freiräume zu erlauben, ohne eine gesamtwirtschaftliche Steuerung und entsprechende Vorgaben. Bei dem „Sprung nach vorn" wurde die Outputmenge durch den Fünfjahresplan festgelegt. In dem neuen Programm gab es zwar weiter planwirtschaftliche Vorgaben, das darüber hinaus Erwirtschaftete durfte

3.1 Vom Sprung nach vorn

aber über den Markt gehandelt werden. Das ermöglichte auch eine Verbesserung der Versorgung, da ein Markt entstand, auf dem man sich zusätzlich zu den zugeteilten Ressourcen versorgen konnte. Außerdem führte diese Umstellung zu einer Straffung der Betriebsabläufe. Für die Beteiligten war es von Nutzen, das Planziel mit möglichst wenigen Ressourcen zu erreichen. Damit ging einher, die freigewordenen Ressourcen für die Planungsziele frei zu stellen.

Für das Verständnis der wirtschaftlichen Modernisierung Chinas sind die anhaltende Dynamik, die neuen Unternehmensorganisationen, die staatlichen Subventionen, die regionale und sachliche Problemlösungen sowie die Konkurrenz zwischen den Regionen hervorzuheben.

1. Der chinesischen Wirtschaft war dahin gehend erfolgreich, eine anhaltende *Dynamik* auszulösen und aufrechtzuerhalten. Das wirtschaftliche Wachstum wurde, entgegen den Erwartungen von westlicher Seite, nicht unterbrochen und nicht planwirtschaftlich gesteuert. Das lässt sich am Besten mit dem Bild eines Gärtners vergleichen, der für das Wachstum aller Pflanzen im Gewächshaus sorgt und nicht von vornherein zwischen Nutzpflanzen und Zierpflanzen unterscheidet. Vielmehr wurde auf die gegenseitigen Synergien gesetzt, die ein gegenseitiges Wachstum unterstützen. Das volkswirtschaftliche Wachstum hat mit der Privatisierung des Agrarsektors und der Freigabe der Konsumgüterindustrie begonnen. Durch die Begünstigung ausländischer Unternehmen wurden neue Technologien und Herstellungsverfahren angewandt, die auch zu innovativen Veränderungen bei protegierten Staatsunternehmen führten.
2. Diese anhaltende Dynamik führte zu einem fortlaufenden Umbau und zu neuen *Unternehmensorganisationen*, die aus den vormals planwirtschaftlich orientierten Staatsunternehmen und den von ihnen kontrollierten Wirtschaftsbereichen hervorgingen. Mit der Öffnung des Konsumgüterbereichs und der Umstellung der Staatsunternehmen auf die Erwirtschaftung von Gewinnen, konnten sie vorhandene Ressourcen nutzen und neu zusammenlegen. Dabei kam es nicht zu einem Verzicht der Wahrnehmung von öffentlichen Aufgaben durch die Staatsunternehmen, sondern sie restrukturierten sich zugleich für den Wettbewerb. Es gehört zu den innovativen Lösungen der chinesischen Modernisierung, dass die Innovationspotentiale durch Konkurrenz ebenso genutzt wurden, wie die Aufrechterhaltung staatlicher Subventionen, die eine Unternehmensplanung gewährleistete.
3. Die Variation der organisationellen Umgestaltung des Wirtschaftssystems führte zu einer Aufrechterhaltung der *Abhängigkeit* von dem vormals planwirtschaftlichen politischen System. Die Unternehmen und Unternehmensbereiche wurden weiter durch staatliche Subventionen unterstützt und

benötigten eine Planungsstabilität für die Aufrechterhaltung öffentlicher oder sozialpolitischer Aufgaben. Das schränkte die Rationalisierungs- und Restrukturierungsspielräume insofern ein, da das politische System eine Instabilität durch Massenarbeitslosigkeit, Rentnerarmut und Obdachlosigkeit zu verhindern suchte. Zu den unternehmerischen Aufgaben gehörten weiterhin die Erfüllung von sozialpolitischen Vorgaben, die nicht aufgegeben werden konnten und die den Handlungsspielraum der Unternehmensumgestaltung begrenzten.

4. Die wirtschaftliche Dynamik, der organisationelle Umbau zur Marktorientierung und der sozialpolitische Zwang wurden durch *regional* und *sachlich aufgeteilte Lösungen* und *Entwicklungspfade* kompensiert. So wurden zuerst Sonderwirtschaftszonen und damit abgegrenzte geographische Gebiete eingerichtet, in denen ein offener Markt und der Zugang zu Auslandsinvestitionen zugelassen war. Diese regionalen Veränderungen waren Versuche, wie wirtschaftliche Modernisierung durchführbar und mit welchen Folgen zu rechnen ist. Ferner bestand die Zulassung von Märkten darin, dass schrittweise Wirtschaftsbereiche gegenüber der Planwirtschaft geöffnet wurden. Nach der Öffnung des Konsumgütermarkts folgte eine Öffnung des Immobilienmarktes, des Bankensektors und des Arbeitsmarktes. Teile des Banken- und vor allem des Versicherungssektors, des Infrastrukturbereichs sowie der Rüstungsindustrie blieben jedoch unter staatlicher Regie.

5. Die regionalen und fragmentierten Veränderungen führten zu einer Spannung in der wirtschaftlichen Entwicklung, da bisher ausgeschlossene Bereiche an dem wirtschaftlichen Erfolg der Versuchsregionen nicht teilhatten. Dadurch trat eine *Konkurrenzsituation* zwischen den Regionen innerhalb Chinas ein, die zu einer weiteren Öffnung sowohl auf geografischer als auch auf sachlicher Ebene beitrug. Das unterstützte wiederum die wirtschaftliche Dynamik, da sich dadurch die Konkurrenz zwischen den Regionen verstärkte und die Restrukturierungserfordernisse zunahmen. Das politische System sah sich genötigt weitere Öffnungen zuzulassen, um einen Ausgleich der fragmentierten Regionen einzuleiten. Die sozialpolitischen Aufgaben der Unternehmen waren demzufolge auf ein größeres geografisches Gebiet zu erweitern. Da die Unternehmen aber von Subventionen abhängig waren, wurde der Einfluss des politischen Systems auf das Wirtschaftssystem nicht verringert. Im Gegenteil, wirtschaftlicher Erfolg wurde zur Voraussetzung für die Stabilität des politischen Systems. Daraus erklärt sich die chinesische Wirtschaftspolitik und ihre Subventionen von Unternehmen sowie die immer weitergehende Marktöffnung, die den wirtschaftlichen Erfolg von Unternehmen ermöglichte.

Die wirtschaftlichen Veränderungen in der Modernisierung veränderten die Wirtschafts-, die Organisationsstrukturen und ihre Prozesse dahin gehend, dass sie neue Spielräume ermöglichten, in der die Veränderungsdynamik neuen Schwung erhielt.

3.2 Marsch in Etappen statt Quick Solution

Die wirtschaftliche Modernisierung der alten Sowjetunion erfolgte im Vergleich zu China von heute auf morgen und fiel wieder in alte Strukturen zurück. Trotz der erheblichen Bodenschätze und der Unterstützung durch westliche Wirtschaftsberater waren die Sowjetunion und die Nachfolgestaaten in der Etablierung eines sich selbsttragenden Wirtschaftssystems nicht erfolgreich. Es ist für das heutige Russland typisch, dass der Gas- und Ölexport die entscheidende Einkommensquelle des Staates sind. Im Unterschied dazu vollzog sich seit den 1990er Jahren Chinas Modernisierung schrittweise. Es wurde keine radikale Umstellung von der Plan- zur Marktwirtschaft vorgenommen. Ein Vorlauf dieser Umstellung waren die Entkollektivierung der Landwirtschaft von 1979–1986 und die Einführung von privatwirtschaftlichen Unternehmen vor 1992. Die chinesische Modernisierung verlief nicht nach einem Programm oder einer Transformationstheorie, sondern in Etappen, in denen die Einflussnahme auf das Wirtschaftssystem durch das politische System umgestellt wurde. Es erfolgte nur eine Umsetzung von Maßnahmen, die für eine bestimmte Zeitspanne erforderlich waren. Am Anfang der Umstellung erlaubte man private Unternehmen mit wenigen Mitarbeitern und ausländischen Unternehmen Joint Ventures mit chinesischer Mehrheitsbeteiligung durchzuführen, um staatliche Unternehmen vor einem starken Wettbewerbsdruck zu schützen. Die Folge davon war, dass nichtbeabsichtige Wirkungen gering blieben. Der Anstieg der Arbeitslosigkeit trat nur verzögert ein. Das erlaubte es, den staatlichen Unternehmen sich auf längere Sicht auf die Anforderungen privatwirtschaftlicher Rentabilität umzustellen.

Warum widerspricht Chinas Wirtschaftsentwicklung den westlichen wirtschaftlichen Erwartungen, Theorien und Prognosen? Es wurde bezweifelt, dass Plan- und Marktwirtschaft in einem Wirtschaftssystem nebeneinander bestehen können, ohne sich gegenseitig zu blockieren. Das Typische der wirtschaftlichen Modernisierung Chinas besteht in der Struktur der Wirtschaft und ihrer Abhängigkeit von den anderen Bereichen der chinesischen Gesellschaft, wie der Politik, der Wissenschaft, des Rechts sowie der Zugehörigkeit und der damit einhergehenden emotionalen Verbundenheit.

Die folgenden Sachverhalte werden weitgehend akzeptiert:

1. Chinas Wirtschaft wandelte sich von der Planwirtschaft zur Marktwirtschaft in Phasen und nicht durch eine einmalige Umstellung.
2. Vor der Modernisierung war Chinas Wirtschaft zu einem hohen Maße von der Agrarwirtschaft dominiert.
3. China wies in der Industrieproduktion und Technologieentwicklung im Vergleich mit den führenden Industrienationen ein Defizit auf.
4. Chinas Wirtschaftsdynamik ist nicht allein auf Auslandsinvestitionen zurückzuführen.

   In der Industrieproduktion wurde China zu einem gefragten Standort und überholte in der Fertigung von Gütern andere Standorte, die lange Zeit konkurrenzlos waren. In der Textilproduktion überholte China die Türkei sowie auch Bangladesch und in der Computerchipproduktion überholte es Taiwan als auch Korea.
5. Chinas Wirtschaftsentwicklung ging von einzelnen Küstenstädten aus und weitete sich ins Landesinnere aus.
6. Chinesische Produkte überzeugen auf dem Weltmarkt durch ihre niedrigen Kosten. Die Produktgüte blieb jedoch erheblich hinter der Konkurrenz zurück.

Diese Punkte können jedoch nicht die Wirtschaftsdynamik und die Stabilität gegenüber antizyklischen Konjunktureinflüssen erklären. Um diese Stabilität zu erfassen, bedarf es eines strukturellen Zugangs zur chinesischen Modernisierung. Vor allem dürfen keine falschen Bewertungen vorgenommen werden, wenn im Jahre 2012 das Wirtschaftswachstum Chinas rückgängig ist und auf etwa 8 Prozent eingeschätzt wird, so ist die Größenordnung gegenüber den westlichen Wachstumraten immer noch bedeutsam.

Die Anforderungen an das chinesische Wirtschaftssystem veränderten sich durch die Einbindung in das globale Wirtschaftssystem. Das hatte zur Folge, dass Reaktions- und Entscheidungsweg zu verkürzen waren. Für das chinesische Wirtschaftssystem sind kurzfristige Gewinne und lange Geschäftsverhandlungen typisch. Das steht im Zusammenhang mit der Nutzenorientierung und der Zeitperspektive der Marktteilnehmer. Die gesellschaftliche Kommunikation ist in China in ihren Problemlösungen an der Vergangenheit orientiert. Die erfolgreichen Problemlösungen aus der Vergangenheit werden auf die Gegenwart übertragen und sind Vorbild für die Erwartungen an die Zukunft und damit auch an das chinesische Wirtschaftssystem. Die chinesische Zeitordnung ist langfristig orientiert und bindet sich an die Vergangenheit. Das stellt die westliche Zeitordnung mit ihrer Zukunftsorientierung und dem Anschlusssuchen an das Kommende in Frage. Im Wirtschaftssystem galt es, beide Zeiterwartungen aufeinander abzustimmen.

Die chinesischen Wirtschaftsunternehmen haben, um auf dem Weltmarkt bestehen zu können, rasch auf Marktveränderungen zu reagieren, sich zu reorganisieren und Trends vorwegnehmen. Zugleich bedürfen sie der Sicherheit in der Unternehmensplanung, da sich der Unternehmenserfolg nicht kurzfristig durch Einzelmaßnahmen zu erzielen lässt. Dies wird durch die Rückbindung an die Vergangenheit als soziale Orientierung gewährleistet. Das Spannungsverhältnis dieser unterschiedlichen Zeiterwartungen wurde in China durch ‚Brüche' gelöst. Das Packen der Entscheidungspakete kann schnell oder aber auch sehr langsam verlaufen. Die Planungssicherheit erfolgt daher situationsbezogen und ist vom sozialen Rahmen abhängig, der sich verändern kann. Der soziale Rahmen bildet die Trennlinien aus, die neu entstehen, sich verschieben oder wieder verschwinden. Diese Trennlinien ziehen Grenzen, in denen schnell zu operieren ist und Anschluss an die Zukunft gesucht wird. Für das chinesische Wirtschaftssystem bedeutet das, es ist beides möglich, langsam im Schnellen und schnell im Langsamen. Nur eines ist in der chinesischen Kommunikation gewiss, nichts gilt überall und für alle Zeiten.

3.3 Hybridisierung von Politik und Wirtschaft

Die Eigenart der wirtschaftlichen Modernisierung Chinas erfassen wir erst dann, wenn wir die einzelnen Bestandteile des Wirtschaftssystems und ihre spezifische Anordnung in den Blick nehmen. Dabei erkennen wir, wie das chinesische Wirtschaftssystem substrukturiert ist und sich in ihm neue Hybride bilden, die in anderen Wirtschaftsordnungen nicht vorkommen. Wirtschaftliche Hybride sind Zusammenschlüsse aus bekannten Einheiten, die in ihrer Zusammensetzung neue Einheiten bilden, zum Beispiel durch Sonderwirtschaftszonen und westliche Joint Ventures. Somit erschließt sich die wirtschaftliche Modernisierung des chinesischen Wirtschaftssystems und deren Besonderheit im Vergleich zu anderen wirtschaftlichen Modernisierungen leichter, wenn wir die Hybride und ihre Bestandteile beachten. Dadurch sind die Öffnungen und Schließungen von Zugängen zum Wirtschaftssystem und seine Struktur zu erkennen.

Das Wirtschaftssystem hat die Aufgabe Knappheit zu bewältigen. In der Planwirtschaft wird dieses Ziel durch die festgelegten Programme des politischen Systems vorgegeben. Es werden Zweckprogramme verfolgt, die gegenüber veränderten Situationen nicht umzuschreiben sind. Dabei liegt eine Übersteuerung des Wirtschaftssystems vor. Das führt zu einem schwer optimierbaren Aufbau, da sich die Ziele und die Ressourcenverteilung an einem Sollwert und nicht an der Verbesserung eines Ist-Werts orientieren. Die Marktwirtschaft orientiert sich dagegen an der Optimierung der Ist-Werte und löst das Problem der Knappheitsbewältigung durch ein selbstersetzendes Aufbauprogramm. Erfolgreiche Unternehmen entstehen und treten an die Stelle von weniger erfolgreichen oder besetzen neue Plätze. Die Marktwirtschaften verschiedener Gesellschaften grenzen sich von ihren Zugängen zu den Ressourcen ab, obwohl sie alle gleichermaßen einem selbstersetzenden Aufbauprogramm unterliegen. Das betrifft zum Beispiel die Zulassung und Einfuhr von Gütern, die Kontrolle des Finanzmarktes sowie auch die rechtliche Vertragsgestaltung und Absicherung von Verträgen. Dieser Zugang und seine Veränderung bilden auch die Perspektive, unter der die Eigentümlichkeit der chinesischen wirtschaftlichen Modernisierung zu beschreiben ist. Der Zugang kann durch politische Programme, rechtliche Normierungen, sachliche Entscheidungen von Nutzenkalkulationen, aber auch durch soziale Größen, wie Status, Prestige und sozialen Rollen begrenzt sein. Die Modernisierung der chinesischen Wirtschaft ist von einer breiten Öffnung des Abbaus von politischen Zielvorgaben, rechtlichen Einschränkungen und damit einhergehend der Zulassung von ausländischem Kapital geprägt. Die damit einhergehende Öffnung nahm an Schnittstellen Kopplungen zum globalen Wirtschaftssystem auf und enthielt zu gleich einen selektiven Zugang, der ein Durchgriff von ausländischen auf chinesische Unternehmen unterbunden hat. Das betrifft die Automobilunternehmen, im höheren Maße noch die Internet- und Telekommunikationsunternehmen und wird bei der Rüstungsindustrie nahe zu völlig ausgeschlossen.

Die Grenzziehung durch die sozialen Netzwerke ist jedoch bei der Modernisierung Chinas erhalten geblieben. Deshalb wird die chinesische Wirtschaft oft als Netzwerkwirtschaft, das sogenannte Guanxi Business, charakterisiert. Diese Grenzen sind kein Alleinstellungsmerkmal des chinesischen Wirtschaftssystems, sondern ein Gesichtspunkt, der im Zusammenhang mit anderen Grenzen zu erfassen ist. So wurde der Austausch von knappen Gütern nach politischen Vorgaben gestaltet. Setzt man alle Mosaiksteine zusammen, so ist das Bindende der wirtschaftlichen Kommunikation die utilitaristische Interessengestaltung in bestimmten sozialen Netzwerken. Daraus ergibt sich eine bestimmte Öffnung und Schließung der Teilnahme am Wirtschaftssystem, die sich von der westlichen Wirtschaftsordnung und ihrer Kommunikation unterscheidet. Ihre Orientierung beruht auf einer partikularen Ausbreitung von Vorteilsnahmen. Die Teilnahme am Wirtschaftssystem erfolgt durch die Ausbreitung von Freundschafts- und Bekanntennetzwerken als auch den damit verbundenen Erwartungen. Das ist

3.3 Hybridisierung von Politik und Wirtschaft

zum Beispiel daran zu erkennen, wie die Preiskalkulation ausfällt und wie sie von sozialen Netzwerken abhängt. Die Preise variieren von Region zu Region, da sie nicht nur von sachlichen, sondern auch von sozialen Erwägungen abhängen. Überspitzt könnte man von unterschiedlichen Teilnehmerpreisen auf dem chinesischen Markt sprechen.

Zu Beginn der 1990er Jahre wurden die fünf Sonderwirtschaftszonen Shenzhen bei Hongkong, Guangdong nahe Macao, Shanghai, Peking und Tianjin weiter ausgebaut. Das leitende Motiv der wirtschaftlichen Modernisierung war es, dass das politische Zentrum keine Feinsteuerung vornahm, sondern in fünf Gebieten Auslandsinvestitionen zuließ und den lokalen Behörden einen freien Handel erlaubte. Unter diesen Voraussetzungen wurde erwartet, dass die einzelnen Regionen einen wirtschaftlichen Aufschwung einleiteten. Das setzte einen Mechanismus der Selbstaktivierung in gang. Die Provinzen nahmen mit den kleinen Sonderwirtschaftszonen auf lokaler Ebene Kontakt auf und bemühten sich um Kooperationen mit den Sonderwirtschaftszonen. Das betraf die Herstellung und Distribution in diesen Bereichen. Durch die wirtschaftlichen Erfolge in den Tigerstaaten Süd Korea, Taiwan, Hongkong stiegen die Herstellungskosten in diesen Ländern. Dadurch hatten die chinesischen Sonderwirtschaftszonen einen Wettbewerbsvorteil, da sie kostengünstiger Ressourcen bereitstellen konnte, die nur wenige Kilometer von den Tigerstaaten entfernt waren. Auf der lokalen Ebene lässt sich die wirtschaftliche Entwicklung von China mit Wellen vergleichen, die sich nach dem flachen Steinwurf in einen See ausbreiten. Das heißt, die Textilverarbeitung wandert von Hongkong nach Shenzhen, die Herstellung von elektronischen Geräten wanderte von Taiwan in die Shanghai umgebende Provinz. Dieser Zusammenhang ist nicht rein auf die lokale Nähe zurückzuführen, sondern wurde auch durch die Netzwerke beeinflusst. Die Verwandtschafts- und Freundesnetzwerke wurden mit Beginn der wirtschaftlichen Öffnung in Anspruch genommen. Das führte zu einer Interessenzusammenführung zwischen Wirtschaft und Politik. Die Vertreter des politischen Zentrums suchten nach Investoren und unterstützenden sie bei der Ansiedlung, da sie ihnen wirtschaftliches Wachstum und den Zugang zu neuen Ressourcen ermöglichten. Ausländische Kapitalgeber investierten im neuen China, um sich neue Märkte zu erschließen. Zur Absicherungen ihrer Investitionen vertrauten sie auf die weitere politische Förderung und die Sicherstellung ihrer Investitionen. Die niedrigen Steuern senkten das Investitionsrisiko und das politische Zentrum stelle in Konfliktfällen anstelle des Rechtssystems informelle Lösungen bereit. Daraus entstand eine gegenseitige Abhängigkeit zwischen Wirtschaft und Politik in China, die darin besteht, dass beide Seiten ein Scheitern fürchteten und einen Erfolg anstreben. Die Hybridisierung von Politik und Wirtschaft in China besteht darin, dass diese Bereiche miteinander verbunden sind und dass sie sich aus beiden Bereichen zusammensetzen. Ehemalige Staatsunternehmen wurden reorganisiert, um eine Gewinnsteigerung zu erzielen, um den neuen Teilhaber Anteile auszuschütten. Ihre Beständigkeit und auch Förderung über Defizite hinweg erfolgte durch die Finanzierung des politischen Systems. Die Unternehmen unterliegen aber auch einem politischen Ziel, da sie zur Wohlstandsvermehrung beizutragen haben.

3.4 Kontinuität in der Diskontinuität

Die Modernisierung des chinesischen Wirtschaftssystems ist im Vergleich zu den Veränderungen in Osteuropa und Russland als ein besonderer Entwicklungspfad einzustufen. Er besteht in der stufenweisen Vorgehensweise, in der die Umschichtung des Wirtschaftssystems vorgenommen wurde. Die Absage an die Planwirtschaft in China erfolgte nicht durch einen einmaligen Schritt. Vielmehr wurde die Steuerung des Wirtschaftssystems beibehalten und durch marktwirtschaftliche Mechanismen ergänzt. So erlaubte das politische Zentrum den Kollektivunternehmen den Verkauf von Produkten zu Marktpreisen über der planwirtschaftlichen Sollgrenze. Das gewährleistete die Sicherung der Versorgungslage, eine weitgehende Preisstabilität durch planwirtschaftliche Versorgung und eine zusätzliche Versorgung durch neu entstehende Märkte. Für die Kollektivunternehmen entstand damit ein Rationalisierungsinteresse, um sich auf dem Markt positionieren zu können. Sie erwirtschaften mehr als nur die vorgegebenen Plansätze und nutzten die frei gewordenen Ressourcen. Das führte zu einer Effizienzsteigerung und einem Produktionsausbau in vorher planwirtschaftlichen Betrieben. Die stufenweise Vorgehensweise zielte darauf ab, drastische Veränderungen zu vermeiden. Dadurch wurden nur zusätzliche Marktmechanismen eingeführt. Außerdem galt es, die Staatsunternehmen und Kollektivbetriebe vor zu starkem Wettbewerb einer freien Marktwirtschaft zu schützen.

Der Systemwechsel erfolgte durch eine besondere Restrukturierung des Wirtschaftssystems. Das betraf auch die besondere Beziehung zwischen dem Wirtschafts- und dem politischen System. Das politische System senkte seinen Anspruch auf eine Tiefenkontrolle der Staatsunternehmen und ihrer Outputgestaltung. Die durch die Planwirtschaft tief greifende Verflechtung zwischen dem Wirtschafts- und dem politischen System galt es mittelfristig einzuschränken. Dabei sollte die Stabilität des politischen Systems nicht gefährdet werden. Als ein abschreckendes Beispiel wertete das politische Zentrum die Veränderung in Osteuropa. Mit der Etablierung zweier parallel verlaufenden Mechanismen der planwirtschaftlichen Mindestleistung und dem marktwirtschaftlichen Zusatzgewinn sollte dies gewährleistet werden. Das hatte weitreichende Folgen. Unter diesen Voraussetzungen waren die Privilegien der lebenslangen Beschäftigung der Mitarbeiter der Staatsunternehmen nicht mehr beizubehalten. Auch die Einflussnahme von politischen Kadern, die sowohl gewerkschaftliche als auch politische Interessen in der Unternehmensgestaltung wahrnahmen, kollidierte mit den Interessen der betriebs- und marktwirtschaftlichen Unternehmensführung. Durch eine Dezentralisierungspolitik erhielten die Leitungsgremien von Staatsunternehmen mehr Kompetenzen und die Einflussnahme politischer Kader senkte sich zunehmend.

Die Kompensation dieser Machtverschiebung erfolgte in den Staatsunternehmen über die sozialen Netzwerke. Um politische Kader für die Neuausrichtung zu einer mehr marktorientierten Unternehmensführung zu gewinnen, beteiligte die Unternehmensführung sie an den erwirtschafteten Überschüssen. Das führte zu einer neuen Interessengestaltung, da kommunistische Kader nun zunehmend eine Marktorientierung beförderten. Sie waren bereit Privilegien der Mitarbeiter weitgehend einzuschränken und verzichteten auf einen Einfluss auf die Konfliktlösung zu Gunsten der Modernisierungsverlierer. Diese neue Interessengestaltung der politischen Eliten wird oft als ein Doktrinwechsel bezeichnet und auf den Reformer Deng Xiaoping mit seinem Ausspruch „Erfolg ist glorreich" zurückgeführt. Die Netzwerke spielten in der Modernisierung der Staatswirtschaft noch eine weitere Rolle. Der Kapitalbedarf für die Umgestaltung konnte nicht mehr mit den planwirtschaftlichen Finanzinstrumenten gedeckt werden. Somit war die Restrukturierung des Steuer- und Finanzsystems die zentrale Aufgabe der wirtschaftlichen Modernisierung in den 1990er Jahren. Da Bilanzverfahren und rechtliche Instrumente fehlten, so erfolgte die Vergabe und die Absicherung von Krediten über Netzwerke. Die einschlägigen Untersuchungen belegen, dass es oft die politischen Kader in den Staatsunternehmen waren, die besondere Kontakte zu den Banken unterhielten. Über diese Kontakte wurde Investitionskapital zur Verfügung gestellt, das den Ausbau der Marktorientierung der Unternehmen erlaubte. Die Unternehmen und die Banken positionierten sich auf den neuen Märkten. Dadurch veränderte sich die Beziehung zwischen den Wirtschafts- und dem politischen System strukturell, da die politischen Eliten zunehmend wirtschaftliche Interessen verfolgten. Typisch für diese Veränderung ist es jedoch, dass diese neue Struktur nicht das politische Zentrum reorganisierte. Die Dominanz der Kommunistischen Partei Chinas war davon nicht betroffen, sondern konnte sich sogar stabilisieren. Das ist auch dadurch begründet, dass durch die Strukturänderung die Mitgliedschaft in der Kommunistischen Partei neue Karrierechancen im Wirtschaftssystem begünstigte. Die

Kommunistische Partei Chinas senkte die Anforderung an ihre Mitgliedschaftsbedingung und wandelte sich zu einem Kontaktpool, der neue wirtschaftliche und Karrierechancen eröffnete. Damit entstand eine neue Form der Verflechtung zwischen dem Wirtschaftssystem und dem politischen Zentrum.

Der Fortbestand der alten politischen Eliten, des Status, der Prestigeordnung und der Erhalt der Mitgliedschaftsbedingungen der sozialen Netzwerke bleiben auch nach der chinesischen Modernisierung für die gesellschaftliche Kommunikation bezeichnend. Die neue Wirtschaftselite bildete sich aus der politischen Elite. Über die Netzwerke verzweigen sich Wirtschafts- und Politikelite miteinander. Das ist auch dadurch möglich, da die politische Elite mit Ressourcen wie Geld, Firmenanteile, Karriere von Angehörigen und die wirtschaftliche Elite mit Planungssicherheit, kalkulierbaren Entscheidungen, Konfliktlösungen und Einflussnahme auf die staatliche Planungsvorhaben oder auch mit Aufträgen versorgt werden. Eine Steigerung der zu verteilenden Ressourcen, durch den Wegfall von staatlichen Einschränkungen, leitete neue Austauschprozesse ein. Diese Austauschprozesse sind durch soziale Netzwerke gebunden und werden durch sie realisiert. Sie erhalten ihren netzwerkartigen Charakter, jedoch bilden sich neue Kontakte unter den wirtschaftlichen und politischen Gruppierungen. Dieser Aufbau wurde auch durch die Einführung der digitalen Kommunikationsmedien, des Aufbaus des Zahlungsverkehrs über Geschäftsbanken und der Mobilitätssteigerung durch die Erweiterung der Infrastruktur vorangetrieben.

3.5 Metamorphose zum Schmetterling

Für die Modernisierung Chinas in den 1990er Jahren war es typisch, dass es zu keinem Konflikt zwischen den neuen Wirtschafts- und den alten politischen Eliten kam. Für das politische Zentrum folgte daraus keine Bedrohung seiner Privilegien. Das lag vor allem an der stufenweisen Reorganisation der Wirtschaftsordnung. Die zentralen Wirtschaftsbereiche, wie die Finanz-, die Kommunikations- und Rüstungswirtschaft, blieben unter der Kontrolle des politischen Systems. Um Ressourcen aus diesen Bereichen zu nutzen, bedienten sich die Staatsunternehmen ihrer politischen Kader im Unternehmen. Die Absicherung von Verträgen erfolgte nicht über eine rechtliche Regelung, sondern über Personennetzwerke.

Mit der stufenweisen Modernisierung des Wirtschaftssystems gestalteten sich andere Anschlusschancen als in Osteuropa nach dem Zusammenbruch der

3.5 Metamorphose zum Schmetterling

sozialistischen Planwirtschaft. Das vorrangige Ziel war es, Kollektivunternehmen zu schaffen, ohne dass sie direkt der Kontrolle des politischen Zentrums unterstanden. Dazu ermöglichte das politische Zentrum vormals politischen Verwaltungseinheiten einen Zusammenschluss und eine marktorientierte Ausrichtung, welche den Gemeinden zu gute kam. Die Entflechtung von und die Ermächtigung von Kollektivunternehmen (Town-Village-Enterprises) ermöglichten die Zusammenlegung von Ressourcen ohne den Finanzmarkt in Anspruch zu nehmen. Die Leitung von Staatsunternehmen suchte nach Wegen, ihre Organisation in rentable und unrentable Organisationszweige zu unterteilen und die verlustbringenden Bereiche abzustoßen oder über die Subvention des politischen Zentrums abzusichern.

Die Besonderheit der chinesischen Wirtschaftsordnung und seiner Modernisierung seit Anfang der 1990er Jahre besteht darin, dass es trotz verhältnismäßig geringer finanzieller Investitionsvoraussetzungen eine hohe wirtschaftliche Dynamik entwickelte. Es wurden in einem kurzen Zeitraum technologische Innovationen vorgenommen, neue Wirtschaftsbereiche aufgebaut und eine Privatisierung durchgeführt. Das Wunder der Umgestaltung des chinesischen Wirtschaftssystems besteht nun darin, dass es einen effektiven Ressourceneinsatz erlaubte. Dabei war es nicht das Ziel, möglichst viele Rohstoffe zu generieren, um die Umgestaltung voranzubringen, sondern die bestehenden Voraussetzungen neuzuordnen und dabei auf Altbewährtes zurückzugreifen. Das verlangte somit auch keine Umgestaltung des Politischen oder auch des Rechtssystems der chinesischen Gesellschaft. Mit der Modernisierung des Wirtschaftssystems war auch eine Einbindung in das globale Wirtschaftssystem verbunden. Diese Einbindung vollzog sich insofern in einer besonderen Weise, da sie nur einseitig gekoppelt zu sein scheint. Chinas Wirtschaftssystem profitiert von den positiven Konjunkturentwicklungen in der Weltwirtschaft und bleibt zugleich verhältnismäßig unabhängig bei Wirtschaftskrisen.

Im Vergleich zu den großen Territorialstaaten, wie zum Beispiel Russland, Kanada und die Vereinigten Staaten, besitzt China sehr wenige Bodenschätze. Das ist ein grundlegendes Problem des wirtschaftlichen Wachstums, das es zu bewältigen galt. China war in der Mitte des 20. Jahrhunderts eine Agrarwirtschaft. Insofern erforderte die Versorgung der stark anwachsenden Bevölkerung eine Steigerung der Fruchtbarkeit der Böden als ein vordringlich zu lösendes Problem. Im Zuge der Modernisierung in den 1990er Jahren standen die Ressourcen zur Energiegewinnung für die Schwerindustrie und die chemischen Elemente zur Herstellung moderner Chiptechnologie im Vordergrund. Der Großteil der chinesischen Energieversorgung wird über Kohlekraftwerke gewährleistet. Das mindert den Spielraum der politischen Elite in der globalen Klimadiskussion. Auch die weitreichenden Nuklearprogramme oder die Versorgung durch den Dreischluchten Staudamm beinhaltet weitere Umweltprobleme. Insofern dient die Integration in das globale Wirtschaftssystem den Chinesen auch zur Versorgung mit Rohstoffen. Das betrifft vor allem die außenpolitische Kooperation mit afrikanischen und arabischen Staaten. Zur Versorgung des wirtschaftlichen Aufschwungs ist die Kooperation mit Despotien für die chinesische Elite eine wirtschaftspolitische Option, die sie auch wahrnehmen, sei es mit dem Sudan, Nigeria und dem Iran.

China wandelte sich nach innen, um nach außen beständig zu bleiben. Nach innen passte sich die chinesische Wirtschaft den globalen Erfordernissen an. Dabei galt es, eine stabile Ordnung aufrechtzuerhalten und aus der Position der Stärke vorzugehen. Das politische Zentrum nutzte die Formierung einer starken nationalen Außengrenze, um Schwächen zu balancieren und eigene Stärken zu nutzen. So blieb es nach außen hin beständig und für seine Partner berechenbar. Das gilt unabhängig von den Konflikten, die gegenüber Indien, Russland und den Vereinigten Staaten von Amerika immer wieder eintraten. Im Gegensatz zu den Erfahrungen aus den ungleichen Verträgen während der Qing-Dynastie, bei der die westlichen Wirtschafts- und Militärmächte die Bedingungen festlegten, setzte das politische Zentrum seine Stärke in der Modernisierung strategisch für sich vorteilhafter ein.

3.6 Von der Schwäche zur Stärke

Für die chinesische Gesellschaft ist es typisch, dass die Beobachtung und Zuschreibung von Störungen durch die einzelnen sozialen Systeme und ihren Mitgliedschafts- und Bezugsgruppen unterschiedlich ausfällt. Sie verfahren in der Regel so, dass sie die Zuschreibung von Ursachen unterschiedlich nach außen verlagern. Sie stellen den ökologischen Wandel unterschiedlich dar und nehmen externe Zurechnungen vor, zum Beispiel die Verursachung durch die Industrialisierung und das Recht auf eine weitgehend freie Ressourcenverwaltung durch westliche Unternehmen. Die unterschiedlichen sozialen Systeme in der chinesischen Gesellschaft nehmen selten dieselben Zuschreibungen vor. Das widerspricht nicht der Gesellschaftsbeschreibung, welche die Bestandteile der sozialen Ordnung als einen harmonisierten Zustand darstellt. Ökologische Irritationen bedrohen diesen Zustand, da sie vom sozialen System nicht verarbeitet werden können und die Ordnung der unterschiedlichen sozialen Systeme infrage zu stellen drohen, zum Beispiel die verschmutzen Flüsse, der Smog und der Lärm. An dieser Darstellung orientiert sich die gesellschaftliche Kommunikation. Das

3.6 Von der Schwäche zur Stärke

gilt insbesondere durch die Infragestellung von Grenzperspektiven, gegenüber denen sich die Kommunikation immunisiert. Für die Selbstbeschreibung der chinesischen Gesellschaft ist es charakteristisch, diese Immunisierung gegenüber unterschiedlichen Perspektiven vorzunehmen und die Aufrechterhaltung systeminterner Wahrheiten zu erhalten. Typisch dafür ist die Kommunikation des politischen Systems, dass China nur die Industrialisierung nachholt, die im Westen bereits abgelaufen ist. Die Kommunikation über die Umwelt findet somit in Schleifen statt, die nicht ineinandergreifen. Dadurch entsteht kein Abstimmungszwang der unterschiedlichen Perspektiven oder der Versuch ihrer Systematisierung im Sinne eines Erkenntniszuwachses. Die Frage des Klimawandels wird daher nicht als sachliches Problem behandelt, sondern unter der Perspektive der Gerechtigkeit für die Spätmodernisierung in Kauf genommen. Das gilt auch für die außenpolitische Orientierung an Rohstofflieferanten wie dem Iran, Nigeria oder dem Sudan. Sie werden nicht unter dem jeweiligen geopolitischen Konfliktrahmen beobachten, sondern in Abstimmung mit der chinesischen Interessenverfolgung thematisiert und beurteilt.

Der ökologische Wandel und die ökologischen Probleme werden in China selektiv aus der Systemperspektive wahrgenommen und klein gearbeitet. Das ist auch durch die Knappheit an Bodenschätzen zu begründen. Eine Ausnahme war das nationale Projekt des Dreischluchtenstaudamms. Die Durchführung ökologischer Programme wird von den betreffenden Behörden wahrgenommen. Aufgrund der geostatischen Beschaffenheit ist der Abbau von Rohstoffen wie Steinkohle äußerst gefährlich und nur schwer umzusetzen. Das politische Zentrum reagierte auf die zunehmenden Unfälle und erhöhte die Sicherheitsauflagen für den Bergbau, was eine Schließung von vielen Bergwerken in China zur Folge hatte. Der kurze Zeit später resultierende Energiemangel führte zu einer Aufweichung dieser Sicherheitsauflagen, derart, dass die Umsetzung von den lokalen Stellen je nach Gefährdungslage entschieden wurde.

Die ökologischen Herausforderungen werden in der chinesischen Gesellschaft nicht als Bedrohung wahrgenommen, sondern vielmehr als eine alltägliche Aufgabe. Sie besteht darin, Schritt für Schritt Lösungen zu finden und sie zu realisieren. Damit folgen die Chinesen keinem ideologischen Masterplan. Sie loten in jeder neuen Situation die Herausforderungen aus und arbeiten an den Lösungen. Somit wandeln sie ihre Schwächen zu Stärken um. Die Versteppung und die Ausbreitung von Wüsten in China ist umweltpolitisch eine ernst zu nehmende Aufgabe. Das betrifft die Abnahme landwirtschaftlicher Nutzgebiete und die Umgestaltung von Siedlungsräumen. Vor allem die Versorgung des Großraums Peking mit Wasser führt zu einer Ausbreitung der Wüste Gobi. Von diesen Problemen sind vor allem die zentral- und westchinesischen Provinzen betroffen. Inwiefern erneuerbare

Energien und Techniken zur regenerativen Energiegewinnung, wie sie schon in Westeuropa genutzt werden, für die chinesische Versorgung eine Hilfe ist, wird sich erst in der Zukunft zeigen. Die Frage der Energieversorgung wird in China noch vom politischen Zentrum gesteuert. Das betrifft vor allem die eingeschränkten Möglichkeiten für mittelständische Unternehmen aus dem Westen, in diesen Bereich zu investieren. Ob der Ressourcenmangel zur Herstellung moderner Kommunikationstechnologien das chinesische Wirtschaftswachstum in Zukunft ausbremst, ist noch nicht absehbar. Das betrifft zum Beispiel Silicium, das für die Herstellung von Speicherchips erforderlich ist. Es lässt sich aber bereits von dem gegenwärtigen Standpunkt aus feststellen, dass eine innerchinesische Lösung nicht zu erwarten ist. China verfügt bei aller Ressourcenarmut über mehr als 90 Prozent von Seltenen Erden, die für die moderne Wirtschaftstechnologien von Bedeutung sind. Sie werden von der chinesischen Seite als Trumpf in Ressourcenverhandlungen eingesetzt. Der Energiebedarf, die Ressourcenverteilung, die Produktionsverfahren und vieles mehr werden in China nicht anhand von standardisierten Verfahren einer Lösung zugeführt, sondern es werden einzelne Lösungen gesucht, die zu der aktuellen Situation passen. Die Chinesen orientieren sich an kleinen Lösungspaketen und stellen nicht, wie oft aus der westlichen Perspektive dargestellt, Grundsatzfragen vor anstehenden Problemlösungen.

Die ungleiche Bevölkerungsverteilung mit einer besonders hohen Bevölkerungsdichte in den Küstengebieten und die geologisch und geografisch ungleiche Verteilung von Rohstoffen steht in Verbindung mit den wirtschaftlichen Entwicklungschancen der chinesischen Provinzen. Die Großprojekte, wie zum Beispiel der Kanalbau, ermöglichen zwar die Versorgung mit Wasser und begünstigt den Ausbau von Infrastrukturen, zum Beispiel durch Schifftransporte, sie schränken zugleich aber die umweltpolitischen Gestaltungsspielräume der Regionen ein. Mit dem Steigen des Lebensstandards und damit dem Anstieg des Ressourcenverbrauchs wird die Umweltproblematik immer weiter in die westlichen Provinzen getragen. Das betrifft vor allem die ethnischen Minderheiten, da sie geografisch gegenüber anderen Provinzen benachteiligt sind, zum Beispiel Tibet. Wie in China dieses Verteilungsproblem gelöst wird, bleibt abzuwarten. Voraussichtlich werden die Spannungen zwischen dem Anspruch auf Ressourcen, deren Verteilung und die wirtschaftlichen Entwicklungschancen von Provinzen mit großen Minderheiten in China nach westlichen Maßstäben nicht in allen Belangen gerecht zu lösen sein. Auch in den Städten der Küstenprovinzen stellen umweltpolitische Probleme eine große Herausforderung dar. Die Versorgung mit Trinkwasser und damit die Hygiene steht traditionellen Wohnsiedlungen und deren Erhalt gegenüber. Das wird deshalb zu einem Schichtenproblem, da die Versorgung mit modernem Wohnraum und damit der Abriss alter Wohnungen ein höheres Preisniveau in den Innenstädten herbeiführt, das einen Abwanderungszwang einleitete. Die traditionellen Vierfelderhäuser verschwinden aus dem Stadtbild Pekings zu Gunsten moderner Hochhäuser.

Die chinesischen Wirtschaft hat sich in Zukunft auf eine Verknappung von Rohstoffen einzurichten. Das ist ein Krisenszenario, das weite Bereiche der Gesellschaft, auch über das Wirtschaftssystem hinaus, betrifft. Mit der Verknappung sind neue Abstimmungen vorzunehmen, die über das politische Zentrum zu realisieren sind. Die Stabilität des politischen Zentrums ist von einem fortlaufenden Wachstum und damit der Möglichkeit abhängig, dass auch in Zukunft mehr verteilt werden kann. Es fehlt ihr also an Alternativstrategien, um auf ein solches Szenario zu reagieren. Die Zielsetzung, die das politische System verfolgt, ist das Programm eines fortlaufenden unbegrenzten Wachstums. Chinas wirtschaftliche Modernisierung folgt weder einem globalen Expansionsstreben, noch kann es ein Modell für das globale Wirtschaftssystem sein, da sie an einer nationalstaatlichen Grenzziehung orientiert ist, die ihr vom politischen Zentrum vorgegeben wird. Die chinesische Wirtschaft steht in einem Austauschprozess mit dem globalen Wirtschaftssystem und ist im Hinblick auf ihre Ressourcenpolitik in Afrika expansiv. Die Rückbindung der Wirtschaftspolitik erfolgt aber an das politische Zentrum, das sich am wirtschaftlichen Erfolg als eine neue Legitimation orientiert. Dies ist keine hegemoniale Wirtschaftsstrategie, da sie die Stabilität des politischen Zentrums gefährden würde.

Die Eigenart der chinesischen Modernisierung des Übergangs von der Planwirtschaft zur Marktwirtschaft und seine schrittweise Teilhabe an der wirtschaftlichen Globalisierung sollten uns aber nicht dazu verleiten, dass sich eine westliche Wirtschaftsordnung etabliert. Chinas Wirtschaftssystem wird sich seinen eigenen Problemen zu stellen haben. Dabei kann es auf seine eigenen Stärken und die Ergebnisse seiner Modernisierung zurückgreifen. Das braucht die europäische Wirtschaft nicht zu beunruhigen, jedoch sollten die Augen stets für die Veränderungen geöffnet bleiben.

Für das chinesische Wirtschaftssystem spielt die Verbindung mit dem Rechts- und Wissenschaftssystem eine wichtige Rolle, da sie wichtige Funktionen übernehmen, die das Wirtschaftssystem selbst nicht bereitstellen kann. Die Übernahme dieser Funktionen und ihre Ausgestaltung der Konfliktverarbeitung (Recht) und Wissensgenerierung (Wissenschaft) wird aber über eine andere Struktur als im Westen hergestellt. Das verweist auf den chinesischen kulturellen Hintergrund, die kollektive Identitätskonstruktion und die besondere Art der Gemeinschaftsbildung der Chinesen. Sie spielt in dem Prozess der Modernisierung eine besondere Rolle, da sie der Rahmen ist aus dem nicht ausgebrochen werden kann, aber in dem sich alles verändert.

Ausgleich ohne Gleichheit 4

4.1 Harmonie durch Ungleichheit

Für ein Mitglied der westlichen Gesellschaft ist es selbstverständlich, dass die in der Kommunikation auftretenden Konflikte durch ein allgemein geltendes Recht geregelt sind. Recht harmonisiert nicht die gesellschaftliche Kommunikation, sondern es vermehrt zu gleich Konflikte, die rechtlich ausgetragen werden. Die rechtliche Normierung von Kommunikation erlaubt eine besondere Projektion von Erwartungserwartungen. Das schließt Erwartungsenttäuschungen nicht aus, sondern ein. Gerade der Enttäuschungsfall macht die gesellschaftliche Kommunikation durch das Recht berechenbar, da sich rechtliche Kommunikation nur durch Entscheidung binden kann, die im Rechtssystem durch den Recht-Unrecht Code institutionalisiert sind. Insofern tritt die Entscheidung in die Latenz der rechtlichen Kommunikation, bis die zeitliche Unentschiedenheit der Rechtsfrage auch durch die rechtsmäßige Entscheidung des Unrechts einer klagenden Partei entschieden ist. Die Teilnehmer an der gesellschaftlichen Kommunikation sind Träger von Rechten und Pflichten. Das verweist darauf, dass das Gemeinschaftshandeln innerhalb der westlichen Gesellschaften verrechtlicht ist. Das gilt auch dann, wenn ihnen, vergleichen wir zum Beispiel Kontinentaleuropa mit Großbritannien und den Vereinigten Staaten, unterschiedliche Rechtsordnungen vorliegen.

Die Erwartung in das chinesische Rechtssystem besteht nicht darin, dass sie einen Ausgleich im Sinne einer Gleichsetzung von Rechten und Pflichten zwischen den Konfliktparteien herstellt. Insofern gehen wir auf das charakteristische chinesische Rechtsverständnis ein. Das chinesische Rechtssystem wird dann unzutreffend eingeordnet, wenn wir es über die Analyse der formalen Gestaltung des inhaltlichen Ausgleichs in Konfliktsituationen mit dem westlichen Recht vergleichen. Das betrifft nicht nur die methodische Fragestellung, inwieweit von der Rechtssetzung auf ihre Umsetzung zu folgern ist. Vielmehr setzt sich diese Fragestellung dem blinden Fleck des Beobachters derart aus, dass sie implizit von einem institutionellen Vergleich ausgeht und alle Konfliktaustragungsverfahren nicht erfassen kann. Daran schließt sich an, wie westliche Rechtsansätze in das chinesische Recht eingeordnet werden. Das führt uns zu dem charakteristischen Merkmal der chinesischen rechtlichen Modernisierung als einer Sozialordnung ohne Verrechtlichung und den daraus folgenden Zukunftserwartungen.

Die Analyse des chinesischen Rechtssystems auch in Abstimmung zur Modernisierung der chinesischen Gesellschaft gelingt dann, wenn man die Struktur und die Strukturerhaltung der chinesischen Konfliktverarbeitung beobachtet und beschreibt. Sie hat Eigenheiten, die durch die Übernahme westlicher Rechtsordnungen nicht verändert werden. Insofern umreißen wir das Typische der chinesischen Rechtsordnung im Zusammenhang mit der Konfliktverarbeitung der chinesischen Sozialordnung unter den veränderten Bedingungen der chinesischen Modernisierung. Es betrifft dies die positive Bewertung der sozialen Ungleichheit, die Hybridisierung des chinesischen Rechts und seine situative Anwendung. Daraus ergeben sich Folgerungen für die Einordnung der chinesischen rechtlichen Kommunikation als ein normativ-faktischer Ausgleich in einer nicht-verrechtlichten Sozialordnung, die zugleich eine stabile soziale Ordnung gewährleistet. An ihr werden sichtbar, dass der Entwicklungspfad der westlichen Moderne nicht auf die chinesische Modernisierung zu übertragen ist. Angesprochen ist damit aber auch die Einschätzung der durchgängigen Verrechtlichung der chinesischen gesellschaftlichen Kommunikation in der Folge der Übernahme von westlichen Rechtsordnungen. Ein grundlegender Unterschied bleibt dahin gehend erhalten, dass das chinesische Rechtssystem keine Gleichheit der Teilnahmechancen vorsieht, sondern sich über asymmetrische Konfliktregelungen restabilisiert.

Die Öffnung Chinas und die kommunikative Vernetzung mit der westlichen Gesellschaft führte zu einer Beobachtung von unterschiedlichen Gesellschaftsbereichen, die auch die rechtliche Kommunikation betreffen. Bei dieser Beobachtung werden vor allem die Unterschiede hervorgehoben, zum Beispiel China ist kein Rechtsstaat, in China werden die Menschenrechte nicht geachtet. Diese Darstellung verkennt die besondere Charakteristik des chinesischen Rechtssystems. Es ist dahin gehend angelegt, die auftretenden Konflikte in der gesellschaftlichen Kommunikation in einen fortzuführenden Zustand überzuleiten. Das kann auf unterschiedlichen Wegen geschehen. Entscheidend für die Fortführung ist die

Berechenbarkeit von Handlung und Unterlassung sowie ihre Folgen. Das ermöglicht den Aufbau von Erwartungserwartungen. Die Besonderheit des chinesischen Rechts besteht nun darin, dass die Erwartungserwartungen nicht verallgemeinerbar sind. Die Eingrenzung von Erwartungserwartung findet beispielsweise durch die Zugehörigkeit in bestimmten Gruppen oder auch durch einen regionalen und zeitlichen Kontext statt. Die Jugendlichen, die einen Hochschulabschluss an einer Universität anstreben, stehen unter einer stärkeren Beobachtung durch die Staatsorgane als Gleichaltrige, die sich für einen anderen Lebensentwurf entschieden. Das mag damit zusammenhängen, dass in der Geschichte China im letzten Jahrhundert die Studenten oft Träger von Protest waren und soziale Bewegungen auslösten. Die Freiheitsgrade für Handlungen und Unterlassungen können örtlich und zeitlich voneinander abweichen. Das Betteln ist in Peking zum Beispiel nicht gestattet und doch weitgehend verbreitet und sichtbar. In der Nähe von U-Bahn-Stationen sieht man Menschen um Spenden bitten. Das gilt fast für das ganze Jahr, bis kurz vor den nationalen Feiertagen Anfang Oktober. Zu diesem Zeitpunkt unterbinden die staatlichen Organisationen das Betteln.

Was bedeutet das für die gesellschaftliche Kommunikation? Die Mitglieder der chinesischen Gesellschaft haben zu wissen, wann und in welchem Ausmaß die Erwartungserwartungen rechtlich ausgestaltet sind und wann nicht. Es gilt somit nicht der verallgemeinerte Rechtssatz, sondern ein partikulares und situativ abwandelbares Recht. Die Partikularisierung der Rechtsordnung harmonisiert die Interessen der sozialen Gruppen bei zugleich bestehender Ungleichbehandlung. Das führt nur im Grenzfall zu Konflikten, zum Beispiel bei Grundstücksenteignungen, bei denen die Betroffenen nicht angemessen oder gar nicht entschädigt werden. Die Partikularisierungen und Asymmetrien festigen auch die Erwartungen, da sie dadurch auf einen sozialen Rahmen abgestimmt sind, der von den davon Betroffenen nicht zu verlassen ist. Die Ungleichheit besteht in einer asymmetrischen Verteilung von Rechten und Pflichten. Das schließt es nicht aus, dass sich bei den höheren Statuspositionen auch die Asymmetrie dahin gehend umkehrt, dass sie an die unteren Statuspositionen mehr zu verteilen haben, als sie bekommen.

4.2 Hybridisierung des chinesischen Rechts

Im Zuge der Einbeziehung der wirtschaftlichen Modernisierung in das globale Wirtschaftssystem stellte sich auch ein neuer Regelungsbedarf der wirtschaftlichen Kommunikation ein. In der Geschichte Chinas gibt es keine dem Westen vergleichbare Rechtstradition, wie unterschiedlich diese auch ausfallen, zum Beispiel der Common Law Tradition und des kontinentalen gesetzten Rechts. In der Vergangenheit gab es in China ein Straf- und ein Verwaltungsrecht, aber kein Privatrecht. Gegenwärtig werden 40 Prozent der Verwaltungsrechtsklagen vom Kläger zurückgenommen. Insofern nimmt das Klageverfahren im Verwaltungsrecht eine andere Rolle ein, da es kein Korrektiv zur Verwaltungsausführung ist. Das Ordnungsverständnis des Konfuzianismus und des Daoismus hatte zudem einen Einfluss auf das Rechtssystem. Der Konfuzianismus bringt ein Rollenverständnis mit den damit einhergehenden Pflichten und Rechten sowie die Externalisierung der Entscheidungssituation in das Rechtsverständnis ein, zum Beispiel, wer seinen Vater nicht ehrt, der kann auch nicht den König ehren und gefährde damit den Zusammenhalt der Gruppe, der Daoismus bringt dagegen die Situationsangemessenheit der Entscheidung in die Rechtskommunikation ein. Im Zuge der Öffnung Chinas und des neuen wirtschaftlichen Austauschs ist es naheliegend, dass sich das Problem der rechtlichen Regelung der Einbindung in das globale Wirtschaftssystem stellte. Insofern stellte sich auch ein Austausch zwischen westlichen und chinesischen Rechtswissenschaftlern ein. Der Regelungsbedarf wurde von chinesischer Seite erkannt und war in ihrem Interesse. Das hat dazu geführt, dass man Teile des westlichen Wirtschaftsrechts in das chinesische Recht aufnahm.

Bei dieser Interessenübereinstimmung darf man sich aber nicht an der Rhetorik der Chinesen und der naiven Annahme von einigen westlichen Rechtsexperten orientieren, dass das westliche Rechtsverständnis zu einem Vorbild für die Umgestaltung des chinesischen Rechts wurde. Es ist demgegenüber zu fragen, worin die Übereinstimmung besteht und was bei dieser Übereinstimmung ausgeblendet wird. Die Übereinstimmung besteht sicherlich in dem Erfordernis einer rechtlichen Regelung des wirtschaftlichen Austauschs. Das ergibt sich zwangsläufig daraus, dass von westlicher Seite fortlaufend der Anspruch auf den Schutz von Nutzungsrechten und entsprechenden Patenten gestellt wird. Dabei war man nicht sehr erfolgreich. Immerhin hat sich die Rhetorik der chinesischen Seite dahin gehend verändert, dass auf den Veranstaltungen der Industrie- und Handelskammern unmissverständlich kommuniziert wird, dass man ehrlich sei. Bei einer solchen Rhetorik stellt sich zwangsläufig das Problem ein, dass Ehrlichkeit kaum kommunizierbar ist. Wird sie kommuniziert, so macht sich derjenige bereits etwas verdächtig. Die negative Seite dieser Übereinstimmung, die im Hintergrund verbleibt, besteht darin, dass die chinesische Seite ihren Sonderstatus erhalten möchte und sich durch westliche Ansprüche nach verbindlichen rechtlichen Regelungen bedroht fühlt. Diese Einstellung ist vermutlich auch nicht ganz unbegründet, da ein westlicher Rechtssystem ein Gleichgewicht herstellen würde,

4.2 Hybridisierung des chinesischen Rechts

welches der chinesischen Modernisierung nicht in jedem Fall entgegenkommt. Das betrifft vor allem ihre besondere politische Steuerung und ihre sozial-strukturellen Voraussetzungen.

Lehrreich ist es jedoch, wie die chinesische Seite das westliche Recht in das Rechtssystem aufnimmt. Dabei handelt es sich nicht um eine Übernahme westlichen Rechts und eine Anpassung des chinesischen an das westliche Rechtsverständnis. Das Gegenteil ist bei allem Interesse an den westlichen Rechtsmodellen der Fall, da das westliche dem chinesischen Recht anverwandelt wird. Das ist ein Beleg für die Hybridisierung der chinesischen Rechtsordnung und der Dominanz der primären Rechtssysteme in der chinesischen rechtlichen Kommunikation. In der Rechtstheorie spricht man diesbezüglich von einem „mixed legal system".

Diese Form des hybridisierten Rechtssystems lässt sich am deutlichsten am Beispiel des Vertragsrechts erkennen. Das Vertragsrecht ist die Verfahrenweise, welche die Konflikte zwischen Vertragspartnern regelt. Dabei handelt es sich um gleichberechtigte Vertragspartner. Es gilt dabei der Rechtssatz *pacta sunt servanda*. Interessanter weise nimmt die chinesische Übernahme des Vertragsrechts mehrere lehrreiche Wendungen. Es beruht auf der deutschen Form, aber auch auf dem Wiener Vertragsrecht, den Unidroit Grundsätze der internationalen Handelsverträge, die Teile des Common Law aufnehmen und dem Common Law nach Maßgabe der US-amerikanischen Handelskammer. Das chinesische Vertragsrecht nimmt die Vertragsfreiheit auf. Dies setzt die Gleichheit der Rechtsperson voraus. Zugleich wird aber die Einschränkung vorgenommen, dass bestimmte Personengruppen und Rechtskörperschaften dieser Rechtsgleichheit nicht unterliegen. Einschränkungen bestehen zwischen chinesischen und nichtchinesischen Rechtspersonen insbesondere für Joint Ventures.

Der Vertrag zwischen zwei privaten Vertragsnehmern unterliegt folgenden Einschränkungen:

1. Der einzelne Vertrag hat die sozioökonomische Ordnung aufrecht zu halten und die sozialistische Modernisierung zu fördern. An dieser Einschränkung wird sichtbar, dass der Normengeber mit dieser Passage die gesellschaftliche Verantwortung in ein sozialpolitisches Programm einbindet. Dies geschieht nicht im Sinne eines staatlich geförderten Wohlstaatsprogrammes, sondern die gesellschaftliche Verantwortung wird an lokale Netzwerke zurück verordnet. Das Ganze ist auf eine Stärkung der sozialen Gruppe und dem Vorrag von Netzwerken vor den staatlichen Eingriffen angelegt.
2. Das freie Vertragsrecht wird in der Ausgestaltung der Spielräume der Vertragsabschließenden, durch branchenübliche Vorgaben eingeschränkt. Damit geht einher, dass der Vertragsabschluss nicht nur von den Interessen der

Parteien aus durchführbar ist, sondern die Interpretation von Vertragsabschlüssen unterliegt den Interessen der Branchenteilnehmer.
3. Eine andere in das chinesische Vertragsrecht aufgenommene Einschränkung ist die staatlichen Modernisierungs- und Planungsprogramme, die durch Privatparteien umzusetzen ist. Darüber haben die staatlichen Einrichtungen im Grenzfall einen Zugriff auf die wirtschaftliche Entwicklung der Regionen.

Im Zuge der Modernisierung Chinas regeln auf dem Ist-Stand 2010 nur 30–40 Prozent der chinesischen Unternehmen ihre Konflikte in der Folge von Vertragsabschlüssen auf dem Rechtsweg. Vermutlich werden es mehr werden. Wir dürfen aber nicht übersehen, dass in China das Prestige der sozialen Gruppen und ihrer Mitglieder für die Regelung von Konflikten entscheidend ist. Es besteht somit eine Verteilung von Risiko nicht auf einzelne Kommunikationsteilnehmer, sondern auf die Netzwerke der sozialen Gruppen. Die nach wie vor bestehende chinesische Netzwerkgesellschaft ist mithin ein starkes Hindernis für die Einrichtung eines Rechtstaats nach westlichem Vorbild. Für das Verständnis der rechtlichen Kommunikation im Wirtschaftssystem ist immer im Blick zu behalten, dass die Unterzeichnung eines Vertrags nicht das Ende einer Vertragsverhandlung ist, sondern der geschlossene Vertrag gilt als der Anfang einer Geschäftsbeziehung. Damit geht aber auch einher, dass im Zuge der Geschäftsrealisierung von den Parteien auch nachverhandelt wird. Es überrascht somit nicht, dass bei der Rechtsdurchsetzung der Mediation und nicht der Rechtsentscheidung der Vorrang gegeben wird. Insofern sollte es nicht überraschend sein, dass von westlicher Seite aus oft die fehlende Zustimmung zu den rechtlichen Regelungen von Seiten der Betroffenen beklagt wird.

4.3 Justitia ohne Binde

Die Besonderheit des chinesischen Rechts besteht darin, dass die Erwartungserwartungen nicht verallgemeinert sind. Das hat die Kontextabhängigkeit der Erwartungserwartungen, ihrer Projektion und ihre Restabilisierung zur Folge. Die Interessen der Betroffenen in den primären Rechtssystemen der Provinzen, der Gemeinden und der Städte werden somit als ein materielles Recht mit in die Rechtsprechung einbezogen. Diese Kontextabhängigkeit führt zu einer charakteristischen Ausgestaltung der gesellschaftlichen Kommunikation. Sie besteht in der situativen Variation von Erwartungserwartungen, ihre Projektion und ihre Erinnerung. Damit geht ein strategischer Umgang mit der Rechtsprechung in der

4.3 Justitia ohne Binde

jeweiligen Situation einher. Angesprochen ist damit die Allgemeinverbindlichkeit und situationsübergreifende Geltung des chinesischen Rechts. Das ist nicht nur in der zeitlichen Dimension zu fassen, sondern auch in der sozialen Dimension, da die Erwartungserwartungen in der chinesischen Gesellschaft von den Mitgliedern der sozialen Gruppen, ihren Rollen- und Statuspositionen sowie ihrer Zugehörigkeit/ Nichtzugehörigkeit zu einer Gruppe abhängen. Insofern werden im chinesischen Recht *gleiche* Fälle *ungleich* und *ungleiche* Fälle *gleich* behandelt. Darin liegt ein besonderer Spielraum, der eine Vielfalt in der Lebensführung zulässt, aber zugleich zu einem anderen Komplexitätsaufbau der gesellschaftlichen Kommunikation als im Westen führt.

Der Spielraum besteht darin, dass die Rechtsanwendung situationsbezogen ist und sie nicht durch höhere Instanzen überprüft wird, das heißt, dass die Weiterentwicklung des Rechts durch Rechtswissenschaftler nicht systematisiert wird, wie zum Beispiel durch die Anfertigung von Rechtskommentaren im deutschen Recht. Die Trennung zwischen Rechtstheorie und Rechtsanwendung in China wird vielfach auf einen institutionellen Mangel und auf die Übersteuerung durch das politische System zurückgeführt. Man sollte zu dieser Ursachenbeschreibung deshalb eine Distanz einnehmen, da sie die Projektion westlicher Entwicklungen auf die chinesische Modernisierung beinhaltet. In der chinesischen Rechtstradition werden Konflikte in erster Linie zwischen Vertragsparteien informell oder durch Schiedsstellen geregelt. Die rechtliche Streitkultur spielte in der chinesischen Tradition keine Rolle. Der formale Rechtsweg gilt dort vergleichbar mit dem japanischen Rechtsverständnis als die *ultima ratio* der Konfliktlösung. Dem entspricht eine harmonische Beschreibung der gesellschaftlichen Kommunikation. Auf dem Gebiet des öffentlichen Rechts liegt eine weitgehende Abweichung zur westlichen Rechtstradition vor, da das staatlich-organisationelle Entscheidungshandeln nicht rechtlich normiert ist. Es fehlt in China, zum Beispiel im Unterschied zu Deutschland, die Tradition des Rechtsstaats und somit die rechtliche Kontrolle der politischen Entscheidungen.

In der chinesischen Rechtsanwendung wird nicht von einer allgemeinen Norm – dem Rechtssatz –, der Tatbestandsmerkmale subsumiert werden, ausgegangen. Es wird nicht formal rechtlich entschieden, sondern danach, wie *weise* die Rechtsentscheidung ist. Insofern hat die chinesische Rechtsprechung eine Nähe zu dem Entscheiden nach Gutdünken der Kadijustiz. Es fehlt somit ein formales Überprüfungsverfahren, dass eine Verallgemeinerung der Orientierung über Recht und Unrecht zulässt und gewährleistet. Nach dem chinesischen Gesellschaftsmodell kommt ein guter Chinese mit dem Gesetzt nicht in Konflikt. Erlaubt ist deshalb, was nicht verboten wird. Da es keine allgemeinen verbindlichen Regelungen gibt, besteht in der chinesischen gesellschaftlichen Kommunikation ein mehr oder weniger großer Spielraum für die Interessenverfolgung. Das erklärt auch, warum in China die meisten Server mit pornografischem Inhalt stehen, obwohl das Internet und der Zugriff auf Inhalte durch das politische System gefiltert wird und die Verbreitung von Pornografie ebenso wie die von oppositionellem Gedankengut geächtet ist. Daran wird deutlich, dass durch das chinesische Rechtssystem keine generelle Durchsetzung von Rechtsnormen erwirkt wird.

Die Ursache für die unterschiedlichen Rechtssysteme im Westen und China ist eng mit dem Mangel einer vernunftrechtlichen Tradition und der fehlenden Umstellung auf das positiv gesetzte Recht verbunden, die dazu führte, dass die Gesellschaftsmitglieder mit subjektiven Rechten ausgestattet wurden. Subjektive Rechte sind in China keine Einheitsformel der rechtlichen Kommunikation. Im Westen vollzog sich auf dieser Grundlage eine Versachlichung des Gemeinschaftshandelns. Die traditionale Gemeinschaftsorientierung hatte keinen Vorrang mehr vor der versachlichten Rechtsgemeinschaft. Eine Ausnahme ist die Wirkungsgeschichte des germanischen Gemeinrechts in Großbritannien im Common Law. In China hingegen hat sich das traditionelle Recht insofern erhalten, da der Vorrang der sozialen gegenüber sachlichen Auslegung dominant geblieben ist und damit die Pflicht als die Anpassung an (örtliche) Autoritäten – früher den Familienklans und den Konfuzianer, heute den Kaderbeamten – nicht in Frage gestellt wird. Chinesisches Recht nimmt somit nur Einfluss auf die Gestaltung der Kommunikation in den lokalen Grenzen, da keine verallgemeinerte Anwendung des geschriebenen Rechts vorliegt. Es wird zwischen dem *Law in Books* (geschriebenes Recht, Shumian Falü) und dem *Law in Actual* Operation (angewandtes Recht, Shixiao Falü) unterschieden. Das angewandte Recht weicht aber von dem geschriebenen Recht weitgehend ab. Unabhängig von diesen Unterschieden ist die Funktion der rechtlichen Kommunikation in China und dem Westen durchaus vergleichbar, da sie die Erwartungserwartungen aufeinander abstimmt.

4.4 Rückbindung an die Vergangenheit

Mit der Modernisierung der chinesischen Gesellschaft sind seit den 1990er Jahren eine Vielzahl von Gesetzen erlassen worden, die den wirtschaftlichen Markt und die zivile Verfahren in der chinesischen Gesellschaft regulieren sollen. So wurden seit 1990 zur Ordnung des marktorientierten Wirtschaftssystems ein Verbraucherschutzgesetz, ein Produktqualitätsgesetz, ein Umweltschutzgesetz, ein Wettbewerbsgesetz und ein Warenzeichengesetz erlassen. Zur Ausgestaltung

4.4 Rückbindung an die Vergangenheit

zivilgesellschaftlicher Prozesse erließ der chinesische Gesetzgeber im selben Zeitraum ein Zivilgesetzbuch, ein Vertragsgesetz und ein verändertes Ehegesetz. Das Erscheinen eines Verwaltungswiderspruchsgesetzes (1990, verändert 1999), die Vorbereitung einer Verfassungsänderung, die einen stärken rechtsstaatlichen Konstitutionalismus beinhalten soll und die Vielzahl der oben genannten Gesetze seit 1990 lassen eine Annäherung an des westliche Rechtssystem vermuten. Der Unterschied zum westlichen Rechtssystem besteht jedoch nicht nur in dem Vorhandensein oder Nichtvorhandensein von Gesetzen, sondern in ihrer Anwendung.

Der Unterschied in der Rechtsanwendung hat einen länger zurückliegenden geschichtlichen Hintergrund. Das vormoderne China bis zum Ende der Qing-Dynastie 1911 kannte ein sanktionierendes Recht: das *fa* als das sekundäre Recht. Es regelt die Strafen bei Verstößen gegen die Sittlichkeit oder gegen das Sippen- und Gewohnheitsrecht: das *li* als das primäre Recht. Das Sippen- und Gewohnheitsrecht erklärt auch, warum in der chinesischen Rechtstradition der Begriff der Rechtsperson und der mit ihr zusammenhängenden Systematik fehlt. In diesem vormodernen Recht fehlten Aussagen über das Rechtsverfahren, zum Beispiel beim Kauf, wann ein Kaufvertrag und wie ein Eigentumswechsel zustande kommt oder auch welche Personen rechtsfähig sind. In den westlichen Gesellschaften entstanden Rechtsnormen, die Aussagen über die Anwendung des Rechts selbst trafen (Rechtsdogmatik). In der chinesischen Gesellschaft stützte man sich dagegen bei der Rechtsanwendung auf nicht geschriebenes Recht (*li*, primäres Recht).

Es ist die Aufgabe der Rechtsprechung bei einer Kollision von Rechtsnormen zu einem bestimmten Sachverhalt zu entscheiden, welche von ihnen wie anzuwenden ist. Das kann auch in einem Rechtssystem mit gut ausgebildeten Richtern und Rechtsanwälten zu Irritationen führen, da die Rechtsentscheidung von den davon Betroffenen als willkürlich erlebt wird. Seit den 1990er Jahren wurde vom politischen System versucht, eine Rechtsdogmatik zu fixieren, welche die Rechtsanwendung durch ein geschriebenes Recht zu regulieren beabsichtigte. Die Anwendung des Rechts in der chinesischen Gesellschaft hat aus westlicher Sicht zwei Problemfelder: die juristische Ausbildung der Prozessbeteiligten und die Abstimmung der Rechtsnormen durch eine Normenhierarchie. Mit dem Stand von 2002 hatten von 120 000 Rechtsanwälten nur jeder Vierte einen Universitätsabschluss. Das hat zur Folge, dass diese fachfremden Rechtsentscheider nur situationsbezogen Entscheidungen treffen. Sie sind daher nicht in der Lage, die Normhierarchien zu beachten oder Abstimmungen zwischen unterschiedlichen Rechtsbereichen vorzunehmen. Daran erkennen wir die Anpassung der

Rechtsentscheidungen nicht nur an sich wechselnde Situationen, sondern sie berücksichtigen auch die Statuspositionen der Mitglieder der Interessengruppen.

Die Akzeptanz von Rechtserwartungen in der chinesischen Gesellschaft ist nicht streng an die Beobachtung von Gerechtem und Ungerechtem gekoppelt. Sie folgt auch keiner systematisierten Rechtsdogmatik. Zwar wird vielfach der Anspruch auf Gerechtigkeit eingeklagt und sich über Ungerechtigkeit empört. Das ist aber keine Erwartung, die an das Recht herangetragen wird. Das erklärt auch, dass in der chinesischen Gesellschaft eine weitgehende Indifferenz gegenüber dem Exklusionsbereich zu beobachten ist. Das ist daran zu verdeutlichen, dass im politischen System kein Sozialstaat mit entsprechenden Folgen institutionalisiert ist, zum Beispiel durch die Sozialgesetzgebung. Zwar gehört zur politischen Legitimation, dass der Wohlstand in der chinesischen Bevölkerung gesteigert wird, aber es gibt weder einen Anspruch auf eine Ergebnisgleichheit, noch einen Anspruch auf Chancengleichheit. Die Eigenart des chinesischen Rechtssystems besteht darin, dass sie nicht dem Anspruch unterliegt, die Wohlstandskonflikte zu regeln. Insofern werden an das Rechtssystem auch keine weitgehenden wohlfahrtsstaatlichen Erwartungen gestellt.

Die Funktion des chinesischen Rechtssystems und westlicher Rechtssysteme ist insofern vergleichbar, da sie Lösungsspielräume für Konflikte in der Gesellschaft bereitstellt und diese kompensiert. Diese Funktion ist auch dann gegeben, wenn das chinesische Rechtssystem auf andere Verfahren der Konfliktverarbeitung zurückgreift, wie zum Beispiel durch das primäre Recht in Gruppennetzwerken. Diese Fälle erlauben die Projektion von Erwartungserwartungen auch dann, wenn gegen Erwartungserwartungen verstoßen wird. Insofern sind die Sanktions- oder Kompensationsmaßnahmen gegen diesen Verstoß für die Betroffenen kalkulierbar. Der charakteristische Unterschied gegenüber dem westlichen Rechtssystemen besteht in der Reichweite der Projektion von Erwartungserwartungen. Sie ist insofern nicht sehr groß, da sie situationsbezogen stattfindet. Die Rechtsentscheidungen sind vor allem durch die Sozial- und Zeitdimension gebunden. Das ist insofern von Bedeutung, da es die Leistungen des Rechtssystems für andere Teilsysteme der Gesellschaft einschränkt. Es ist hervorzuheben, dass das Wirtschaftssystem nur eingeschränkt auf die Kompensationsmöglichkeiten des Rechtssystems bei der Bewältigung von Konflikten zurückgreifen kann. Vergleichbares gilt auch für das politische System bei der Umsetzung von Verwaltungsentscheidungen. Insofern werden bei der Konfliktaustragung häufiger soziale Gruppen und ihre Netzwerke einbezogen, da sie einen einhegenden Einfluss auf den Konflikt haben. Ein solches Vorgehen entzieht sich formaler Regelungen und der Abstraktion auf allgemeine Fälle. Damit entzieht es sich zugleich einer Prüfbarkeit und auch grundsätzlich hypothetischen Erörterungen, da der

Konflikt nur situationsbedingt beschreibbar ist. Es handelt sich um eine sehende Justitia, die unabhängig von Gleichheitsprinzipien Recht spricht. Sie urteilt weise im Angesicht der Konfliktbeteiligten. Ihre Entscheidungen lassen sich nicht verallgemeinern, was heute so geregelt wurde, kann morgen anders entschieden werden. Das Besondere an der Weisheit der chinesischen Justitia besteht darin, dass sie unter dem Vorbild der Vergangenheit die Gegenwart zu neuem Glück zu verhelfen beabsichtigt. Das Vorbild der Vergangenheit wird dabei unter der Linse der Gegenwart betrachtet und verzerrt, da die Gegenwart mit jedem Augenblick sich weiter von der Vergangenheit entfernt und zunehmend im Unklaren verschwindet.

4.5 Sozialordnung ohne Verrechtlichung

Um das chinesische Rechtssystem in seiner Funktion einzuschätzen, ist im Blick zu behalten, dass im Unterschied zu den westlichen Rechtsordnungen keine Versachlichung der Gemeinschaftsordnung vorliegt. Es fehlt sowohl im Hinblick auf das politische System als auch auf das Wirtschaftssystem eine rechtliche Tiefenregulierung der Streitschlichtung. Insofern dominieren weitgehend die primären Rechtssysteme die Konfliktlösung zwischen streitenden Parteien. Man könnte sogar soweit gehen, dass der Begriff der streitenden Partei in der chinesischen Gesellschaft gar nicht anzuwenden ist. Die auftretenden Konflikte in der gesellschaftlichen Kommunikation finden ihre Lösung in den sozialen Netzwerken. Aus den Netzwerken können ihre Mitglieder so ohne Weiteres nicht aussteigen, ohne dass sie sich massiv schaden.

Die fehlende Tiefenregulierung lässt sich als eine unbezeichnete Zeit darstellen, ihr folgt kein Später und sie hat kein Früher. Sie bleibt daher unbestimmt. Anders als im westlichen Rechtssystem, in dem eine Entscheidung eine Markierung vornimmt und kommuniziert, die auch in einer Beziehung zu anderen Entscheidungen steht, wird die Markierung im chinesischen Rechtssystem nicht vorgenommen. Man darf sich davon nicht täuschen lassen, dass es im Konfliktfall auch zu Entscheidungen kommt, die rechtliche Organe fällen, da diese Entscheidungen vorbereitet sein können, aber nicht auf der rechtlichen Sachebene getroffen werden. So ist es im Unternehmensrecht möglich, dass man Vermögen und Belastungen einer Muttergesellschaft in zwei unterschiedliche Tochtergesellschaften aufteilt, ohne dass es sich in der Unternehmensbilanz widerspiegelt. Ferner kommt es nicht selten vor, dass sich die Tochtergesellschaft, die über den Vermögenswert verfügt, der Einflussnahme der Muttergesellschaft entzieht und den Zugriff auf das Vermögen verhindert. Die Investoren und Anteilseigner der Muttergesellschaft haben darauf keinen Zugriff. Sie können über den Rechtsweg keine Kompensation erhalten, obwohl sie einen Schaden erlitten haben, da dieser Zustand, trotz langjähriger Bekanntheit, nicht geregelt wurde. Ohne die Markierung einer rechtlichen Entscheidung in der Zeit, bleibt im chinesischen Rechtssystem jede Entscheidung eine Situationsbestimmung. Das hat auch weitgehende Folgen für das Vorgehen, da die rechtliche Bestimmung nur begrenzt eine Orientierung für die eigenen Entscheidungen ist.

Die Zunahme an gesetzlichen Regelungen, wie auch der Entscheidungen rechtlicher Instanzen, werden in absehbarer Zeit keine Tiefenregulierung des chinesischen Rechts einleiten. Insofern wird die chinesische Modernisierung auch einen anderen Verlauf nehmen als die westlichen Modernisierungen in Europa und Amerika. Das chinesische Rechtssystem wird dadurch eine Rechtsordnung chinesischen Zuschnitts sein, welche die wirtschaftliche Modernisierung durch situationsbezogene und flexible Entscheidungen unterstützt. Dadurch kann sie durch eine hohe Sensibilität auf ihre Umwelt reagieren, wie zum Beispiel dem chinesischen und dem globalen Wirtschaftssystem, ohne einen Strukturwandel einzuleiten oder weitgehende Veränderungen in dem Rechtssystem selbst vorzunehmen. Nach *Sunzi*, dem alten chinesischen Strategen, lässt sich die Eigenschaft des Rechtssystems mit den Worten zusammenfassen „Die Schwäche wird ihre Stärke sein" und „Die Stärke wird ihre Schwäche sein".

Durch diese Form der Konfliktverarbeitung und Regulierung werden fortlaufend Unterscheidungskorridore eingerichtet, die nicht als stabile Schichtengrenzen zu fassen sind, sondern sich durch Veränderungen im Netzwerk verschieben, neu zusammensetzen oder ausbreiten. In der Folge dieser Veränderungen wird die fortlaufende Unsicherheit aus chinesischer Sicht eher als ein kreativer Prozess verstanden, welcher in der Wahrnehmung von Chancen besteht. Das harmoniert mit der daoistischen Orientierung am situativen Handeln oder dem Handeln durch Nichthandeln. Gerade an dieser Situationsbeschreibung wird deutlich, dass kein Veränderungsimpuls im Sinne einer Reaktion auf eine Orientierungsabweichung zu erwarten ist. Daraus folgt aus chinesischer Sicht, dass sie die sich verändernden Situationen auch dann schätzen, wenn sie negativ von ihr betroffen sind.

Aus dem chinesischen Blickwinkel lässt sich das bekannte Bonmot von Winston Churchill über die Demokratie auch derart abändern, dass für China das chinesische Recht das beste aller Rechte ist. Die von der Globalisierungsdebatte und von einigen westlichen Politikern angetriebene Diskussion und politische Rhetorik zur Vereinheitlichung der Menschenrechte werden an diesem Umstand scheitern. Sie verkennen die Eigenart und damit die Stärken und Schwächen der chinesischen Konfliktlösung. Das sollte man nicht ohne Weiteres als inhuman einstufen. Die Übertragung des westlichen Rechtsmodells und damit der Menschenrechte bedeutet im chinesischen Recht auf ihre Stärken zu verzichten und ihm weitere Schwächen hinzuzufügen. Eine in die Tiefe gehende Verrechtlichung der chinesischen Sozialordnung lässt sich nicht von den sozialen Ansprüchen und den sozialstaatlichen Kompensationen trennen. Die Folge davon wäre eine breite gesellschaftliche Nivellierung auf einem tiefen Niveau, wie es China unter Mao in den 1950er und 1960er Jahren erlebt hat.

In seiner jetzigen Form hingegen gewährleistet das Rechtssystem die Konfliktaustragung durch das primäre Rechtssystem und zugleich einen solidarischen Ausgleich über Netzwerke. Dabei gelingt es ihm, komplexe Strukturen und hohe Veränderungen im gleichen Maße zu gewährleisten, ohne sich durch formal rechtliche Anschlusszwänge zu blockieren. Insofern unterstützt das Rechtssystem auch eine weitere wirtschaftliche Wandlungsfähigkeit. Von diesem Blickwinkel aus ist auch das sekundäre (staatliche) Rechtssystem zu interpretieren. Das staatliche Recht unterstützt gerade die primären Rechtssysteme insofern, da es sie schützt und nicht die sozialen Konflikte rechtlich in die Tiefe reguliert. Ein Beispiel dafür ist das bereits erwähnte chinesische Vertragsrecht, da es zwar formal von der Vertragsfreiheit ausgeht, diese jedoch auch einschränkt. Die immer wieder vorgetragene Interpretation der Angleichung des chinesischen an das westliche Rechtssystem im Zuge der fortschreitenden Einbeziehung des chinesischen Wirtschafts- in das Wirtschaftssystem der Weltgesellschaft, ist vermutlich so ohne Weiteres nicht zu erwarten.

4.6 Ungleichheit als Zukunftserwartung

Im chinesischen Rechtssystem sind in der *sozialen* Dimension die wesentlichen Faktoren enthalten, welche den Lösungsweg der Konfliktsteuerung festlegen. Es beinhaltet den Zugang und den Ausschluss der Teilnahme an den Kommunikationssystemen, die Zuweisung von Prestigepositionen und auch das Rollenset der Mitgliedschaftsrollen. Über die Mitgliedschaftsrollen und die Prestigeordnung werden entsprechend Rechte und Pflichten zugeschrieben. Sie unterscheiden sich innerhalb ihrer Zuweisung zu Gruppenmitgliedern und auch zu Nichtmitgliedern. Die Prestigepositionen sind nicht nur in der chinesischen Gesellschaft besonders für Korruption anfällig. Das betrifft in China besonders Stelleninhaber mit öffentlichen Aufgaben, da sie immer ein Teil eines sozialen Netzwerks sind. Sie sind gerade keine neutralen Verwaltungsbeamte. Die Konfliktaustragung wird nicht über formale Entscheidungswege gesucht. Ein gutes Beispiel dafür ist der Disziplinar-Ausschuss gegen Korruption. Er ist eine Institution der Kommunistischen Partei Chinas und kein Organ der Rechtssystems. Er hat zugleich eine besondere Funktion bei der Konfliktaustragung. Diese Institution dient der Einhaltung von Verhaltensvorschriften von öffentlichen Personen. Sie ist aber nicht, wie es zu erwarten wäre, als eine unabhängige Institution in der Judikative oder in der Exekutive angeordnet, sondern sie unterliegt als Sonderorgan der Einflussnahme der obersten Parteispitze der Kommunistischen Partei Chinas. Die Entscheidungen über Anklage, Verurteilung und Strafmaß sind dann nachvollziehbar, wenn nicht die inhaltliche Ebene als Erklärung herangezogen wird, sondern der soziale Status und die Mitgliedschaftsposition des Betroffenen. Damit werden die Entscheidungen nicht in fremde Hände gegeben, wie zum Beispiel an Fachgremien, sondern sie bleiben eng an die soziale Einbindung der sozialen Netzwerke gebunden. Sie dienen daher nur der Verstärkung der Zugehörigkeit durch Abschreckung und als Bezeichnung ihrer Außengrenze. Das heißt, einen Spielraum haben diejenigen, die mitmachen und sich im Netzwerk bewegen. Wer ausgeschlossen wird, verliert alles, da er die Entscheidungen nicht beeinflussen kann. Das kann man daran erkennen, dass Korruptionsfälle, sofern ihnen nachgegangen wird, besonders hart bestraft werden. Dabei ist davon auszugehen, dass Korruption nicht grundlegend abgelehnt wird. Sie wird in den Fällen geahndet, wenn die Netzwerkmitglieder sich nicht angemessen einbezogen fühlen. Die Sanktionierung von Korruption schafft eine Selektion, die das Netzwerk stabilisiert. Anzumerken ist dazu, dass die Korruptionsanschuldigungen oft selbst einem politischen Kalkül folgen, die das Netzwerk irritieren und mit einem Wandlungsimpuls versorgen.

Im chinesischen Rechtssystem findet keine Systematisierung und Reinterpretation von rechtlichen Entscheidungsverläufen statt. Die Grundlagen, die Hintergründe und die Folgen der rechtlichen Entscheidungen werden deshalb nicht in ein geordnetes Verfahren und allgemeine Tatbestandsmerkmale überführt. Vielmehr stehen die inhaltlichen Gründe der rechtlichen Argumentation als die sachliche Dimension in einem engen zeitlichen Zusammenhang, da sie kontextbezogen ausgewertet und interpretiert werden. Man kann diesen Zusammenhang so beschreiben: Vorrangig ist die Fremdreferenz und nicht die Selbstreferenz der rechtlichen Kommunikation. Somit hat die substanzielle vor der formal-rechtlichen Argumentation einen Vorrang. Im chinesischen Rechtssystem liegt kein eigenlogischer Aufbau vor, der mit den westlichen Rechtssystemen zu vergleichen ist, da das chinesische Rechtssystem von dem politischen System übersteuert wird. Sein charakteristischer Aufbau ist daran orientiert, dass die Entscheidungen durch das Rechtssystem darauf angelegt sind, die Erwartungen des politischen Systems zu erfüllen. Diese Form der Orientierung führt zu einer kurzfristigen

4.6 Ungleichheit als Zukunftserwartung

und kontextbezogenen Fallbetrachtung und Fallentscheidung. Eine Resystematisierung der Fallentscheidung und der Aufbau einer eigenen Entscheidungslogik (Rechtsdogmatik) wird dadurch erschwert, wenn nicht sogar verhindert. Anders als von vielen westlichen Beobachtern thematisiert, muss daraus kein Nachteil entstehen. Die Verschiedenheit im Aufbau und der Entscheidungsfindung im chinesischen Rechtssystem ist auch damit verbunden, dass die Konfliktaustragung und die Konfliktgestaltung über andere Mechanismen erfolgt und nicht den gleichen Orientierungen folgt wie im Westen. Die Chinesen erfassen die Entscheidungen des Rechtssystem als einen Einzelfall, den es zu fürchten gilt, da er sich der Beeinflussung entzieht und sich immer auch gegen die Beteiligten richten kann. Insofern findet die Konfliktaustragung und Konfliktgestaltung schon vor dem Rechtsweg statt. Er wird als die *ultima ratio*, vor dem es kein zurück mehr gibt, als Konfliktlösung eher gefürchtet als angestrebt, da er die zukünftige Einbindung in das Herkunftsnetzwerk und damit auch die Interessenverfolgung in Frage stellen kann. Vergleichbares gilt auch für die japanische Gesellschaft.

Dieser Gesichtspunkt verdeutlich, warum das chinesische Rechtssystem eher kurzfristig ausgerichtet ist. Die Rechtsprechung steht in einer engen Abstimmung mit den Netzwerken der sozialen Systeme. Diese Orientierung an der jeweiligen Gegenwart der Systemzustände ist darin begründet, dass die sozialen Netzwerke und die unterschiedlichen Positionen im Netzwerk in der Entscheidung ebenso berücksichtigt werden, wie die Interpretation des Sachverhalts aus der Systemperspektive. Diese Merkmale führen dazu, dass die Entscheidungen eher kontingent und nicht berechenbar erscheinen. Es bildet sich kein Gedächtnis des Rechtssystems aus, welches, vergleichbar der westlichen Rechtsordnung, die formulierte Rechtstradition und die Rechtsentscheidungen systematisiert.

Aus westlicher Sicht wird man in der ganzen Anlage einen großen Mangel sehen. Es liegt keine durchgängige Normierung der Rechtsordnung und ihrer verfahrenförmigen Ausgestaltung vor. Insofern wird die Ungleichbehandlung von gleichen Fällen und die Gleichbehandlung von ungleichen Fällen nicht als widersprüchlich erlebt. Das dürfte eher die Regel sein. Die Gemeinschaftsordnung ist nicht rechtlich versachlicht und es fehlt eine Rechtssicherheit, die es erlaubt Konflikte zu kalkulieren. Aus chinesischer Sicht besteht in der Ungleichheit eine Stabilität, an der sich die Teilnehmer an der gesellschaftlichen Kommunikation orientieren. Sie stellt eine Ordnung dar, die aus chinesischer Sicht kalkulierbar ist, da sie mit festen Statusordnungen in den sozialen Netzwerken und den damit einhergehenden Erwartungserwartungen ausgeht. Gleichheit, die besagt, dass alle Alles erreichen können, wird als chaotischer Zustand erlebt und abgelehnt. Dieser Gesichtspunkt der Verfassung des chinesischen Kollektivbewusstseins lässt sich am Besten mit der Anthropologie „homo homini lupus" von

Thomas Hobbes ausdrücken. Nur der Leviathan kann aus dieser Sicht die soziale Ordnung und den sozialen Frieden garantieren. Souverän ist aus dieser Sicht, wer über den Ausnahmezustand entscheidet und damit den Bürgerkrieg beendet, der immer wieder ausbrechen könnte. Diese Ängste sind sicherlich auch durch die Größe des Territoriums des chinesischen Staates begründet. Damit bleibt die Ungleichheit ein fortzuschreibendes Programm für die Orientierung der gesellschaftlichen Kommunikation. Sie sollte aber nicht als eine Vision verstanden werden, da sich die chinesische Kultur an der Gestaltung und Anpassung an sich wechselnde Situationen sowie ihrem Erfolg ausrichtet. Darin bewahrheitet sich teilweise die Interpretation der chinesischen Kultur und Gesellschaft Max Webers als einem traditionalen Rationalismus, der die soziale Steuerung und Regelung an die dynamischen Kommunikations- und Handlungsbereiche anpasst. Das gilt bei allen Vorbehalten, die man mittlerweile gegen Webers Interpretation der chinesischen Gesellschaft und Sozialordnung in seiner Religionssoziologie haben kann.

Mit der Modernisierung des chinesischen Rechtssystems liegt insofern eine Besonderheit vor, da sie weder das westliche Recht kopiert und auch nicht die Rolle westlicher Rechtssysteme für die politischen Zentren und die Wirtschaftssysteme übernimmt. Die Konfliktbearbeitung findet über die Gemeinschaftsordnung und die sozialen Netzwerke statt. Darin liegt mit eine Begründung für den anderen strukturellen Aufbau der chinesischen Gesellschaft und ihrer Teilbereiche. Sie lassen damit andere Handlungsspielräume und Veränderungen zu, die nicht den westlichen Erwartungen folgen müssen.

Zukunft der Innovation 5

5.1 Mache es so, wie Dein Lehrer

Wie wird in China gelernt und studiert? Es ist auffällig, dass dem Erziehungssystem in der öffentlichen Beobachtung in China eine besondere Bedeutung zukommt. Die Schulabschlüsse und die Aufnahme in einen Studiengang an den Universitäten haben für Chinesen einen hohen sozialen Status. Mit dieser Karriere soll eine Verbesserung des Wohlstands und ein höheres Prestige der Heranwachsenden einhergehen. Das bedeutet in vielen Fällen auch hohe Kosten der Eltern für die Ausbildung ihrer Kinder auf besseren Schulen. Gleichzeitig wird von den Schülern erwartet, dass sie besonders engagiert ihren schulischen und universitären Pflichten nachkommen. Ein bestandener Schulabschluss und die Chance ein Universitätsstudium beginnen zu können, ist für die Eltern ein besonderes Ereignis, das zusammen mit Verwandten und Freunden gefeiert wird. Der Erwerb von Universitätsabschlüssen und von Bildung scheint in China der Weg zu einer erfolgreichen beruflichen Karriere zu sein. China hat weltweit den größten Wissenschafts- und Erziehungsmarkt. Es fällt aber auch auf, dass China kein innovatives Wissenschaftssystem hat, sondern es wissenschaftliches Wissen und Technologie aus dem Westen einführt.

Bei der Beschreibung des chinesischen Wissenschaftssystems lässt man sich leicht darüber täuschen, dass es, trotz seiner Öffnung gegenüber den westlichen Wissenschaftsorganisationen, nicht so ohne Weiteres mit dem westlichen Lernen, Lehren und Forschen zu vergleichen ist. Insofern gehen wir zuerst auf die kulturell bestimmte Wissensvermittlung ein und beschreiben die Funktion des Universitätssystems als Dienstleister. Das leitet zu dem Verständnis der Wissensverarbeitung und der Innovationslenkung in China über. Es ist für das chinesische Wissenschaftssystem typisch, dass in der Beziehung zu dem Wirtschaftssystem die Innovationsimpulse und die Innovationsreifung in einer Schleife organisiert sind, die eng ineinander greifen. Das chinesische Wissenschaftssystem beobachtet das globale Wissenschaftssystem, es überträgt aber die Erkenntnisse nicht direkt auf Ausbildung und Forschungen. Um diese Zusammenhänge angemessen in Blick zu bekommen, gehen wir der Art der chinesischen Kreativität als einer fortlaufenden Adaptation an die Gegenwart nach. Sie kann keinen Endpunkt erreichen und versorgt sich fortwährend mit neuen Fragestellungen.

Das chinesische Wissenschaftssystem ist ein Bildungs- und kein Forschungssystem. Damit ist die Struktur, das Ziel und die Organisation der universitären Ausbildung angesprochen. Dem widerspricht nicht, dass anwendungsbezogene Fächer an den Universitäten dominieren. Das Programm des Universitäts- und Hochschulsystems in China ist es, einen möglichst großen Teil der Bevölkerung durch Nachahmung an vorhandenes Wissen heranzuführen. In der Wissensvermittlung ist das Konfuzianische Ideal des Statusunterschieds zwischen Lehrer und Schüler sowie den damit verbundenen Erwartungen weiterhin eine Leitorientierung. Die Ziele des Bildungssystems sind es, eine möglichst große Stoffmenge genau wiederzugeben. Diese beiden Koordinaten, sowohl die Stoffmenge als auch die Genauigkeit, dienen dem Lehrer und dem Schüler als Orientierung für die zu bewertenden Leistungen. Die erbrachten Leistungen werden durch charakterliche Zuschreibungen ergänzt, da die Stoffmenge nur durch ein hohes Maß an Disziplinierung und einen geordneten Tagesablauf zu erreichen ist, sowie die Genauigkeit eine große Aufmerksamkeit verlangt. Schon früh morgens vor sieben Uhr kann man chinesische Studenten beobachten, die durch den Universitätscampus laufen und englische Vokabeln vor sich hinsagen. Das Repetieren und nicht das Analysieren ist in China der Königsweg des Lernens, da nicht die Erkenntnis von Zusammenhängen in den Prüfungen erwartet wird, sondern die Kenntnis einer Vielzahl von Einzelheiten.

Die Prüfung von einzelnen Wissensbestandteilen erlaubt eine zügige Abfragung und Kontrolle einer großen Anzahl von Studenten durch die darauf zugeschnittenen Tests. Das erlaubt die fortlaufende Restabilisierung der Prüfungssituation und die Aufrechterhaltung der Asymmetrie zwischen der Lehrer- und der Schülerrolle. Das gilt insofern, da das maximale Ergebnis der Leistung eines Schülers darin bestehen kann, die Erwartungen des Lehrers im Hinblick auf die ihm vermittelten Wissensbestandteile zu erfüllen. Diese Situation erlaubt es dem Schüler nicht und sie zielt auch nicht darauf ab, durch besondere Lösungswege einer Aufgabe aufzufallen. Somit ist das Ziel des Lernens die Wiedergabe nach Vorschrift und nicht das finden von Lösungen. Damit geht einher, dass das Lernen aus der Perspektive des Schülers nicht konstruktiv, sondern nachahmend und wiederholend bleibt. Dem Lehrer kommt deshalb eine Schlüsselrolle in der Schule und der Universitätslehre zu. Er verwaltet nicht nur das Wissen, sondern ermutigt seine Schüler sich einen vorgegebenen Wissensstand anzueignen. Gleichzeitig hält er dabei zu ihnen eine Distanz aufrecht, da er die Fähigkeiten und die Fertigkeiten nicht direkt lehrt, sondern sein Wissen darüber auch zurückhält. Das schließt jedoch eine besondere Nähe und persönliche Zuwendungen zu den Schülern nicht aus.

5.2 Universität als Dienstleister

Das konfuzianische Erziehungsideal war die Charakterbildung, die durch Wiederholung von festgelegten Formen in der Kalligrafie und der Literatur erreicht werden sollte. Der Konfuzianer ist gerade kein Fachmann, auch kein moderner Verwaltungsbeamte, sondern er verkörpert eine das politische Zentrum tragende Lebensform. Das System der Ausbildung war grundsätzlich allen zugänglich und wurde durch die Regelung der Ausbildung zum Konfuzianer geschlossen. Durch die Ohnmacht gegenüber den Westmächten wurde dieses System nach dem Ende der Manschudynastie 1911 in Frage gestellt. Die konfuzianische Ausbildung ist keine Vorform des modernen Wissenschaftssystems, obwohl es in der Selbstbeschreibung der Kontinuitätsthese der chinesischen Zivilisation so dargestellt wird. Die Modernisierung Chinas führte zu einer Veränderung, die auch im Wissenschaftssystem sichtbar wird. Es ist nicht der politischen Zwecksetzung untergeordnet, sondern wird im weitesten Sinne einem wirtschaftlichen Ziel unterstellt. Die Orientierung an dem Erwerb von neuem Wissen ist an die Herleitung von Innovation und damit an die Erhöhung des Lebensstandards gebunden. Das ist die Grundlage für die Expansion der Hochschulausbildung. Aus diesem Zusammenhang wird auch nachvollziehbar, dass die politische Elite in der Regel eine ingenieurwissenschaftliche Ausbildung hat. Die damit einhergehende Einstellung begünstigt eine anwendungsbezogene Wirtschaftspolitik, die an einer kurzfristigen Umsetzung wissenschaftlichen Wissens in Technik und ihre wirtschaftliche Nutzung orientiert ist. Dazu ist aber anzumerken, dass die Mitglieder der politischen Elite selbst nicht als Ingenieure gearbeitet haben. Die durch die Ausbildung angelegte Disposition betrifft nicht die theoretische Systematisierung von Wissen, sondern die Orientierung an der situativen Lösung von Problemen im ‚Fluss der Anpassung' an Veränderungen und nicht in der planifikatorischen Umsetzung von politischen Programmen.

Die deutliche Ausweitung der Hochschulbildung und ihrer gesellschaftlichen Statusanhebung seit dem Beginn der ersten Modernisierungsphase in den 1978er

Jahren führte zu weitreichenden Veränderungen, die auch der Westen honorierte, da die westlichen Beobachter daran einen westlichen Modernisierungspfad exemplifizierten. Vor allem in den 2000er Jahren nahm die Anzahl von Hochschulabsolventen in der Kommunistischen Partei Chinas zu, was als Beleg für den Statusgewinn dieser Gruppe zu werten ist. Dennoch belegt diese Veränderung auch die unterschiedliche Entwicklung zum westlichen Wissenschaftssystem. Das ist daran zu erkennen, wenn die Interdependenz zu den anderen Teilsystemen der Gesellschaft wie das Rechtssystem, das politische System und das Wirtschaftssystem in die Beobachtung mit einbezogen wird. In der chinesischen Gesellschaft spielt das Wissenschaftssystem als eine Orientierung an wissenschaftlichem Wissen und Argumenten eine untergeordnete Rolle. Das ist dadurch zu erklären, da Wahrheit und Argumente keine höchste Bezugsebene im Sinne einer kontextfreien Interpretation ist. Das heißt, die Wahrheit ändert sich durch systemexterne Prozesse, so zum Beispiel durch die Einflussnahme durch das politische System, was sich zum Beispiel bei der Ausbreitung und Bekämpfung der SARS-Epidemie zeigte. Das politische System gab in diesem Fall vor, wie die Ausbreitung der Epidemie stattgefunden hat und durch welche Maßnahmen sie zu bekämpfen sei. Ferner haben auch die Problemlösungen, die aus dem Wissenschaftssystem hervorgehen für die anderen chinesischen Teilsysteme eine untergeordnete Bedeutung. Die chinesischen Teilsysteme sind stärker als in westlichen Gesellschaften vom Wirtschaftssystem übersteuert. Das führt im Bezug auf das Wissenschaftssystem zu der Erwartung, dass und wie sich die gewonnen Problemlösungen gewinnbringend vermarkten lassen. Unter diesen Voraussetzungen ist das Hochschulsystem als ein System zur Bereitstellung von beruflicher Qualifikation einzuordnen, das seine spezifische Leistung dazu zu erbringen hat.

Die Öffnung der Hochschulen für eine große Teilnehmerzahl führte zu einer internen Gliederung, die an die Statusordnung gekoppelt ist. Das hat zur Folge, dass Hochschulabschlüsse nicht nach Studiengängen und Abschlüssen verallgemeinert werden, sondern an die Reputation der Hochschule gebunden sind. Die Anschlüsse an den weiteren Karriereweg für Hochschulabsolventen orientieren sich demnach an der Studiumsabschlussuniversität und ihrer Wertschätzung. Wer eine prestigereiche Universität besucht hat, vermehrt damit seine Chance für einen erfolgreichen Berufseinstieg. Wer hingegen über keinen Abschluss an diesen Hochschule verfügt, wird von den Unternehmen und Verwaltungen im Vorfeld aussortiert. Dieses Prestige führt zu einer bestimmten Lernorientierung. Sie wird dadurch verschärft, dass der Zugang zu wertgeschätzten Hochschulen nur über ausgewählte weiterführende Schulen erfolgt. Einen Zugang zu diesen Schulen erhält man wiederum nur durch bestimmte Grundschulen. Zu ihnen wird man nur zugelassen, wenn man über ein bestimmtes Vorwissen verfügt, welches an dafür eingerichteten Kindergärten zu erwerben ist. Somit beginnt die Vorbereitung für die Hochschulkarriere bereits im Kindergarten und in der Vorschule. Diese institutionelle Selektion wird in einem engen Rahmen dadurch aufgeweicht, dass entsprechende Quoten für die Zulassung zu den Hochschulen festgelegt sind. Dieser Hochschulaufbau und ihre Anschlüsse für die weitere Karriere hat zur Folge, dass auf den Schülern im frühen Alter ein hoher Lerndruck lastet. Auch wenn der Karriereeinstieg nicht über den ganzen Karriereweg entscheidet, so zeigt sich dennoch, dass auf diesen erworbenen Hochschulstatus positiv zurückgegriffen werden kann. Hervorzuheben ist an dieser Stelle, dass die individuellen Leistungen und Fähigkeiten nur indirekt von Belang bleiben, da sie kein direktes Auswahlkriterium sind, sondern aus dem Verlauf des Bildungswegs abgeleitet werden. Dieser Karriereweg wirkt sich sowohl auf die Lerninhalte als auch die ihre Vermittlung aus. Die Lerninhalte sind so zugeschnitten, dass sie auswendig gelernt werden können. Die Vermittlung verfährt dabei durch ein fortlaufendes Repetieren dieser Inhalte. Das beginnt schon in der Vorschule, wenn Heranwachsende Gedichte aus der Tangzeit von 617–907 n. Chr. im Chor auswendig lernen.

Die Ausbildung und damit insbesondere auch die Hochschulausbildung gelten in China als ein Garant für einen Aufstieg in der Prestigeeinordnung. Vom politischen Zentrum wird kommuniziert, dass „Bildung aus der Armut herausführt". Insgesamt ist die Erwartung verbreitet, dass ein Universitätsabschluss ein höheres Einkommen sichert. Das ist insofern bezeichnend, da an diesem Grundsatz auch dann festgehalten wird, wenn Erfahrungen aus der Nahwelt dem entgegenstehen. Feldstudien zeigen, dass 90 Prozent der Eltern einen Hochschulabschluss ihrer Kinder anstreben und befördern. Bemerkenswert ist, dass die befragten Eltern in einem Dorf davon auch nicht abwichen, obwohl die Hochschulabgänger stärker von Arbeitslosigkeit im Dorf bedroht waren und weit weiniger verdienen als Facharbeiter. In China ist mittlerweile das Verleihen von wertlosen Diplomen ein gutes Geschäft. Ihre Absolventen werden auf dem Land mit falschen Versprechungen angeworben. Sie haben aber mit ihren Diplomen keine Einstellungschance auf dem chinesischen Arbeitsmarkt und kehren oft enttäuscht zu ihren Eltern auf dem Land zurück. Die Wertschätzung der Statusaufwertung durch universitäre Abschlüsse steht somit nicht zwingend in Verbindung mit den Karrierechancen. Der Hochschulabschluss stellt einen Achtungserfolg dar, der in anderen gesellschaftlichen Bereichen vor allem in der Wirtschaft einzulösen ist. Zwar wird der Lehrer und auch der Hochschullehrer geschätzt, es hat sich aber im chinesischen Wissenschaftssystem kein eigener Achtungsmarkt aufgebaut, auf dem die Wissenschaftskarriere in Anlehnung an das globale Wissenschaftssystem ein geschätzter und geförderter Bereich darstellt. Das ist insofern bemerkenswert, da sich in China mit dem Wissenschaftssystem keine eigenständige Nische der Prestigeordnung etabliert hat. Die wissenschaftliche Karriere mit dem Ziel, das vorhandene Wissen neu zu resystematisieren, steht in China unter einem Anwendungszwang. Wissen und Wissenserwerb sind damit kein Selbstzweck. Die Hintergründe dafür sind in der chinesischen Kultur zu finden, das Wissen in einen Anwendungsbezug stellt und das Verstehen nicht als grundlegende Aufgabe zum Verständnis der Welt in Abgrenzung zur kosmologischen Beschreibung der Zusammenhänge darstellt.

5.3 Investition und Innovation

Seit 2006 gehört China zur drittgrößten Forschungsnation. Das betrifft die Forschungsausgaben umgerechnet auf die Kaufkraft. Es gelang China seit Mitte der 1990er Jahre den Forschungsetat gemessen an der gesamtwirtschaftlichen Leistung von 0,4 auf 1,6 Prozent zu steigern. Damit hält China den bronzenen Platz hinter den Vereinigten Staaten von Amerika und Japan. Die hohen Investitionen können jedoch nicht darüber hinwegtäuschen, dass die Forschung und die Entwicklung in China eine andere Struktur als in den westlichen Ländern und Japan haben. Das führt auch zu anderen Innovationspfaden. Kennzeichnend ist für die chinesische Forschung und Entwicklung die marktnahe Umsetzung ihrer Forschung und ihre Weiterentwicklung am Markt. Das Ziel der ersten Forschungsphase ist es deshalb, auf einer kurzen Zeitstrecke Kapital für die Weiterentwicklung und Marktkapitalisierung zu erhalten. Dadurch wird das Forschungsrisiko verringert und die Forschungsstrategien werden nahe an gesellschaftlichen Trends entwickelt. Der Unterschied zu den westlichen Innovationen besteht darin, dass sie keinen Markttrend (iPhone, iPad) auslösten, wobei sich die Innovationen erst über einen mittelfristigen Zeitraum refinanzieren. Um das zu erreichen fokussiert sich die chinesische Forschung und Innovation auf für sie günstige Nischen, die im Fortgang ausgebaut werden. Das erklärt es auch, dass trotz des hohen Gesamtforschungsetats die Investitionen von chinesischen Hightech-Unternehmen unterhalb des OECD-Durchschnitts liegen.

Diese Art der Ausgestaltung der Innovation führt zu einem anderen Aufbau des Wissenschaftssystems. Es lässt sich kaum mit dem westlichen Wissenschaftssystem vergleichen. Die Stärke dieser Vorgehensweise besteht darin, mit vergleichbar geringen Startinvestitionen dennoch erfolgreiche Ergebnisse zu erzielen. Ein gutes Beispiel ist dafür die chinesische Handelsplattform Alibaba, die ähnlich wie Ebay funktioniert. Sie eröffnet für ihre Teilnehmer die Versteigerungen von Produkten und ermöglicht dadurch einen wirtschaftlichen Handel. Gemessen am Return on Invest ist Alibaba wesentlich erfolgreicher als sein westliches Gegenstück Ebay, da durch eine Vielzahl von kleineren Einnahmen im Ergebnis große

5.3 Investition und Innovation

Gewinne erwirtschaftet werden. Daran ist auch erkennbar, dass der chinesische Konsument nicht ein perfektes Gut erwartet, sondern stärker darauf setzt, mit dem Trend zu gehen. Er nimmt damit unausgereifte und unfertige Produkte eher in Kauf als westliche Marktteilnehmer. Die gegenwärtige Schwäche ist bei dieser Vorgehensweise, dass diese Form der Innovationsvermarktung nicht auf die Vermarktungsstrategien in dem globalen Wirtschaftssystem anwendbar ist. Besonders erfolgreich sind diese Produkte und Forschungsstrategien in den Entwicklungsländern und insbesondere in Afrika. Das hat aber auch zur Folge, dass die Einnahmen aus der Vermarktung geringer ausfallen wie bei vergleichbaren Produkten im Westen. Der chinesische Mobilfunkausrüster Haier in seiner Konkurrenz zu NokiaSiemensNetwork hat mit dieser Verfahrensweise unter Beweis gestellt, wie man zu einem der größten Unternehmen seiner Branche werden kann.

Das Sachwissen der schulischen und universitären Kommunikation besteht in China weitgehend in dem zu lernenden vorgegebenen Wissensbestand. Dieser Inhalt und seine Bearbeitung ist abhängig vom Bezugsrahmen, also der Gruppe, ihren Orientierungen und Situationsdefinitionen. Die Verfügung über Wissen und Expertise stellt in China ein geachtetes Gut für die Eintrittsbedingung in ein Netzwerk dar. Das erworbene Spezialwissen genügt jedoch nicht, um in eine Gruppe aufgenommen zu werden, sondern es hat sich dabei immer um ein Wissen zu handeln, das für die jeweilige Gruppe auch relevant ist. Damit ist ein charakteristischer Punkt im chinesischen Wissenschaftssystem angesprochen. Wissen und seine Verarbeitung orientiert sich an der Herstellung von Zusammenhängen. Dieses Ideal neigt im Extrem dazu, die Zusammenhänge und Einflussgrößen zu erkennen, die keine und eine sehr geringe Relevanz auf den Bezugspunkt aufweisen. Für den chinesischen Forscher stellt sich nicht die Frage nach dem Letztelement, sondern danach, wo die Grenzziehung der Zusammenhänge endet. Die Stärke in dieser Orientierung besteht darin, nicht von monokausalen Vorgängen auszugehen, einen Blick für Einflussgrößen zu haben und Prozess schnell erfassen zu können. Die Schwäche dieser Vorgehensweise ist jedoch auch offensichtlich, da die Einflussfaktoren und ihre Eigenschaften nicht erkannt werden. Zudem erweist sich der Bezugsrahmen im Sinne des „Alles hängt mit Allem zusammen" als ins Endlose ausgedehnt, der fachwissenschaftliche Systematisierungen erschwert, wenn nicht sogar verhindert.

Im chinesischen Wissenschaftssystem werden die Orientierungen und die damit einhergehende Selektion durch den vorgegebenen Wissensstand festgelegt. Das Wissen ist an Beständigkeit orientiert, die mit dem Wissensvorsprung des Lehrers zusammenhängt, der nicht in Frage gestellt wird. Das ist insofern von Bedeutung, da nicht nach raschen Innovationen geforscht, sondern eher konservativ verfahren wird. Institutionell steht das chinesische Wissenschaftssystem und seine Orientierungen im Widerspruch zu den Ansprüchen der globalisierten Wissenschafts- und Innovationssystem, da sie sich in den stetigen Veränderungen um einen Zeitvorsprung bemühen und die Veränderungsintervalle verkürzen. Durch Beobachtung und schnelle Adaptation gelingt es China von Innovationen und neuen Entwicklungen zu profitieren, indem sie nach Methoden suchen, die Innovation möglichst kostengünstig zu vervielfältigen.

Die chinesische Innovation und Wissensgewinnung unterliegt von der Anlage her gesehen anderen Grundsätzen als wir sie aus westlichen Gesellschaften kennen. Das ist bei ihrer Beurteilung und für die Aufstellung der Zukunftserwartung zu berücksichtigen. Es lässt sich vom gegenwärtigen Standpunkt daher noch nicht abschätzen, welche innovativen Potenziale sich aus dem chinesischen Weg ergeben. Es kann aber schon festgehalten werden, dass der bloße Vergleich von der Höhe des Forschungsetats zu einem falschen Bild führt, wenn dabei auf einen westlichen Entwicklungspfad geschlossen wird. Dieser Schluss ist zu vermeiden. Statt dessen sind die besonderen Eigenheiten des chinesischen Wissenschafts- und Wirtschaftssystems zu berücksichtigen. An dieser Unterscheidung kristallisiert sich auch ein weiteres Merkmal des chinesischen Wissenschaftssystems heraus. Der Stellenwert der Grundlagenforschung sowie der zweckimmanenten Forschung sind im chinesischen Wissenschaftssystem gering. Das betrifft alle Forschungsbereiche. Die Forschungsvorhaben in den Geschichtswissenschaften finden nur dann Unterstützung, wenn sie die Einzigartigkeit der kollektiven Identität und Zivilisation Chinas untermauern. Gleiches gilt für die Philosophie. Die sozialwissenschaftliche Forschung wird angewandt, um Modellversuche in unterschiedlichen Regionen auszuwerten und zu vergleichen. Die daran angelegten Forschungsfragen unterliegen einer Einschränkung, da sie von vornherein perspektivisch auf einen Zweck und ihre möglichst kurzfristige Anwendung ausgerichtet sind. Das hat auch Folgen für die Kommunikation des chinesischen Wissenschaftssystems mit dem globalen Wissenschaftssystem. Sie bietet von beiden Seiten aus nur selektive Anschlüsse und Kooperationsmöglichkeiten.

5.4 Vernetzung mit dem globalen Wissenschaftssystem

Gehen wir von diesen Voraussetzungen der wissenschaftlichen Kommunikation und Forschung aus, so wird das Anschlussproblem des chinesischen Wissenschaftssystems an das globalisierte Wissenschaftssystem deutlich. Eine Integration und Problemorientierung der wissenschaftlichen Kommunikation findet in China nicht durch eine Resystematisierung der Wissensbestände und der Wissensproduktion statt, sondern die Wissenschaftsteilnehmer sollen in die Lage versetzt

5.4 Vernetzung mit dem globalen Wissenschaftssystem

werden, die wissenschaftlichen Entwicklungen im Westen nachzuvollziehen und für den chinesischen Kontext anzuwenden und zu nutzen. Daran erkennen wir die kulturelle Einstellung der Anpassung an sich verändernde Situationen. Es wurde die Lehre aus der Vergangenheit derart gezogen, dass Chinas militärischer und technologischer Rückstand auf die fehlende Beobachtung westlicher Forschungsentwicklung zurückzuführen ist. Aus diesem Grunde wurde über das Wirtschaftssystem eine strategische Kooperation aufgebaut, die einen schnellen Wissenstransfer ermöglichte. Dabei verfolgte man das Ziel westliche und japanische Technologie zu übernehmen und für die chinesische Gesellschaft anzupassen und zur Verfügung zu stellen. Gerade am Beispiel der Kommunikations- und Informationstechnologie wurde schnell erkennbar, dass eine bloße Übernahme und Anpassung zu einem Zeitnachteil führte.

Die Zeitdifferenz, mit dem das chinesische Wissenschaftssystem operiert, versetzt es strukturell nicht in die Lage, die eigenen Wissensressourcen hervorzubringen und mit westlichen Wissenschaftlern zu konkurrieren. Die Anpassung an sich wechselnde Situationen wird als Stärke gefeiert, da sie bei der Verringerung der für wissenschaftliche Forschung zu erbringenden Investitionen zu vergleichbaren Ergebnissen kommt. Es fällt auf, dass diese Vorgehensweise nicht den zeitlichen Abstand dieses Anpassungsprozesses in den Blick nimmt. Das gilt nicht nur für das Hochschulsystem, sondern auch für die Wirtschaftsunternehmen, die an der Forschung beteiligt sind. Sie orientieren sich daran, den Kostenfaktor zu verringern und dabei vergleichbare Ergebnisse zu erzielen.

Um sich dieser Herausforderung zu stellen, wurde das chinesische Wissenschaftssystem durch das politische Zentrum unterstützt, die entsprechenden internationalen Kooperationen einzugehen, um neue Entwicklungen und Tendenzen in der Forschung möglichst zeitnah zu erkennen. Diese Öffnung unterliegt aber weiterhin Grenzen, die darin bestehen, dass die Erwartung an die wissenschaftliche Erkenntnis im technologischen Sinne darin besteht, dem Wirtschaftssystem einen Vorteil zu verschaffen. Es war ferner nicht darauf angelegt, einen freien wissenschaftlichen kommunikativen Austausch zu etablieren, der wirtschaftliche, politische und soziale Veränderungen in Frage stellen könnte. Das hat für die Wissensgenerierung zur Folge, dass eine Vorentscheidung getroffen wird, die kreative Verfahrensweisen und andere Erkenntniswege nicht unterstützt. Auf der sozial- und geisteswissenschaftlichen Ebene ist diese Veränderung an der nur sehr eingegrenzten Auseinandersetzung, zum Beispiel mit psychoanalytischen Modellen und im Allgemeinen mit westlichen Theorien, zu erkennen. Zwar war es möglich punktuell über Kooperationen einen Austausch herzustellen, doch eine breite wissenschaftliche Auseinandersetzung mit diesen grundlegenden Fragestellungen wurde nicht unterstützt.

Damit angesprochen ist auch als Teil des Wissenschaftssystems die Fragestellung, welche die wissenschaftliche Erkenntnis und das Vermitteln von Wissen selbst zum Thema hat. Die Ausweitung der Vermittlung von Wissen wurde in China über den zahlmäßigen Anstieg von Schulen, Hochschulen und Weiterbildungsangeboten angestrebt, ohne die Methodik bzw. Didaktik an die veränderte Situation anzupassen. Anders als im Wirtschaftssystem oder in Teilbereichen der Politik kam es weniger darauf an, chinesische Modelllösungen auszuprobieren und sie gegeneinander konkurrieren zu lassen. Statt dessen hielt man sich eher an die Verfahrensweise, erfolgreiche Modelle wie das Elitekonzept der Hochschulen in den Vereinigten Staaten von Amerika zu übernehmen.

Die wissenschaftliche Nutzung von westlichem Wissen wird auch an der hohen Nachfrage der Managementausbildung nach westlichem Vorbild, dem MBA (Master of Business Administration) anschaulich. Ob an privaten oder öffentlichen Hochschulen und Instituten nimmt die Nachfrage nach dieser Qualifikation in China weiterhin zu. Bei der Vermittlung dieser Ausbildung wurde offensichtlich, dass eine direkte Übertragung von den darin angelegten Fallstudien, Methoden und Inhalten für das chinesische Wirtschaftssystem keine vergleichbaren Leistungen wie im Westen mit sich brachte. Das liegt daran, dass die westlichen Managementansätze den Netzwerkcharakter, das chinesische Organisationsprinzip und den kulturellen Hintergrund der chinesischen Gesellschaft nicht vorsahen. Daher ist man mittlerweile dazu übergegangen, den chinesischen MBA so umzubauen, dass er westliche Methoden und Inhalte mit chinesischen Spezifikationen ergänzt. Die Ergänzung besteht darin, dass die Management- und Organisationsentscheidungen nicht auf eine ausschließliche sachliche Operationalisierung zurückführt, sondern durch eine soziale Dimension ergänzt werden. Das betrifft vor allem die Entscheidungsgestaltung in einer Netzwerkgesellschaft mit ihren schwer kalkulierbaren Rückkopplungen sowie die Wissenszusammenlegung in Unternehmen.

Die strukturelle Frage für das chinesische Wissenschaftssystem der Zukunft lautet daher, was kann es fortlaufend für die anderen Teilbereiche der Gesellschaft an Problemlösungen bereitstellen. Es wäre zu voreilig, die Anpassungsleistungen der chinesischen Forschung in den vergangenen Jahrzehnten als eine bloße Nachahmung einzustufen, ohne ihre spezifische Leistung in den Blick zu nehmen. Am Beispiel der Telekommunikationstechnik wird deutlich, wie es chinesischen Unternehmen gelang, mit deutlich geringeren Kosten auf vergleichbare Problemlösung an die westlichen Standards anzuschließen. Doch auch diese Entwicklung hilft nicht über die Klippe hinweg, dass neue Technologien und Produkte nicht von den chinesischen Forschungseinrichtungen ausgingen. Die Eigenart des Wissenschaftssystems besteht somit darin, dass es sich nicht in das globale Wissenschaftssystem integriert und nur selektiv auf den zur Verfügung stehenden Forschungsstand zurückgreift. Das schließt Kontakte und einen Austausch mit westlichen Wissenschaftlern nicht aus, aber der Wissenstransfer wird selektiv auf die Funktion der Dienstleistung des chinesischen Wissenschaftssystems vorgenommen.

Das Anschlussproblem des chinesischen an das globale Wissenschaftssystems besteht darin, dass sie entweder ihrer Wissensimportstrategie und die entsprechende wirtschaftliche Nutzung beibehalten oder dass sie ihre Strategie dahin gehend ändern, bei einer Berücksichtigung der sozialen Netzwerke Wissenschaftsnischen einrichten, in denen durch Versuch und Irrtum, die Infragestellung der bisherigen Vorgehensweise und die Förderung von alternativen Lösungswegen Erkenntnis möglich ist und Irrwege toleriert werden. Das wird dann vermutlich weder ein rein westliches Modell der Wissensgenerierung sein, aber es könnte sich von der dominierenden Anpassungsstrategie der Wissensnutzung entfernen. Damit könnte es dem Wirtschaftssystem eine Verringerung des Zeitnachteils ermöglichen und zugleich auch chinesische Lösungswege für die anderen Teilbereiche der Gesellschaft zur Verfügung stellen.

5.5 Kreativität durch Mix

Für die Einleitung von Innovationen greifen die Chinesen auf die Rekombination von Vorhandenem und sich auch im Zweck und in der Anwendung zu unterscheidenden Vorgehensweisen zurück. Ideen, Grundzüge, Design und Verwendungszwecke werden auf unterschiedliche Weise rekombiniert. In der modernen chinesischen Kunst wird die westliche Pop-Art mit chinesischen Symbolen wie dem Maokonterfei zusammengefügt. Daran erkennen wir wiederum ihre Hybridisierung. Dabei kommt es nicht nur darauf an, die bestimmten Einzelheiten zu kopieren, sondern sie sind in einen neuen Kontext zu setzen, der in der Summe zu etwas Neuem wird. Diese Vorgehensweise ermöglicht es, dass Experten aus unterschiedlichen Bereichen erfolgreich miteinander kooperieren. Jeder Beteiligte erhält zugleich mit dem neu entstandenen Produkt eine Anerkennung auf seine Spezialisierung und einen Zugewinn durch die neue Idee und das neue Produkt. Das Besondere besteht darin, dass fortlaufend aus unterschiedlichen Lebensbereichen Ideen aufgegriffen und neu zusammengefügt werden. Diese Ideen werden im Wirtschaftssystem ausprobiert und bei ihrem Erfolg weiterverfolgt oder verworfen. Darin besteht ein fortlaufender Prozess der kreativen Zerstörung, die stets etwas hervorbringt ohne daran haften zu bleiben. Die fortwährende Dauer einer Idee hat nur insofern Bestand, insofern sie auch als Ideengeber für neue Rekombinationsversuche dient. Damit führt das Neue auch immer etwas Altes mit sich, was in der zukünftigen Gegenwart als Tradition beschrieben wird. Das Besondere dieses kreativen Prozesses besteht darin, dass nicht die Einzelheiten und ihre Verbesserungen hervorgehoben werden, sondern dass das Arrangement als eine Neuerung eingestuft wird, die somit eine Wertschätzung erfährt.

Diese Form der Kreativitätsgestaltung hat auch in der Organisation von Unternehmen eine besondere Bedeutung. Unternehmen sind dann in China innovativ, wenn es ihren Mitarbeitern gelingt, die unterschiedlichen Wissensbestände zusammenzulegen. Diese Zusammenlegung erfolgt nicht wie im Westen durch eine analytische Zerlegung, sondern durch die Herleitung von Lösungen aus unterschiedlichen Lebensbereichen. Die chinesischen Autobauer greifen auf die Designbestandteile westlicher Marken zurück und konstruieren ein Fahrzeug, das den Ressourcen des Unternehmens und den Gebrauchsanforderungen des chinesischen Marktes entspricht. Westliche Chinabesucher staunen über Fahrzeuge, die von vorn einem Mercedes der E-Klasse ähneln und von der Seite die Größe eines Kleinwagens haben. An diesem Beispiel wird deutlich, dass die westlichen Erfolgsideen mit den chinesischen Anforderungsmerkmalen zu einem neuen Produkt zusammengefügt sind.

In der chinesischen Kommunikation wird diese Vorgehensweise oft als „chinesischer Charakter" bezeichnet. Es sollte im Blick bleiben, dass die Stärke der Kreativität durch Mix darin besteht, dass sie die Voraussetzung der chinesischen Kommunikationsgestaltung sowie die sozialen Netzwerke einbezieht. Dadurch hat sie einen kooperativen Zugewinn. Durch die hoch sensiblen Fremdbeobachtungen wird ein Rahmen der fortgesetzten Beobachtung des Anderen erzeugt. Diese Vorgehensweise lässt sich schnell auf eintretende Veränderungen abstimmen. Die Grenze diese Vorgehensweise ist dann erreicht, wenn eine Zukunftsprognose einbezogen wird und wenn das Erfordernis vorliegt, ressourcenarm zu verfahren ist. Vor allem erschwert und verhindert sie die Erschließung neuer Wissensbereiche. Das liegt daran, dass der Rückschluss und die Analogie zu bestehenden Erfahrungswerten nicht immer eine stimmige Voraussetzung hat. Die Reise zum Mond hat nur wenig mit der Überquerung der Weltmeere gemeinsam, auch wenn sie eine Verschiebung der Wissensgrenze zur Folge hatte.

Der sogenannte „Chinesische Charakter" bei der Innovationsgestaltung verfährt synkretistisch durch ein Zusammenfügen und Variieren von unterschiedlichen Bestandteilen von Ideen und Produkten. Daher ist die Gestaltung auf die Bestandteile bzw. das Hinzufügen neuer Bestandteile angewiesen und begrenzt. Eine wichtige Form der Innovationsgestaltung deckt diese Vorgehensweise nicht ab. Sie besteht darin die Ideen und Produkte selbst in Frage zu stellen, sie aufzulösen, sie zu zerstören oder bewusst anders zu verwenden. Das betrifft die Innovation durch Negation, die es ermöglicht neue Wege zu gehen oder alte Wege zu verlassen. Der Satz des Nicolaus Cusanus „Jede Bestimmung ist eine Negation" ist eigentlich für einen Chinesen nicht nachvollziehbar. Sie wird dann nutzbar, wenn sie nicht von ihren Bestandteilen, sondern nach ihrem Entstehen und ihren Negationsspielräumen her gedacht wird. Das erfordert eine andere Form der Abstraktion, die auch immer die Negation als eine andere Möglichkeit beinhaltet. Diese Form der Wissensgewinnung steht der Kommunikationsgestaltung und der statusorientierten Prestigeordnung im Wissenschaftssystem der chinesischen Gesellschaft entgegen. Daher ist sie nicht ohne Weiteres in den chinesischen Kontext zu übertragen, ohne weitgehende Folgen für andere Teilbereiche der Gesellschaft zu haben.

Für die Umsetzung von Kreativität in Innovation stellen sich im Wirtschaftssystem besondere Anforderungen für die Wissensgewinnung, seine Anwendung und seine Nutzung. Eine mangelnde Prognosefähigkeit hat zur Folge, dass durch Versuch und Irrtum fortlaufend neue Ideen und Produkte auf den Markt zu bringen sind, ohne dass sie zu den Ressourcen in ein vorher abstimmbares Verhältnis gesetzt werden. Im ungünstigsten Fall geht damit ein Ressourcenverschleiß einher, ohne dass die Teilergebnisse zu verwenden sind. Die Beobachtung des Anderen als Teilideengeber erfordert eine hohe Aufmerksamkeit und Sensibilität, aber ebenso auch ein Zugang zum Fremden. Das gilt bereits in der Nahwelt. In diesem Grenzverkehr ist ein Balanceakt auszuführen, der die Stärken des Anderen nutzt und zugleich außerhalb des eigenen Bezugs lässt. Für das chinesische Wissenschaftssystem hat das zur Folge, dass es den Anschluss an das globale Wissenschaftssystem sucht und in der Weiterverarbeitung teilweise unvergleichbar bleibt. Das führt zu Abstimmungsproblemen, da das chinesische vom globalen Wissenschaftssystem viele Vorteile hat, es aber im Gegenzug wenig Input für eine Resystematisierung von Wissensbeständen bietet.

5.6 Wege ohne Ziel

Die Rolle des Wissenschaftlers ist in einer anderen Weise in die Statusordnung in China eingebunden als im Westen. Im Westen hat Wissenschaft einen Eigenwert und die Wertschätzung des Wissenschaftlers beruht auf der Erkenntnisgewinnung in der Forschung. Die Rolle des Wissenschaftlers ist in einem autonomen Wissenschaftssystem institutionalisiert. Die wissenschaftliche Forschung spielt mit anderen gesellschaftlichen Teilbereichen zusammen. Das schließt zwar einen

Austausch mit anderen sozialen Bereichen nicht aus, aber die Systemrationalität des Wissenschaftssystems folgt nicht wirtschaftlichen und politischen Zielsetzungen. Die chinesische Wissenschaftsverarbeitung orientiert sich an der Anwendung und am Nutzen des wissenschaftlichen Wissens. Die Resystematisierung von Wissen ist daher durch den Situationsbezug und die Veränderung der Situation begrenzt. Das hat zur Folge, dass gleiche Fragestellungen immer wieder neu untersucht werden. Der Rückgriff auf die bisherigen Erkenntnisse findet dabei nur sehr ausgewählt statt, sofern er für die gegenwärtige Situation von Interesse ist. Die Restrukturierung durch den Sach- und Problembezug tritt dabei in den Hintergrund. Es ist deshalb auch nicht verwunderlich, dass Forschungsfragen, die auf die Zusammenhänge und Strukturen abzielen, wenig Beachtung finden. Die Erfindung des Schießpulvers ist ein gutes Beispiel für diese Systematisierung. Die Herstellung und Ausarbeitung steht in einem engen Anwendungsbezug, ohne die Vorgänge und die chemischen Reaktionen der Stoffe näher zu untersuchen. Insofern lässt sich von einer Wissenschaftstradition sprechen, die über Jahrhunderte bis heute anhält.

Das chinesische Wissenschaftssystem immunisiert sich gegenüber der Kritik, die durch Fragen *wie*, *warum* und *wieso* ausgelöst werden. Solche Fragen unterstellen bei einem sachlichen Hintergrund auch indirekt eine Infragestellung der Person und ihres Status. Genau dies gilt es aus chinesischer Sicht zu vermeiden. Die Teilnahmebedingungen am chinesischen Wissenschaftssystem wird durch den sozialen Status bestimmt, der den Bildungsinstitutionen zukommt. Das Prestige, dass man der Organisation zuschreibt, wird mit seinen Vertretern in Verbindung gebracht. Insofern findet eine Statuskommunikation statt, da die Aussagen und ihre Gewichtung im wissenschaftlichen System davon abhängig gemacht werden, von *wem* in *welcher* Stellung *was* gesagt wird.

Die Lehrer- und Schülerrolle ist in China im Unterschied zum Westen anders definiert. Im chinesischen Wissenschaftssystem ist durch die sozialen Statuspositionen der Zugang zum Wissenserwerb festlegt. Der Lehrer trägt in der Erwartung der Gruppe die Verantwortung für die Entwicklung der Schüler. Darin ist nicht der Anspruch verknüpft, dass der Lehrer aus jedem Schüler ein Genie formt, sondern ihn nach seinen Fähigkeiten den Zugang zur Gruppe ermöglicht, indem er Extreme vermeidet. Der Schüler wird über die Gruppenerwartungen in seiner Extremvermeidung unterstützt. Sie besagen, es ist unangebracht aus der Gruppe auszutreten. Daran wird die Gruppenorientierung deutlich. Sie erlaubt zwar individuelle Erfolge und Auszeichnungen, aber keine individuelle Gestaltung des Studiengangs. Im Konfliktfall sind die Mitglieder der chinesischen Netzwerke immer mit Ausschluss und mit Marginalisierung als Konfliktlösung bedroht. Die geäußerten Auffassungen, die den Akzeptanzrahmen der Gruppe

5.6 Wege ohne Ziel

überschreiten, führen zum Ausschluss derjenigen, die sie treffen. Dieses Sanktionspotenzial führt zu einer Vorangepasstheit der Netzwerkteilnehmer. Die wissenschaftlichen Innovationen und Veränderungen werden dadurch nicht wie in den westlichen Gesellschaften durch die Auseinandersetzung mit Widersprüchlichem geführt, sondern es liegt eine weitergehendere Orientierung an der gegenseitigen Anpassung und Abstimmung der Auffassung zu einem Problem vor.

Die Modernisierung des chinesischen Wissenschaftssystems führte nicht zu einer eigenständigen Funktionsausbildung dieses Bereichs. Seine Leistungsfähigkeit für die anderen Teilbereiche der Gesellschaft, wie dem politischen Zentrum, dem Wirtschaftssystem und dem Rechtssystem, besteht in der Selektion der Zugänge durch die Herstellung einer Statusordnung. Daraus folgt, dass das chinesische Wissenschaftssystem nicht zu einer Reorganisation der anderen Teilbereiche beiträgt, wie man es aus der Modernisierung des Westen kennt, in der die politische Ideengeschichte die Souveränität und die Gewaltenteilung diskutierten oder die Rechtswissenschaft zu einer Rechtsdogmatik beitrug. „Weg ohne Ziel" im Hinblick auf das chinesische Wissenschaftssystem besagt, dass eine Ausbildung hinsichtlich einer Selbstorientierung der wissenschaftlichen Kommunikation an Wahrheitsgewinnung, Argumentation und des Eigenwerts von Wissen in ihm nicht vorliegt. Wenn man sich auf einer Homepage einer chinesischen Universität über sie informiert, so fällt sofort auf, dass Anwendungsfelder kommuniziert werden. Das liefert dahingehend Aufschluss über die Struktur des Wissenschaftssystems und der damit verbundenen Veränderungsrichtung, dass sie sich nicht aus sich selbst heraus beschreibt und innoviert, sondern von wirtschaftlichen und politischen Zielsetzungen dominiert wird. Das ist auch für den Anschluss an das globale Wissenschaftssystem von Bedeutung, da die Öffnung und Schließung zu wissenschaftlichen Fragestellungen nicht thematisch, sondern gesellschaftspolitisch gezogen wird.

Das chinesische Wissenschaftssystem ermöglicht eine schnelle Anpassung an veränderte Wissensbestände und deren Verarbeitung. Damit ermöglicht es, Trends schnell zu erkennen und über ihre Umsetzung im Wirtschaftssystem zu verarbeiten. Es blockiert sich insofern nicht selbst, sondern verfolgt den Weg der stetigen Anpassung an die Veränderungen. Es ist die situative Problemlösung an der sich die Wissensgewinnung orientiert und nicht die interne Rationalisierung des wissenschaftlichen Wissens und seine professionelle Ausgestaltung. Die zukünftigen Veränderungen des Wissenschaftssystems werden daher nicht von inhaltlichen Fragen und Forschungsprogrammen bestimmt sein, sondern sich an den neuen Problemstellungen orientieren, die sich in der Folge der Modernisierung der chinesischen Gesellschaft einstellen. Insofern wird sich nicht so ohne Weiteres im chinesischen Wissenschaftssystem die Rolle des Wissenschaftlers differenzieren, wie wir sie aus dem Westen kennen. Die Forschungsförderung wird auch in der Zukunft an der von den Universitäten zu erbringenden Dienstleistung ausgerichtet sein. Die Wissensgewinnung wird ein „Weg ohne Ziel" sein, die sich nicht an der Systematisierung des Wissens in den einzelnen Fächern, sondern an die verändernden Situationen vor allem des Wirtschafts- und des politischen Systems und seinen Anforderungen anzupassen hat. Es wird abzuwarten sein, ob der bereits angesprochene Weg einer Nischenbildung im Wissenschaftssystem wirklich eingeschlagen wird.

Das Verständnis des politischen-, des Wirtschafts-, des Rechts- und des Wissenschaftssystems in China darf nicht nur von der ihnen zukommenden Funktion verstanden werden. Man darf sich dabei auch nicht an ihrer medialen Inszenierung orientieren. Das wäre ein vereinseitigender Blickwinkel, der den Zugang zur chinesischen Gesellschaft und ihrer Modernisierung verstellen. Die von uns durchgeführte Analyse verweist bereits auf den Hintergrund der chinesischen Kultur, der Konstruktion der kollektiven Identität, der mit ihr einhergehenden Gemeinschaftsbildung und die damit einhergehende gesellschaftliche Beobachtung. Insofern haben wir den Blickwinkel zu wechseln und den chinesischen kulturellen Hintergrund, die Konstruktion ihrer kollektiven Identität und ihrer Gemeinschaftsbildung zu erfassen. Dieser Blickwinkel vertieft die Analyse und zeigt den charakteristischen Modernisierungsverlauf in China insofern, da die Modernisierung der Funktionsbereiche Politik, Wirtschaft, Recht und Wissenschaft von ihnen abhängt. Das vollzieht sich in der Weise, dass das politische System die Grenzerhaltung der kollektiven Identität zu nutzen hat, da es damit seine Stabilität und vermutlich auch seine Legitimität erhält. Des Weiteren liefert der kulturelle Hintergrund und die Formen der Gemeinschaftsbildung die Substruktur für die Ausgestaltung für die Reorganisation der Funktionsbereiche, hinter denen nicht zurück getreten werden kann. Das betrifft zum Beispiel die Formen der Ressourcenzusammenlegung, aber auch die Wissensverarbeitung durch soziale Netzwerke.

Die Modernisierung in China hat bei allen ihren Veränderungen eine innere Struktur der chinesischen Gesellschaft herausgebildet, die es in der Vergangenheit so nicht gab. Sie ist aber bei allem weitgehenden Wandel auf einen sozio-kulturellen Hintergrund zurückzuverfolgen. Er besteht in der Selbstbeschreibung in der Kontinuitätsthese der chinesischen Kultur, einer Anpassung an wechselnde Situationen und der Variation von vertrauten Problemlösungen. Insofern ist zwischen dem strukturellen Wandel der Modernisierung und dem sozialen und kulturellen Hintergrund der Problemlösungsstrategien zu unterscheiden. Dieser Zusammenhang ist nicht durch externe Einflüsse zu erklären. Die Veränderungen der verwandtschaftlichen Beziehungen verdeutlichen diese Unterscheidung, da mit der

Einführung der Ein-Kind-Politik die verwandtschaftliche Vielschichtigkeit mit Onkel und Großonkel in den nachfolgenden Generationen nicht mehr gegeben ist. Die Bedeutung der verwandtschaftlichen Beziehungen, in der Politik, der Wirtschaft, des Rechts und Wissenschaft ist aber erhalten geblieben. Ein umfassendes Bild der Modernisierung Chinas erhält man erst dann, wenn wir sowohl die Modernisierungen in den Teilbereichen der Gesellschaft beobachten als auch die dahinterliegenden Strukturen erfasst werden. Diese werden im Teil II dargestellt.

Teil II
Kosmische Einheit und soziale Ordnung

Ordnung von Kosmos und Gesellschaft 6

6.1 Heilige Ordnung des Neokonfuzianismus

In den westlichen Medien wird immer wieder ein verzerrtes Bild der chinesischen Gesellschaft und ihrem kulturellen Hintergrund kommuniziert. Nach wie vor werden Grundmuster aus dem 19. Jahrhundert auf Ostasien übertragen. Das gilt sowohl im Positiven als auch im Negativen. Die chinesische Medizin und Weisheit gelten als etwas Nachahmenswertes. Chinesische Kampfkünste, Meditation und die chinesische Küche erfuhren eine weltweite Verbreitung. Gleichzeitig wird nicht nur vor der wachsenden Wirtschaftsmacht gewarnt, sondern in die chinesische Kultur etwas Geheimnisvolles und Magisches hineingelesen. Merkwürdigerweise folgt man damit zugleich der Außendarstellung des offiziellen Chinas.

Die Bedeutung der chinesischen Kultur für die Modernisierung Chinas besteht darin, dass sie ein Hintergrund ist, der im Zuge der strukturellen Veränderungen der chinesischen Gesellschaft nicht verschwunden ist. Sie bleibt für die Teilbereiche der chinesischen Gesellschaft und damit für das politische Zentrum, das Wirtschafts-, Rechts- und Wissenschaftssystem weiter von Bedeutung. Die chinesische Kultur wird auch in der sich nach außen abgrenzenden kollektiven Identität und in der Gemeinschaftsordnung der chinesischen Gesellschaft deutlich. Von einem kommunikationstheoretischen Blickwinkel aus setzt die Kommunikation von Kulturprodukten sie unvermeidbar unterschiedlichen Beobachtungen aus. Sie kann sich ihrer Beobachtung nicht entziehen. Daran erkennen wir, dass sie immer ein Blickwinkel ist, mit dem sich Kommunikationsteilnehmer beobachten, beschreiben und interpretieren. Sie entzieht sich deshalb einer Vergegenständlichung und einer allgemeinen Zustimmung.

Die Modernisierung führte nicht zu einer individualistischen Gesellschaftsordnung, sondern die gruppen- und netzwerktypische Gemeinschaftsordnung ist erhalten geblieben. Die kollektive Identität der Chinesen als eine Herkunftsgemeinschaft und ihre nationale Ausprägung blieb nicht nur erhalten, sondern wurde im Zuge des Modernisierungsprozesses neu ausgestaltet. Es liegt aber keine Kontinuität der chinesischen Zivilisation und ihrer Errungenschaften vor, sondern der kulturelle Hintergrund ist der Bezugsrahmen, der die Bestandteile bereitstellt, die fortlaufend variiert und neu zusammengesetzt werden. Insofern ist die chinesische Kultur ein hybrides Gebilde, das vor allem unter dem Gesichtspunkt der kollektiven Identität der Chinesen fortlaufend variiert wird.

Die Aufrechterhaltung der Außendarstellung des geheimnisvollen Chinas erfolgt durch die Selbstbeschreibung der chinesischen Kultur, der Geschichte und der Gesellschaft. Sie ist an einer übergreifenden Zivilisation orientiert, die zugleich eine Grenze zu den anderen Zivilisationen zieht. Auf diesen Zusammenhang gehen wir in einem ersten Schritt auf die Kosmologie und den sozialen Entwurf der Neokonfuzianismus ein. Daran schließen wir eine Interpretation des chinesischen Films *Hero* von dem Regisseur Zhang Yimou an. Er ist 2002 angelaufen. An der in dem Film vorgenommen Geschichtsschreibung und seiner ästhetischen Darstellung sind die charakteristischen Merkmale der chinesischen Kultur und Selbstbeschreibung gut zu erkennen. Sie ist aufschlussreich für die vorrangige Orientierung an Gruppen, den perspektivischen Umgang mit der Wahrheit, die soziale Ordnung und auch für die Bedeutung der chinesischen Magie. Diese Merkmale gilt es zu verbinden und in Beziehung zu setzen, um das Verständnis zur chinesischen Kultur aufzubauen. In einem weiteren Schritt gehen wir auf die kulturellen Grenzziehungen in der chinesischen Gesellschaft im Hinblick auf die Beziehung des kulturellen Hintergrunds und der Gesellschaft ein.

Die religionsgeschichtliche Forschung geht davon aus, dass sich der Buddhismus in China nach dem Ende der Han-Dynastie im 3. Jahrhundert n. Chr. in unterschiedlichen Schulen ausbreitete. In der chinesischen Tradition des Buddhismus ist das durch einen Kreis symbolisierte Ganze das Dao, mit dem man nicht durch begriffliche Analyse, sondern durch ein nichtbegriffliches mystisches Erleben einen Zugang hat. Das Dao ist nicht etwas Transzendentes, sondern eine kosmische, soziale und psychologische Ordnungsmacht. Es besteht nicht außerhalb und unabhängig von der Welt. Die Abstimmung zwischen kosmischer und sozialer Ordnung besteht aus dieser Sicht darin, dass durch die Sitte als die traditionale Ordnung „Himmel" und „Erde" zusammenwirken. Das Charakteristische des chinesischen Buddhismus ist die bildhafte Herausstellung von Polaritäten. Das unterscheidet ihn von der indischen Tradition, welche die Unterscheidung von Begriffen betont. Es betrifft dies auch die daoistische Philosophie. Qi als

6.1 Heilige Ordnung des Neokonfuzianismus

Lebens- und kosmische Energie ist ein Gemenge aus Yin und Yang. Es sind zwei Pole, die ineinander übergehen. Die Einheit der Gegensätze besteht in der Einheit von Welt und Wandel, die entlang der Einheit von Erleuchtung und Verblendung als dem Verfallensein an die Erscheinungen und der Dominierung durch die eigenen Triebe und Bedürfnisse verläuft. Das ist insofern für das Verständnis der chinesischen Philosophie, der gesellschaftlichen Kommunikation, aber zum Beispiel auch der chinesischen Medizin, hervorzuheben, da Störungen und Abweichungen als ein zu viel oder zu wenig von Yin und Yang erklärt werden. Dieses Zuviel und Zuwenig stört und zersetzt die Harmonie. Vom westlichen wissenschaftlichen Standpunkt aus sind das mystische Kausalitäten. Das Interessante ist nicht diese Einsicht selbst, sondern die immer wieder anzutreffende Faszination, die von der Yin und Yang Philosophie ausgeht. Das mag auch mit einem subjektiven Erlösungsbedürfnis zusammenhängen, das nach mystischen Lösungen sucht.

Der Neokonfuzianismus der Ming-Zeit (1368–1644) war eine Gegenbewegung gegenüber dem zerfallenden chinesischen Buddhismus. Er war auch ein politisches Programm, das die Einheit des Konfuzianismus mit dem Buddhismus und dem Daoismus hervorhob. Sie wurde zu einer kulturellen Identität stilisiert. Für das Verständnis des konfuzianischen Heiligen ist der Neokonfuzianismus eine gute Anlaufstation für die Erschließung des chinesischen kulturellen Hintergrunds. Er wendet gegen den Buddhismus ein, das die Welt keine Illusion ist. Das betrifft auch die soziale Ordnung und die Unterscheidung zwischen *gut* (Freund) und *böse* (Feind) und die damit einhergehende Innen-Außenabgrenzung.

Der Neokonfuzianer Wang Yang-ming (1472–1529) und sein Schüler, zum Beispiel Wang Ji, verbinden die Einheit von Denken und Handeln in der gesellschaftlichen Welterschließung. Aus Wang Yang-mings Sicht haben der Konfuzianismus, der Daoismus und der Buddhismus denselben metaphysischen Ursprung. Der metaphysische Grund des Daoismus ist *Leere* (xu), aber auch der Konfuzianismus bezieht sich auf die *Leere*. Der Buddhismus spricht vom „Heiligen" (ji), aber auch der Konfuzianismus bezieht sich auf das „Heilige". Der konfuzianische Lebensweg unterscheidet sich jedoch vom Lebensweg des Daoismus. Wang Yang-ming verwirft die Nichtunterscheidung zwischen *gut* (Freund) und *böse* (Feind). Sie würde die Regelung der weltlichen Beziehungen nicht ermöglichen. Das konfuzianische Heilige als die Unterscheidung zwischen beidem ist nur gegenüber den personalen Regungen und Aversionen indifferent und nicht gegenüber der Unterscheidung zwischen dazugehörig (*gut*) und nichtdazugehörig (*böse*). Das Böse ist aus dieser Sicht die fremde und unbekannte Umwelt der chinesischen Gesellschaft und ihrer Ordnung. Die Konfuzianismusexperten neigen aber auch dazu, dass der Neokonfuzianismus sehr wohl die Differenz zwischen seinem Programm und der bleibenden Unzulänglichkeit der Welt wahrnahm.

Daraus motivierte sich vermutlich sein ethischer Anspruch einer Reinigung der Welt als Ganzes bei einer gleichzeitigen volkstümlichen Anpassung an das Böse und Ungerechte, das bestenfalls allmählich zurückzudrängen war.

Es ist jedoch anzumerken, dass die chinesische Volksreligiosität ein hybridisiertes Gebilde ist. Es sollte einen nicht wundern, wenn eine Reiseführerin den Besuch eines buddhistischen Tempels mit den Worten kommentiert, dass dort ein Gemenge von Hinduismus, Buddhismus und Animismus anzutreffen ist. Der Konfuzianismus war gerade keine Volksreligion, sondern eine traditionsorientierte Lebensführung einer das politische Zentrum tragenden Literaten- und Verwaltungsschicht. Sie schloss eine Vielfalt von religiösen Bewegungen nicht aus, solange sie nicht das politische Zentrum in Frage stellten und sich auf den privaten Bereich beschränkten. Auffallend ist in der chinesischen Geschichte die Kontinuität der Durchsetzung des politischen Zentrums, das auch in Krisen, Aufständen, bei weitgehenden sozialen Veränderungen und den Einflüssen aus Zentralasien seine kosmische Rechtfertigung aufrechterhalten und sich immer wieder reorganisieren konnte. Der Zusammenbruch trat erst in der zweiten Hälfte des 19. Jahrhunderts durch die westliche Okkupation ein, denen das politischen Zentrum ausgeliefert war. Das symbolische Ereignis war die Zerstörung des Winterpalasts des chinesischen Kaisers 1860 durch die Briten.

Für die Konstruktion der Kontinuitätsthese der chinesischen Zivilisation ist hervorzuheben, dass sie auf den Neokonfuzianismus zurückgeht. Er vereinheitlichte die unterschiedlichen Religionen des Buddhismus und Daoismus mit dem konfuzianischen Programm der Aufrechterhaltung der politischen und sozialen Ordnung. Die neokonfuzianische Einheitskonstruktion der chinesischen Zivilisation kann dann beliebig in die Vergangenheit zurückverlängert oder in eine unbestimmte Zukunft projiziert werden. Darin bewahrheitet sich dann nach chinesischem Selbstverständnis beides „Die glorreiche Vergangenheit fordert die Gegenwart für eine erfolgreiche Zukunft heraus" (Deng Xiaoping) und die Orientierung „Folge dem Wandel" (chinesisches Sprichwort). Dem Wandel folgen heißt dann nichts anderes, als sich den unterschiedlichen Zuständen der kosmischen und gesellschaftlichen Ordnung anzupassen.

6.2 Masken der Wirklichkeit

Der Film *Hero* fand im Westen eine auffällige Verbreitung, obwohl er die Zuschauer auch herausfordert, da er nicht der ihr vertrauten Dramaturgie folgt. Die Identifizierung mit den Helden fällt dem Zuschauer nicht leicht. Zwar folgt

6.2 Masken der Wirklichkeit

der Film in weiten Stücken der von Hollywood gewohnten Bildästhetik, doch hinterlässt er zugleich auch etwas Befremdendes und Unverständliches. Auf der inhaltlichen Ebene lässt sich der Film *Hero* dahin gehend zusammenfassen, dass die Interessen Einzelner dem Wohl der Gemeinschaft und der Harmonie zwischen Kosmos und Gesellschaft unterzuordnen sind. In diesem Vorrang vom Allgemeinen gegenüber dem Besonderen stellt sich ein soziales Organisationsprinzip dar, dass sich auch in anderen Teilbereichen der Gesellschaft wiederholt. Der Bezugspunkt für die Ausgestaltung von Rechten, Pflichten und Interessen ist der kollektive Zugehörigkeitsrahmen. Er hat aber keinen Vorrang vor der kosmischen Ordnung, sondern ist dieser unterzuordnen. Unter diesem Gesichtspunkt stellt sich für den Einzelnen die Frage danach, was für ihn möglich und notwendig ist und welche Rolle ihm in der kosmischen Ordnung zukommt?

Der Film *Hero* spielt in der Zeit der streitenden Reichen 200 v. Chr. in China. Der *König Qin* wird von Attentätern bedroht. Er hat für die Erfassung eine Belohnung ausgesetzt und eine Privataudienz versprochen. Je mehr Attentäter man tötet, um so mehr wächst man in seiner Gunst und darf in die Nähe des Königs gelangen. Der Film beginnt mit dem Zweitkampf zwischen zwei Protagonisten, dem *Namenlosen* und *Sky*. Neben dem Haupthelden tritt auch eine Nebenfigur auf, der weißhaarige Weise. Die Zweikämpfer fordern den blinden Weißen auf, mit der chinesischen Zitter zu musizieren, da Kampf so wie Musik sei. Aus der Sicht der Zuschauer tötet der *Namenlose* seinen Gegner. Der Zweikampf hat magische Züge, da die beiden Gegner dabei fliegen, die Zeit dehnen und zugleich in einer Harmonie mit den natürlichen Ereignissen kämpfen. Die Regentropfen bleiben in der Luft stehen und dehnen dadurch die Zeit aus. Daran wird deutlich, wie in der chinesischen Vorstellung die Naturgesetze außer Kraft gesetzt werden können. Das gelingt durch die *Magie* als eine Fähigkeit von übernatürlichen Helden, welche diese Außerkraftsetzung durch außergewöhnliches Können erreichen. Sie stellen durch Geister und den der Veränderung des Laufs der kosmologischen Ordnung den Ausgleich zu der bestehenden Welt her.

Auf welche Weise die Zufälligkeit als eine Problemlösung, die eine Kausalbeziehung ersetzt, dargestellt werden kann, verdeutlicht die Aufteilung des Films in seine Episoden. Die Einleitung der Episoden beginnt damit, wie der *Namenlose* zu der Audienz mit dem König die beiden Schwerter von *Zerbrochenes Schwert* und *Fliegender Schnee* als Beleg für ihre Tötung mitbringt. Der *König Qin* bezweifelt jedoch, dass er die beiden getötet hat, da es überragende Kämpfer sind. Die *erste Rote Filterung* beginnt mit einer Rückblende. Die Farbe rot symbolisiert die Leidenschaft. Als Beleg für die Kampffähigkeiten der beiden Attentäter sieht man, wie tausende Soldaten des *König Qin* in der Wüste eine verlassene Kaligrafieschule angreifen und die Angreifer durch zwei Kämpfer mit mystischen

Kampffähigkeiten abgewehrt werden. Der *Namenlose* schildert, dass er in der Schule anwesend war, um während des Kampfes zu *Zerbrochenes Schwert* und *Fliegender Schnee* Vertrauen aufzubauen. Der *Namenlose* berichtet dem *König Qin*, wie er mit einer List Eifersucht zwischen *Zerbrochenes Schwert* und *Fliegender Schnee* gesät hat, in der Erwartung, dass sie gegeneinander kämpfen und dass der *Namenlose* nur den Sieger zu töten hat.

Die *Rote Filterung* wird durch den Zweifel des *König Qin* an der Darstellung des *Namenlosen* unterbrochen. In der daran anschließenden *Blauen Filterung* zieht der *König Qin* aus der Darstellung des *Namenlosen* eine andere Folgerung. Die Farbe blau symbolisiert Rationalität und Zweckeinsicht. *König Qin* teilt dem *Namenlosen* seine Version der Ereignisse mit, dass die Tötung der Attentäter einem Plan folgt, der das Ziel hat, den König zu töten. Die List sieht vor, dass einer der Attentäter dazu möglichst nahe an den König gelangt. Für den König ist es daher naheliegend, dass der *Namenlose* und *Sky* diese List verabredeten. Sie sieht vor, dass *Sky* seine Tötung durch den *Namenlosen* vortäuscht, um die Unterstützung von *Zerbrochenes Schwert* und *Fliegender Schnee* zu erhalten. Durch die Tötung von *Sky* wird der *Namenlose* dadurch belohnt, vor den König treten dürfen. Damit der *Namenlose* aber eine Chance hat, den König zu töten, muss er noch einen anderen Attentäter umbringen, um möglichst nahe zu dem König zu gelangen. Alle vier Attentäter verfolgen das gemeinsame Interesse, den *König Qin* zu töten. Um näher an den König heranrücken zu können, überzeugt der *Namenlose Fliegender Schnee*, dass er sie im Zweikampf bei Anwesenheit der königlichen Truppen so verletzten kann, dass es für die Zuschauer nach ihrer Tötung aussieht, ohne ihr jedoch ernsthaft zu schaden. *Fliegender Schnee* stimmt dem in der Erwartung zu, dass der *Namenlose* den *König Qin* tötet.

Durch die Schilderung des *König Qin* in der *Blauen Episode* erkennt der *Namenlose*, dass der König seine Absicht durchschaut hat. Dem König ist nicht verborgen geblieben, dass der *Namenlose* die anderen Attentäter nicht zu dem Zweck tötete, um in der Gunst des Königs zu steigen, sondern sich davon versprach, selbst eine bessere Gelegenheit für sein Attentat zu haben.

Der *Namenlose* entgegnet dieser Darstellung, indem er in einem Punkt dem König widerspricht und schildert, dass nicht alle Attentäter die Absicht hatten, den König zu ermorden. Der Hintergrund dazu wird in der *Grünen Filterung* dargestellt. Die Farbe grün symbolisiert die Einsicht in die kosmische Ordnung. In dieser Filterung erfährt der Zuschauer, wie sich *Zerbrochenes Schwert* und *Fliegender Schnee* kennengelernt und über den gemeinsamen Feind, den *König Qin*, lieben gelernt haben. Während eines gemeinsamen Attentates auf den König hat *Zerbrochenes Schwert* die Gelegenheit, den König zu töten, doch er verschont ihn. Durch die Kalligrafie wurde *Zerbrochenes Schwert* von der Tötung abgehalten, da er durch sie erkannte, dass der *König Qin* als mächtiger Herrscher eine Ordnung über alle zerstrittenen Reiche Chinas herstellt. Die Absicht von *Zerbrochenem Schwert* den *Namenlosen* und *Fliegender Schnee* von der höheren Einsicht zu überzeugen, scheitert daran, da sie an ihrem Motiv der Rache und des Hasses festhalten.

Die Darstellung in den unterschiedlichen Filterungen rot, blau und grün verdeutlichen, wie derselbe Zustand durch völlig unterschiedliche Ereignisse hervorgebracht werden kann. Darin besteht die Zufälligkeit der Verkettung der Umstände des Handlungsgeschehens und die Außerkraftsetzung des Satzes, dass dieselbe Ursache auch dieselbe Wirkung hat. Die Ersetzung der Ursache-Wirkung Unterscheidung durch den Zufall führt dazu, dass Ergebnisse in eine Vielzahl von Ereigniszusammenhängen beschrieben werden können und es keine Dramaturgie der Einheit der Handlung vorliegt.

6.3 Ordnung des Himmels

In der *Weißen Filterung* zeigt sich der *König Qin* von der Erkenntnis *Zerbrochen Schwertes* beeindruckt. Weiß symbolisiert in der chinesischen Kommunikation den Tod. Es ist immer ein Ende und ein neuer Anfang. Dadurch wird ein dramaturgischer Höhepunkt eingeleitet. *König Qin* würdigt *Zerbrochenem Schwert* dahin gehend, dass es ihm als Attentäter gelungen sei, in das Herz des Königs zu sehen. Im Herzen ginge es dem König darum, die politische Ordnung zwischen allen Reichen Chinas herzustellen und den Krieg zu beenden. Der König wendet dem *Namenlosen*, indem er ihm sein Schwert übergibt, den Rücken zu. Das wäre die Gelegenheit, ihn zu töten. Der *Namenlose* lässt sich durch diese Inszenierung des Königs von der kosmologischen Idee überzeugen. Er entschließt sich, dem König zu zeigen, dass er ihn töten könnte, aber seine Chance nicht dafür nutzt. Anschließend verlässt der *Namenlose* den Palast des Königs. Der König folgt entgegen seiner eigenen Absicht der Forderung der Masse, den *Namenlosen* zu töten. Enttäuscht über den Fehlschlag des Attentats macht *Fliegender Schnee Zerbrochenes Schwert* für das Scheitern des *Namenlosen* verantwortlich, das dieser ihn von der kosmischen Ordnung überzeugt haben soll. Im Zweikampf zwischen den beiden Liebenden lässt sich *Zerbrochenes Schwert* töten. *Fliegender Schnee* tötet sich darauf hin mit dem eigenen Schwert, mit dem sich *Zerbrochenes Schwert* hat töten lassen.

Im Nachspann erfährt der Zuschauer, dass der *Namenlose* als Attentäter getötet und als Held begraben wurde. *König Qin* wird fälschlicherweise in dem Film zugeschrieben China fortlaufend geeint und den Bau der chinesischen Mauer beendet zu haben.

Die Aufrechterhaltung des Kollektiv und der Vorrang gegenüber den einzelnen Gesellschaftsmitgliedern ist den Zuschauer aus einer individualisierten Gesellschaft unverständlich, da nicht der Einzelne zählt, sondern sie im Kollektiv der Namenlosen aufgehen. Individuell zugeschriebene Entscheidungsspielräume sind dabei nicht ausgeschlossen. Die Perspektivenvielfalt, die in der gesellschaftlichen Kommunikation nicht vereinheitlicht wird, erlaubt es Widersprüche zwischen Einzelnen und im Kollektiv zu verarbeiten ohne sie konfliktreich zu kommunizieren und einer möglichen Lösung zu zuführen. Ihr Weltverständnis geht von einer Vielfalt der Wahrheit sowie auch der Ordnung in jeder konkreten Situation aus, die durch eine kosmologische sich wandelnde Ordnung gestützt ist. Sie beinhaltet immer auch den Wandel, in dem es keine festen Pole gibt. Dieses Hintergrundverständnis in der chinesischen Kultur und Philosophie sollte man sich verdeutlichen. Für sie ist die Gegenwart nur ein Ausschnitt aus einem fortlaufenden Wandel, der von einer magischen Einheit aus kosmologischen Kräften und dem Zustand des Kollektivs getragen ist. Einigkeit besteht deshalb darin, dass die kosmische Ordnung auch unter schwierigen Voraussetzungen wieder hergestellt wird. Daher steht die Bewertung der Situation nicht im Vordergrund, sondern die Orientierung richtet sich an dem zu erwartenden Verlauf aus. Die Fragen nach der Wahrheit und der individuellen Gerechtigkeit sind unter dieser Perspektive für die chinesischen Kommunikation von geringer Bedeutung. Sie sind nur Augenblicksaufnahmen, die der kosmischen und sozialen Ordnung unterzuordnen sind.

Das konfuzianisch Heilige begrenzt den Wandel der Welt durch Grenzziehung nach innen und außen. Diese Grenzziehung könnte aber auch anders ausfallen, da sich alles im Wandel befindet. Er findet immer in einem Ganzen statt, das die Grenzziehungen umfasst. Zu erhalten ist dabei jedoch die Unterscheidung zwischen dem Wir und den Anderen als einer nicht überschreitbaren Grenze. Durch sie kann erst die Ordnung des Himmels eine kollektive Identität gewährleisten, die sich ihrerseits in Harmonie mit dieser Ordnung befindet. Insofern ist nach dem Konfuzianismus die kosmische Harmonie nur durch die Aufrechterhaltung und Pflege der sozialen und politischen Ordnung aufrechtzuerhalten. Die Spannung zwischen der kosmischen Harmonie als der transzendenten Ordnung und der sozialen Ordnung wird durch die kollektive Identitätsbestimmung politisch gefasst. Die kulturelle Orientierung der chinesischen Zivilisation ist dabei mit der politischen Ordnung fusioniert. Der Kreis symbolisiert das Dao als ein vollkommenes Ganzes, das den Menschen und die Gemeinschaft umfasst und vereint. Insofern symbolisiert er den Kosmos und seine Ordnung. Das konfuzianische Heilige ist die heilige Tradition und Autorität. Sie gewährleistet im Austausch zwischen dem chinesischen Kaiser und dem Kosmos die Einheit und Harmonie der

Gesellschaft. Dadurch wird der Kreis, in dem auch unterschiedliches Vorkommen kann, durch Rituale des Kaisers, der die kosmischen Mächte beschwört, geschlossen. Das Ideal der Harmonie und des Frieden, das man bis zu der Inszenierung der Eröffnungszeremonie der olympischen Spiele in Peking 2008 verfolgen kann, ist keine „Harmonie", die Menschenwerk von sich aus bewirken könnte, sondern ein kosmisch herbeigeführter Zustand, der aber aus der Perspektive innerweltlichen Anpassung an die außerweltliche kosmische Ordnung herbeigeführt wird.

Das Weltbild der chinesische Zivilisation wurde deshalb auch von Religionssoziologen und Kulturtheoretikern durch eine „innerweltliche Transzendenz" charakterisiert. Sie besteht in der Pflege des Weltlichen als etwas Heiligem. Mit dem Ritus des weltlich Heiligen geht die Bindung an die Pflichten in der Verwandtschaft und gegenüber der politischen Autorität einher. Es ist für den Konfuzianismus hervorzuheben, dass er unabhängig von seinen Variationen daran orientiert war, dass die kosmische Harmonie nur durch die innerweltliche politische Ordnung gewährleistet werden kann. Damit geht einher, dass die kollektive Identität der Chinesen und die chinesische Zivilisation *politisch* und nicht außerweltlich definiert ist im Sinne der Gotteskindschaft oder einer utopischen Vision. Auf der Mikroebene besteht sie in den Mitgliedschaften zu besonderen Gemeinschaften und ihren Netzwerken. Das ist deshalb hervorzuheben, da davon die Verantwortungszuschreibung, ihre Verpflichtungen und ihr Status in der sozialen Gruppe betroffen ist. Die Mitglieder der sozialen Gruppe sind individuell für die Gruppe als Ganzes verantwortlich, in der ihnen eine besondere Rolle und ein bestimmter Status zukommt. Die innerweltliche Transzendenz im Hinblick auf die Makro- und Mikroordnung könnte der Schlüssel für den kulturellen und zivilisatorischen Hintergrund der chinesischen Modernisierung sein, die auch einen konfuzianischen Ton hat.

6.4 Magische Einheit von Kosmos und Kollektiv

Eine Besonderheit des Films zeichnet sich dadurch aus, dass Heeresformationen, welche die Bevölkerungsteile während der streitenden Reiche in China repräsentierten, immer als individuell unbestimmte, homogene Maße dargestellt werden. Ausgenommen von dieser Darstellung sind nur sieben Figuren der *Namenlose*, *Sky*, *Fliegender Schnee*, *Zerbrochenes Schwert* und seine *Novizin*, der König *Qin* und der *weißhaarige Weise*. Diese Darstellung unterscheidet sich von der neuesten Filmnacherzählung des Kampfes um Troja, in der nicht nur die Hauptfiguren, sondern auch die Kämpfer individuiert dargestellt werden. In *Hero* unterscheiden sich die Attentäter durch ihre mystischen Fähigkeiten und der König durch seine gesellschaftliche Stellung von der Masse. Die individuelle Person wird nur in dem Bezugsrahmen erfasst, in dem sie sich aufhält. Aus dieser darf sie nicht ungestraft ausbrechen. Das erklärt es, warum es kein Widerspruch ist, dass der *Namenlose* vom Kollektiv als Verbrecher exekutiert und zugleich vom König als Held begraben wird. Der Einzelne besitzt nach der chinesischen Vorstellung keine abstrahierten Eigenschaften, wie zum Beispiel Rechte und Pflichten, die zusammengefasst auf eine Gruppe zu übertragen sind.

Für die Modernisierung der chinesischen Gesellschaft folgt daraus, dass sich diese Eigenschaften nur in der Weise verändern, wie sich der soziale Rahmen verändert. Sie gelten daher nicht als eine Motivzuschreibung für soziale Bewegungen. Der Film *Hero* macht das an dem Punkt deutlich, indem er am Ende seine Helden scheitern lässt, da sie das Wohl der Gemeinschaftsordnung bedrohen. Die Helden wenden sich nicht gegen Unterdrückung, Misswirtschaft und Tyrannei, sondern handeln vor dem Hintergrund des individuellen Motivs der Rache. Damit wird der König Qin zum eigentlichen Helden dieser Erzählung, da er die soziale Ordnung herstellt und erhält. Die Erzählung wird durch kommunikative Motive untermauert, die ebenso wie die inhaltliche Darstellung auf besondere Eigenarten der chinesischen Kultur hinweisen. Die Protagonisten, die über übermenschliche Fähigkeiten und mystische Kampfkünste verfügen, werden anders als in westlichen Heldendarstellungen ambivalent und nicht durch ein hohes Maß an moralischer Überlegenheit dargestellt. Die moralische Außergewöhnlichkeit, schwierige Situationen zu meistern, ist damit nicht der Scheitelpunkt, an denen der Held gemessen und dadurch zum Helden wird. Allein die Fähigkeiten, die sie über die der breiten Masse der Bevölkerung erheben, befähigen die Protagonisten in dieser Erzählung bereits zum Heldendasein. Die Einhaltung von Disziplin, das Aufsichnehmen von Entbehrung und die Ausübung von Meditation werden daher von den Protagonisten angewendet, um ihre physischen Fähigkeiten zu steigern und nicht ihre charakterliche Festigkeit auszubilden. Insofern gibt es auch keine situationsübergreifende Erwartung, wie sich Helden zu verhalten haben. Stattdessen obliegt es ihnen, aussichtslose Herausforderungen dank ihrer magischen Fähigkeiten zu bewältigen.

Die Bildästhetik unterstreicht den Inhalt in vielfacher Weise. Außergewöhnliche männliche und weibliche Darsteller stellen nicht nur ihre körperlichen Besonderheiten zur Schau, sondern unterscheiden sich auch in ihrer Attraktivität von dem Rest der Bevölkerung. Insofern verdeutlicht dies die Außenwirkung ihrer Erscheinung auf den sozialen Rahmen, ohne eine Bewertung ihrer Handlungsmotive zu betonen. Damit ist der Held etwas Besonderes, da er außergewöhnlich ist. Das steht im Kontrast zur westlichen Heldenfigur. Bei ihr handelt es sich um vorwiegend einfache Menschen, die durch außergewöhnliche Taten sich das Prädikat „Held" verdienen, zum Beispiel für ihren Kampf um Gerechtigkeit und das Gute.

Für die chinesische Kommunikation, Sozialordnung und Kultur ist auch das Ende des Films bezeichnend. In dem Augenblick, in dem der Protagonist der *Namenlose* die Gelegenheit bekommt den König zu töten, was die voraussehende Absicht für seine Darstellung der Tötung der anderen Attentäter *fliegender Schnee* und *zerbrochenes Schwert* war, entscheidet er sich den König am Leben zu lassen, um die soziale Ordnung als höheres Gut aufrecht zu erhalten, die sich in einer Harmonie mit dem Kosmos befindet. Der König vergibt ihm und entlässt ihn. Dennoch wird der *Namenlose* von den Bogenschützen des Königs getötet. Dabei spielt die Absicht des *Namenlosen* den König zu töten ebenso keine Rolle, wie die Einsicht, ihn doch am Leben zu lassen. Der *Namenlose* wird, nachdem er den Palast verlies, durch ein Meer von Pfeilen getötet, da er gegen den sozialen Rahmen verstoßen hat, einen Königsmord zu planen und damit zugleich die kosmische Ordnung in Frage stellt. Das „Meer von Pfeilen" steht sozusagen symbolisch für das Kollektiv. Er wird also nicht individuell getötet, sondern von einem anonymen Kollektiv „Zum Wohle aller unter einem Himmel". Der Film endet damit, dass in der letzten Einstellung ein Bild der chinesischen Mauer mit der Einblendung „Unser Land" gezeigt wird. Diese Orientierung an dem übergreifenden Kollektiv verdeutlicht, welche Relevanz dem sozialen Rahmen zukommt, in dem sich Personen bewegen und beobachten. In ihm und nur in ihm werden die Rechte und Pflichten erteilt und zwar unabhängig davon, welche individuelle Berechtigung oder höhere Rechtfertigung für das jeweilige Handeln vorliegt. Daran erkennen wir das konfuzianische Heilige. Es ist die Unterscheidung zwischen *gut* und *böse* im Hinblick auf eine gute Ordnung Chinas als „Unser Land". Durch sie besteht eine Harmonie zwischen kosmischer und sozialer Ordnung. *Gut* ist der Vorrang des Kollektives und der Autorität; *böse* sind das davon abweichende Persönliche seiner Mitglieder und die Fremden, die China umgeben. Gegenüber beidem ist Indifferenz einzuüben.

6.5 Perspektivismus der Wahrheit

Der Erkenntnisweg, der in dem Film *Hero* dargestellt wird, ist aus mehreren Punkten für das Verständnis der chinesischen Kultur lehrreich. Erstens ist die Wahrheit immer von einem Bezugspunkt abhängig. Zweitens entzieht sich Wahrheit der intellektuellen Erkenntnis des Einzelnen als einem instrumentellen Zugriff auf die Welt. Drittens ist der Einzelne vom Zustand der Welt abhängig, in der er sich befindet und auf die er keinen Zugriff hat. Auf dieser Stufe bricht die Beobachtung ab, da die nächst höhere Ebene keine Ebene der Beobachtung ist, sondern die des *Wohl aller unter dem Himmel* in der kosmischen Ordnung besteht. Von dort aus und daraufhin sind alle Perspektiven einzustellen und zu relativieren.

Der Einzelne kann den Zustand der Welt erkennen, und er kann sich an wechselnde Zustände anpassen. Das ist eine Fähigkeit von Wenigen, die viele anstreben, aber nur einige durch die Fähigkeit zur Magie erreichen. In dieser Erkenntnis besteht das Heldenhafte im Alltag und das chinesische Heldentum. Es handelt sich dabei um keine Erkenntnis im Sinne eines intellektuellen Verständnis, sondern vielmehr um eine Bewegung und ein Handeln mit den Zuständen der Welt umzugehen.

Die höchste Stufe der metaphysischen Erkenntnis ist nach der chinesischen Vorstellung, dass alle Bestandteile der Welt die WELT konstituieren, ohne dass man sich dem entziehen oder sie bewusst und absichtlich steuern kann. Wer diesen Erkenntnisweg nachvollzieht, mag verstehen, warum die Chinesen sich in ihren Sozialbeziehungen nicht als einzelne Entitäten begreifen und der Gemeinschaft gegenüber dem Einzelinteresse eine größere Bedeutung beimessen. Außerdem wird auch deutlich, dass diese Weltsicht eine atomistische Welt- und Kausalerklärung, wie sie sich im Westen entwickelt hat, kaum nachvollziehen kann. Die chinesische Wahrheit erklärt sich durch Schleifen, die keinen Endzustand kennen, sondern nur unterschiedliche Perspektive verschiedener Ordnungen, die als Zustände einer kosmischen Ordnung nur von demjenigen verstehbar ist, der in einer Schleife zu dieser Ordnung steht, dem *Wohl aller unter dem Himmel*. Philosophisch ausgedrückt ist das die Begründung dafür, dass das *Dao* kein Weg, sondern ein wechselnder Zustand des Hier und Jetzt ist. Soziologisch ausgedrückt ist die Autorität des Kollektives ein immer wechselnder Zustand, der sich wiederholt und der sich dadurch selbst erhält. Es unterscheidet sich nicht von dem Zustand der Welt. Es wird von den Herrschern, den Meistern und den Vätern symbolisiert, wobei diese Autoritäten immer neu zu inthronisieren sind. Sie sind selbst kein Endzustand, sondern so wie die Welt mit ihren wechselnden Zuständen ohne eine ihnen zukommende Individualität. Die Dramaturgie des Films erzählt keine Geschichte, die einen Anfang und ein Ende hat. Anfang und Ende fallen in die Zeit. Jedes Ende ist ein neuer Anfang. Für die Lessingdramaturgie zählt dagegen die Einheit der Handlung, die Anfang und Ende verbindet.

Der Film *Hero* erzählt keine Geschichte nach diesen Vorgaben. Der Anfang bricht ab und eine andere Szene beginnt, die mit dem Vorherigen in keinem Zusammenhang steht. Die Szenen wechseln von Bild zu Bild. Erst durch den Verlauf erschließt sich ihr Zusammenhang. Insofern findet kein Anfang und Ende als eine Entwicklung statt, sondern etwas ist da und verändert sich. Der Anschluss

6.5 Perspektivismus der Wahrheit

und die Veränderung sind nur perspektivisch zugänglich. Sie sind nicht zufällig, aber sie sind auch nicht eindeutig. Die Art der Anschlussbildung lässt sich über ein Bild von größeren und kleineren Kreisen beschreiben. Die Überlappungen der unterschiedlich großen Kreise sind zu gleich Anfang und Ende. Diese Anschlüsse werden nicht über den gleichen Ort oder dieselbe Zeit gebildet. Sie sind nicht so wie eine Kette aneinandergereiht, sondern durch die Berührungen der gegenseitigen Perspektiven. Wie die Ringe im Wasser, die von einem hüpfenden Stein einander entgegenlaufen und sich gegenseitig aufschaukeln bis sie sich aufheben, so laufen die Szenen im Film aus unterschiedlichen Perspektiven einander entgegen. Sie widersprechen sich untereinander und sind gleichzeitig auch gleich.

Die Bilddramaturgie wird durch die farblichen Kontraste schwarz-weiß, rot, blau, grün und weis dargestellt. Jede Szene hat eine Grundfarbe als Hauptmotiv. Der Ablauf des Geschehens wird durch die Farben und durch ein Musikthema gebunden. Das Musikthema hat keinen Spannungsbogen, sondern wiederholt sich. Durch eine überspitze Farbenfülle und der vergleichsweise monotonen Filmmusik wird der Kontrast erhöht und eine Scheinwelt für den Zuschauer erzeugt. Die Scheinwelt unterscheidet sich von der Realität und wird durch magische Kräfte miteinander verbunden. Das wird in der ersten Kampfszene sehr anschaulich. Dieser Zweikampf findet in einem heftigen Regen statt. Der Kontrast dazu sind die magischen Fähigkeiten der beiden Kombattanten, wenn sie durch die Luft schweben und sich von der Schwerkraft als auch der Zeit befreien, da sie sich schneller als die Regentropfen bewegen. Diese Szene ist in schwarz-weiß gehalten. Als melodische Untermalung dient nur die gezupfte Qin (chinesische Gitarre). In dieser Umgebung kämpfen zwei Krieger. Ihre Bewegungen sind in Bezug auf ihre Umwelt langsam. Das veranschaulicht, wie sie durch Magie die Gegensätze der Welt des Yin und Yang, den Lauf der Zeit und die Geschichte ausgleichen. Die Magie ist die Innenfläche des Kreises, die alles verbindet und an dessen Grenze die Wirklichkeit als ein unentdecktes Land liegt. Die Wirklichkeit, die nicht beschrieben oder erfasst wird, liegt als Nebel um die Mitte der Magie.

Das Charakteristische der chinesischen Kultur in der Darstellung des Films *Hero* zeigt die Kommunikation, wie sich die Welt in der chinesischen Gesellschaft für ihre Mitglieder erschließt. Der Film wird nicht in Episoden und auch nicht in einer zeitlichen Abfolge erzählt. Die Dramaturgie verfährt derart, dass sie dieselben Ereignisse mit ihren unterschiedlichen Folgen für die von ihnen Betroffenen aus der Perspektive des *Namenlosen* und des *König Qin* beschreiben. Der Unterschied zwischen beiden Perspektiven besteht in den Hintergründen und Folgen der Ereignisse und ihrer Abläufe. Die Ereignisse, die der Film darstellt, sind nicht nach Lessing-Grundsatz der Einheit der Handlung angeordnet, sondern als sich überlappende Kreise. Die Schnittmengen sind die Anschlüsse für den Fortgang der weiteren Erzählung. Daran wird deutlich, wie sich die Mitglieder der chinesischen Kultur die Welt *erschließen*. Sie verfahren weder induktiv noch deduktiv, sondern nähern sich durch ein Umkreisen dem Problempunkt an. Sie zeichnen dabei unterschiedliche Kreisbahnen. Dabei ist zu beachten, dass der Kern des Problems nicht der jeweilige Drehpunkt eines Kreises sein muss. Insofern ist die Erkenntnisgewinnung immer eine Annäherung und relativ zum jeweiligen Ausgangspunkt. Sie ist somit nicht an den westlichen Maßstäben der Eindeutigkeit der Erkenntnisgewinnung und der Situationsdefinition für die Interpretation von Kommunikationen zu beurteilen.

Für die Interpretation des Filmes ist hervorzuheben, dass er für eine Weltöffentlichkeit hergestellt wurde. Er kommuniziert insofern eine Selbstbeschreibung und setzt sich absichtlich der Fremdbeobachtung aus. Das betrifft nicht nur die Botschaft, sondern auch die Aufforderung, wie die chinesische Kommunikation zu beobachten und zu verstehen ist. Durch die Darstellung des Fremden und Andersseins wird zugleich eine Kommunikationsgrenze gezogen, hinter der sich die Chinesen verstecken und sich als geheimnisvoll darstellen können. Die Kommunikation der chinesischen Magie übernimmt dabei die Funktion, China als eine geheimnisvolle Kultur und Gesellschaft darzustellen. Damit wird durch die Öffnung zur Weltöffentlichkeit zugleich eine Differenz kommuniziert. Die Aufmerksamkeit, die dem Film entgegengebracht wurde, belegt, dass diese Selbstdarstellung mit ihren Rätseln glückte. Am Interesse dieses Films ist erkennbar, dass das kommunizierte Selbstbild den Vorurteilen der westlichen Fremdbeschreibung entspricht. Dabei wird deutlich, dass das Fremdbild und seine Bestätigung auch zu Fehleinschätzungen führt. Es nimmt eine Überbetonung des Ungleichen vor und verdeckt zugleich, die gemeinsamen Überschneidungen in der Teilnahme an einem medialen Kommunikationssystem, seiner wirtschaftlichen Nutzung und der politisch-programmatischen Darstellung.

6.6 Identität durch Grenzen

Die chinesische Kultur und die in dem Film dargestellten Merkmale veranschaulichen den indirekten Einfluss auf die gesellschaftliche Kommunikation und den Veränderungspfad von Wirtschaft, Recht und dem politischen Zentrum sowie auch der Wissenschaft. Es ist hervorzuheben, dass von den einzelnen Merkmalen wie der Unterordnung unter die Gruppe und Indifferenz gegenüber den personellen Regungen nicht die Folgerung gezogen werden kann, dass das politische

Zentrum eine Diktatur und die Modernisierung des Wirtschaftssystems ein rätselhaftes Geschehen ist. Jedoch tragen die Merkmale fortlaufend zum Aufbau und der Veränderungen der gesellschaftlichen Teilbereiche bei, indem sie einen mittelbaren Einfluss ausüben. Dieser indirekte Einfluss realisiert sich über die Erschließung der Welt als die fortlaufende Anpassung an den Wandel und über die Grenzziehung zwischen den Gruppen, da sie eine Ordnung der Unordnung herbeiführen, die nicht egalitär geregelt ist.

Die kulturelle Selbstbeschreibung der Chinesen dient ihnen als eine Grenzziehung. Sie stabilisiert die Kommunikation der Gruppen und verteilt die emotionale Solidarität. Die Unterordnung unter die gemeinsame Herkunft und Zugehörigkeit wirkt sich dabei ausgleichend auf Konflikte und Spannung dahingehend aus, dass sie bei den davon Betroffenen ungeteilte Zustimmung findet. Insofern gilt für die chinesischen Selbstbeschreibung der daoistische Satz: Kein Yin ohne Yang. Ein solcher Zustand wird gegenüber einer nicht berechenbaren Unordnung vorgezogen. Insofern verfügen die Chinesen im kollektiven Gedächtnis über mehr Einsichten und es ist nicht erforderlich, eine gerechtere Ordnung herbeizuführen. Die gesetzte Ordnung wird angenommen und dient der Orientierung. Zu diesem Verständnis gelangen sie durch die Einsicht, dass die Wahrheit den unterschiedlichen Perspektiven unterliegt, die aus jeder Sichtweise anerkannt werden kann.

Die chinesische Kulturgrenze war der Außenbereich, der nicht überschritten wurde und der zugleich zur Stabilität im Inneren beitrug. Innerhalb dieser Grenze kämpften stets unterschiedliche Gruppen um die Vorherrschaft und es kam auch zu Spaltungen des chinesischen Reichs. Die Auseinandersetzung führte zu Veränderungen, die Vor- aber auch Nachteile mit sich brachten. Das ist deshalb hervorzuheben, da der Wandel nicht durch den Grenzverkehr mit Anderen oder der Beobachtung von Anderen herbeigeführt wurden. China gilt als das Reich der Mitte und die Mitglieder der chinesischen Gesellschaft orientieren sich an den Ahnen als das gemeinsame Zentrum. Das enthält eine gewisse Selbstgenügsamkeit und wird auch daran anschaulich, wenn der chinesische Kaiser den englischen Handelsvertreter am Vorabend des ersten Opium Kriegs mit den Worten zurückweist: „Wir brauchen Eure Produkte nicht." Diese Selbstbezüglichkeit ist ein Schutz vor nicht-steuerbaren äußeren Einflüssen und deren Folgen. Zugleich enthält sie die Gefahr der Stagnation und der Veränderungsfeindlichkeit. Das erklärt auch die spezifische Problemlösungsstrategie der konservativen Anpassung an Veränderungen. Insofern werden die Spannungen und Konflikte zwischen dem Zentrum und den Grenzbereichen nicht durch politische Innovationen gelöst. Erst die nationalistische und kommunistische soziale Bewegung gestaltete das politische Zentrum in Richtung auf einen Nationalstaat um. Die innergesellschaftlichen Konflikte werden somit keiner Lösung zugeführt, sondern sie wiederholen sich stets unter unterschiedlichen Voraussetzungen. Das erfordert von den Beteiligten eine Aufnahme- und Anpassungsfähigkeit, welche die Konflikte und die damit verbundenen Spannungen absorbieren. Es ist eine Eigenart des Programms der chinesischen Kultur, dass sie die Bewältigung von Situationsimperativen eher am Nicht-Handeln, als am instrumentellen Eingriff und den Handlungszielen bemisst. Das Nicht-Handeln soll dabei die noch nicht erkannten Möglichkeiten des Handelnden entdecken, die durch den fortlaufenden Wandel bedingt sind. Die chinesische Gesellschaft ist es gewöhnt, mit Konflikten zu leben. Sie ist im Unterschied zum Westen gerade nicht daran interessiert, sie einer Lösung zuzuführen.

Bei der chinesischen Kultur handelt es sich nicht um einen Gegenstand, der über seine charakteristischen Eigenschaften zu verstehen ist. Sie lässt sich auch nicht direkt beobachten oder an einzelnen Symbolen erschließen. Vielmehr ist die chinesische Kultur als eine nicht sichtbare Klammer zu verstehen, die typische Bestandteile der chinesischen Gesellschaft, aber auch ihre Paradoxien und Konflikte, verbindet und stets neu hervorbringt. Diese Klammer erlaubt das Verbinden und auch das Trennen von sozialen Gruppen. Das Spezifische an der chinesischen Kultur sind die Wechsel zwischen Einschließen in und Ausschließen von Mitgliedern aus der gesellschaftlichen Kommunikation. Dieser Ausschluss vollzieht sich über ihre Nichtwahrnehmung und Nichtberücksichtigung bei der Interessenverfolgung. Die Trennlinie des Ausschluss erfolgt über die Prestigeordnung. Dabei ist bemerkenswert, dass die unterschiedlichen Statusgruppen weniger restriktiven Kommunikationsregeln unterworfen sind. Für den westlichen Beobachter vermag dieses Form der Kommunikation manchmal an Hartherzigkeit grenzen. Obwohl Prestigegrenzen sehr hart und einschränkend sind, können sie doch überwunden werden. Das ist ein Ansatz für das starke Bildungsbemühen und der Antrieb zur generationsübergreifenden Veränderung zur höheren Prestigestufe.

Man könnte geneigt sein, diese Charakterisierung nicht nur für die chinesische Gesellschaft als typisch zu halten. Bei einer näheren Beschreibung dieser Einschluss- und Ausschlussvorgänge fällt aber auf, dass die dadurch gebildeten Grenzen von längerer Dauer sind. Eine Grenzverschiebung, wie sie in westlichen Gesellschaften durch Berücksichtigung unterschiedlicher sozialer Gruppen für Karrieren und eine Veränderung der Mitgliedschaftsbedingung charakteristisch ist, finden in China keine Anwendung. Der Ein- und Austritt erfolgt über eine ‚Brücke', welche die Grenze bestehen lässt, die aber dennoch einen Wechsel von innen nach außen erlaubt. Diese kommunikative ‚Brücke' wird durch Netzwerkvertreter gebaut, die für die Einhaltung der Bindungen an die jeweilige soziale

6.6 Identität durch Grenzen

Gruppe sorgen. Sie führen zugleich die neuen Mitglieder in die Erwartungserwartungen der Gruppe ein. Dadurch versorgen sie die Netzwerke wiederum mit den erforderlichen personellen Ressourcen. Die sozialen Gruppen sind oft an einer Erweiterung ihrer Mitgliedschaftsgruppe interessiert, da sie ihre Interessenverfolgung begünstigen. Durch die Vorgehensweise bei der Neuaufnahme von Gruppenfremden können sie zugleich ihre Statusordnung aufrecht erhalten. Aus der Außenperspektive stellt sich diese Vorgehensweise als ein Land mit undurchlässigen Grenzen und mit vielen Tunneln dar.

Die Frage nach der Kultur einer Gesellschaft ist immer auch zugleich eine Frage nach ihrer sozialen Ordnung. Die chinesische Kultur lässt sich am Besten durch den Symbolgehalt des Ausdrucks „Alle unter einem Himmel" charakterisieren. Er enthält die wesentlichen Bestandteile, die sich in der chinesischen Gesellschaft trotz ihrer großen Umbrüche erhalten haben. „Alle unter einem Himmel" bedeutet, dass die chinesische Gesellschaft ein Kollektiv ist, das unter einer übergeordneten Instanz steht. Damit wird nicht gesagt, dass alle Mitglieder der Gesellschaft den gleichen sozialen Rang haben oder auf einen solchen einen Anspruch erheben dürfen. Ferner bedeutet dieser Ausdruck, dass eine Ordnungsbildung stattfindet, die durch die gemeinsame Umwelt beeinflusst ist. Für Chinesen haben historische Grenzziehungen eine besondere Bedeutung. Das gilt auch in ihrer modernisierten Nahwelt. Wenn ein Chinese ein Haus baut, so ist für ihn vor allem die Umgrenzung wichtig. In den Grenzen seines Hauses kann er sich sozial verorten. Insofern ist die chinesische Außenpolitik gegenüber Grenzverletzungen und Autonomieansprüchen besonders empfindlich, zum Beispiel von Seiten Tibets und dem moslemischen Bevölkerungsteil in Xinjiang. Zugleich zeigen sich Chinesen unbeeindruckt und desinteressiert von den Geschehnissen und Abläufen, die hinter dem „Himmel" stattfinden. Das hat zur Folge, dass die Grenzziehungen in der Gesellschaft in bestimmten Bereichen total stattfinden, da sie von der Beobachtung ausgeschlossen werden. Historisch waren die chinesischen Kaiser und ihre Verwaltung darauf bedacht, Chinas Grenzen nicht über ihre Kulturgrenzen auszudehnen. Das unterscheidet sie vom Mongolenreich.

Um die chinesische Kultur zu verstehen, ist es wichtig sich ihren *Zugang* zur Welt zu verdeutlichen. Das gilt für ihre Problemschließung, ihre Wissensgewinnung, ihre Weitergabe und ihre Konfliktbewältigung. Bei diesem Zugang spielt die *Magie* eine besondere Rolle, da sie die Naturgesetze außer Kraft setzt. Sie werden durch unwahrscheinliche Lösungen von Problemen ersetzt, wie zum Beispiel dem Fliegenkönnen. So wie der Magie auf zukünftige Ereignisse gerichtet ist, ist die *Zufälligkeit* für die Beschreibung von Zusammenhängen aus der Gegenwart und der Vergangenheit charakteristisch. Das ist insofern von besonderer Relevanz, da diese Vorgehensweise stets die Ursachen und die Wirkungen relativiert. Das geschieht zum Einen durch die Hinzunahme von Einflussfaktoren und zum anderen durch ihre unterschiedliche Gewichtung, die Umkehrung von Ursache und Wirkung. Ein gutes Beispiel dafür sind die Vorliebe für Verschwörungstheorien. Damit verbindet sich eine Einsicht in die *kosmische Ordnung* dessen Teil alle Lebewesen sind. Die kosmische Ordnung besteht in einer Harmonie, im Sinne eines Ausgleichs von Unterschieden. Nach der chinesischen Vorstellungswelt enthält jeder Protagonist seinen Antagonisten, damit enthält jedes Merkmal auch sein Gegenmerkmal. In den Polen *gut* und *böse*, enthält das Gute auch das Böse und das Böse enthält auch etwas Gutes. Eine solche Sichtweise erschließt sich derjenige, der, so wie die Chinesen, in *Kreisen denkt*.

Die chinesische Kultur zeichnet sich durch die Beständigkeit der Zugangsmechanismen zu sozialen Gruppen aus, das heißt, der Zugang erfolgt durch Vermittler und Bürgen. Dazu gehört, dass die Status- und Prestigeordnung als fortlaufend gewährleistet angesehen werden. Die Mitglieder und die Erwartungserwartungen orientieren sich somit an dem Fortbestehen der sozialen Ordnung, die nur einen kleinen Veränderungsspielraum zulässt. Hinter dieser formalen Strenge verbergen sich jedoch hohe Veränderungspotenziale durch überschneidende Mitgliedschaften und sich auch verschiebende Erwartungserwartungen. Das geschieht nach dem Motto: Wo am wenigsten möglich scheint, ist der größte Spielraum zu realisieren.

In der chinesischen Kultur haben die Elemente überdauert, die am Anpassungsfähigsten und am Ausdeutbarsten waren. Aus der Verbindung der sozialen Netzwerkordnung und der überzeitlichen Orientierung der Selbstbeschreibung der chinesischen Kommunikation ergibt sich ein bestimmtes Muster ihres Zeitverständnisses. Von der Distanz aus betrachtet gelingt es in China mit dem Paradox einer sehr langen Zielorientierung und der stark veränderbaren Kurzorientierung umzugehen. Das Verbindungsstück zwischen beidem ist die Vergangenheitsperspektive. Die Chinesen beschreiben sich als eine ewige bestehende Zivilisation mit einer kontinuierlichen 5.000 jährigen Geschichte, in der sie sich die Höhepunkte der zivilisatorischen Entwicklung zuschreiben. Im gleichen Atemzug heben sie hervor, dass sich China in den vergangenen 30 Jahren in einem solchen erheblichen Maße verändert hat, dass es nicht mehr wiederzuerkennen sei. Insofern sind schnell eintretende Veränderungen ebenso möglich wie auch eine Stagnation, da die eintretenden Veränderungen in dem globalen Wirtschaftssystem und dem politischen System nicht vorhersehbar sind. Das gilt auch entgegen den Erwartungen und entgegen der besseren Einsicht der Beteiligten.

Die kollektive chinesische Identität speist sich aus der Metaerzählung der Vereinheitlichung der Herkunftgemeinschaft, den Vorfahren, die letztlich aus wenigen hervorgingen. Man weist auch noch heute direkte Nachfahren des Meisters

6.6 Identität durch Grenzen

Konfuzius vor. Sie beinhaltete die Grenzziehung, die so ohne Weiteres nicht veränderbar ist und einen festen Platz für Mitglieder innerhalb und Nicht-Mitglieder (Barbaren) außerhalb vorsieht. Aus der Orientierung an die Vereinheitlichung folgt auch immer wieder eine Grenzverschiebung, um andere Ethnien zu berücksichtigen. Daher ist ein weiterer charakteristischer Punkt der chinesischen kollektiven Identität der Umbau und die Anpassung an die veränderte Situation. Die Gründe für die Vereinheitlichung können und werden immer nach dem Betrachtungspunkt variiert, indem die Gemeinschaft, die Abstimmung, die Tradition, die Gebräuche, die religiösen und weltanschaulichen Überzeugungen hervorgehoben werden, um Unterschiede der Ethnien, der Religion und Herkunft zu verdecken. Die Mitgliedschaft zum chinesischen Kulturkreis variiert dann auch an diesem Punkt. Man kann sagen, sie oszilliert zwischen einer stabilen und nicht erweiterbaren Herkunftsgemeinschaft und dem Erweiterungsanspruch der überlegenden Kultur, der Gesellschafts-, Wissenschafts- und Militärordnung. Die Niederlagen und Widersprüche, die aus dieser Betrachtung resultieren, werden durch Ausschluss und Negation gebildet. Das hat zur Folge, dass das kulturelle Gedächtnis sehr viele Lücken hat. Es konstruiert sich in der Gegenwart mit der Gewissheit des Siegers oder Verlierers, ohne die Umstände und Folgen im Einzelnen rekonstruieren zu können.

Der sozio-kulturelle Hintergrund Chinas mit seiner Ordnungsvorstellung wiederholt sich auch im Aufbau der Teilbereiche der chinesischen Gesellschaft mit dem politischen Zentrum, dem Wirtschafts-, Rechts- und Wissenschaftssystem in derart, dass die Hierarchien als ordnungserhaltende Elemente geschätzt und nicht hinterfragt werden. Es erlaubt auch starke Abgrenzungen gegenüber Nichtmitgliedern, die nicht zu dem Bezugsrahmen gehören. Das betrifft die Autorität des Vorgesetzten in den Unternehmen, des akademischen Lehrers, die politischen Autoritäten somit generell prestigereiche Positionen. Von ihnen erwartet man zugleich, dass sie einem nützlich sein könnten. Bei allen Veränderungen in den Teilbereichen, die im Aufbau ihrer funktionalen Eigenlogik folge, in dem das politische Zentrum auf Macht und Einfluss, das Wirtschaftssystem auf Zahlung und Nichtzahlung, das Rechtssystem auf Recht und Unrecht und das Wissenschaftssystem auf Wahrheit und Unwahrheit abzielen, stellt sich eine Verbindung zu diesem Ordnungsprinzip in derart ein, dass es unterhalb der Ebene der formalen Organisationen die Kommunikation und die Interaktion der Teilnehmer in eine Ordnung drängt, die auf den Gesamtaufbau des Teilbereichs einen indirekten Einfluss haben. Das hat zur Folge, dass sachliche Problemlösungen in Politik, Wirtschaft, Recht und Wissenschaft immer auch von dem sozialen Rahmen, in dem sie verhandelt werden, abhängig sind. Diese Form der Problemlösung ist bei den vielen Veränderungen durch die Modernisierung Chinas erhalten geblieben.

Die kosmologische Ordnungsvorstellung in China als sozio-kultureller Hintergrund ist nicht nur in seiner gegenwärtigen ideengeschichtlichen Ausprägung von Bedeutung, sondern sie hat auch einen engen Bezug zu dem sozialen Rahmen der kollektiven Identität. Bei aller hierarchischen Ausdifferenzierung bildet die kollektive Identität, die Abgrenzung zu Anderem, einen Rahmen, in dem sich die Ordnungsvorstellungen ausbilden und erhalten, ohne an den Rändern zu zerfasern und damit in Gänze zu zerfallen. Damit ist der sozio-kulturelle Hintergrund ohne den Erhalt der kollektiven Ordnung nicht von Dauer. Insofern haben wir uns danach zu fragen, welche Rolle die kollektive Identität der Chinesen spielt und wie sie konstruiert ist.

Alle unter einem Himmel 7

7.1 Schutz nach außen durch innere Einheit

„Alle unter einem Himmel" ist eine Formel für die kollektive Identität, die zur Selbstbeschreibung der chinesischen Gesellschaft gehört. Sie enthält zugleich auch ein politisches Programm. Es betrifft dies auch die Frage, die sich im Zuge der Modernisierung den Chinesen stellte: „Was macht Chinesen zu den Chinesen?" Es ist vermutlich nicht ganz zufällig, dass diese Frage nach den durch die westliche Okkupation in der zweiten Hälfte des 19. Jahrhunderts, dem Bürgerkrieg von 1927–49, der japanischen Besetzung der Mandschurei und den durch den Maoismus herbeigeführten Katastrophen sowie den damit einhergehenden Traumatisierungen der chinesischen Bevölkerung durch die Rückwendung auf die Einmaligkeit der chinesischen Zivilisation und die Herstellung der Einheit Chinas beantwortet wird.

Die kollektiven Identitäten legen die Zugehörigkeit zu den sozialen Gruppen und der Gesellschaften fest, die mehr oder weniger verallgemeinert sein kann. Sie gehört auch zu dem kollektiven Gedächtnis, das erinnert, aber auch vergisst. In der chinesischen Modernisierung gewinnt die kollektive Identität der Chinesen an Bedeutung, da sie auf eine spezifische Art und Weise die Grenze zwischen innen nach außen auf eine nicht-beabsichtige Weise zieht. Wir dürfen diese Identität aber nicht als einen monolithischen Block beschreiben, sondern sollten sie als Prozess verstehen, welcher die Innengrenze beschreibt und nach außen ein Selbstbild kommuniziert. Eine kollektive Identität schwebt nicht frei in Raum und Zeit. Sie bedarf immer einer Einbindung in die gesellschaftliche Kommunikation und dadurch ihrer Beobachtung.

Wir können dies auch so formulieren, durch die Kennzeichnung der kollektiven Identität setzen sich die Gesellschaftsmitglieder der Beobachtung aus. Die kollektiven Identitäten setzen einen Beobachter voraus, der die Kommunikation der kollektiven Identität beobachtet. Insofern handelt es sich dabei um einen beobachtungsabhängigen Begriff. Das heißt nicht, dass die kollektiven Identitäten fiktiv sind. Sie wird mit Symbolen und Ritualen kommuniziert, die den Beobachtern und Teilnehmern an Kommunikationen als objektiv gegenübertreten.

Der Zusammenhang zwischen Wandlungsfähigkeit und Stabilität liegt in der chinesischen Gesellschaft im Ineinandergreifen von sozialen Netzwerken und der kollektiven Identität ihrer Mitglieder. Ausgehend von der Funktion der kollektiven Identität stellen wir zuerst dar, wie eine soziale Selbstidentifikation und der damit einhergehende Zusammenhalt unter sich verändernden Voraussetzungen der chinesischen Modernisierung hergestellt werden. Das führt uns zur Konstruktion und Selbstbeschreibung der chinesischen kollektiven Identität, die nicht starr erfolgen kann, da sie fortlaufend die alte Ordnung und neu hinzukommende Bestandteile abzustimmen hat. Das gelingt durch die Reorganisation und die Zulassung von Unterschieden. Es sind gerade die sozialen Netzwerke, die sowohl die Gemeinsamkeit der Mitgliedschaft und der Interessenverfolgung, aber auch die Vielfältigkeit der Zugehörigkeiten zu sozialen Gruppen in der chinesischen Gesellschaft ermöglichen. In den sozialen Netzwerken zählt man nur als Mitglied und die Stärke der einzelnen Mitglieder besteht in ihrer Ressourcenzusammenlegung. Insofern ist zu verdeutlichen, dass die Interessenverfolgung nur in einem Netzwerk durchführbar ist. Das gehört in China zu den kommunikativen Selbstverständlichkeiten.

Die Selbstbeschreibung der kollektiven Identität der chinesischen Gesellschaft stützt sich auf die Kontinuitätsthese einer über Jahrtausende alten Zivilisation, die sich immer wieder gegenüber zwischenzeitlich siegreichen Barbaren durchsetzte. Die Kontinuitätsthese nimmt eine gegenüber dem Westen andere Zeitperspektive ein. Im Westen vergessen wir die Vergangenheit und sind zukunftsorientiert. Die Zukunftsorientierung bildet sich im Kontrast zu der Vergangenheitsperspektive aus. Sie hatte oft eine utopische Orientierung, die sich aus religiösen und philosophischen Ideen speist. Das chinesische Ideal liegt hingegen in der Vergangenheit, wobei durch die Orientierung an der Vergangenheit die gegenwärtige die Zukunft zu erreichen ist. Insofern ist die Reorganisation des politischen Systems unter Mao Zedong eine besondere Ausnahme von dieser Regel, da er die Gesellschaftsutopie für die chinesische Gesellschaft aus dem Westen übertrug. Die Misserfolge seiner Modernisierungsversuche, wie zum Beispiel der „Große Sprung nach vorn" und die Kulturrevolution, ließen die Eliten von dieser Vorstellung wieder abrücken.

Die Selbst- und Fremdbeschreibung der chinesischen Gesellschaft formuliert eine symbolische und kommunikative Grenze der Mitgliedschaft. Sie hat eine Innen- und eine Außenseite. Für die Selbstbeschreibung der kollektiven Identität der Chinesen ist es wichtig, dass sie sich als eine Herkunftsgemeinschaft beschreibt. Chinesen werden in fremden Gesellschaften immer als Chinesen identifiziert und ihnen werden damit bestimmte ethnische, kulturelle und politische Eigenarten zugeschrieben. Das ist insofern wichtig, da die kollektive Identität der Chinesen sich über die politischen Staatsgrenzen Chinas und Taiwan hinaus erstrecken. Sie besteht auch in der westlichen Gesellschaft fort, obwohl sie schon über Generationen in anderen Gesellschaften leben. Besonders offensichtlich ist das in den südpazifischen Staaten und in Nordamerika. Damit ist die Fremdzuschreibung angesprochen, die sich immer auf die Gesellschafts- und Kulturgeschichte Chinas bezieht und von der sich die chinesischen Immigranten nicht lösen. Das Festhalten an dieser Beschreibung ist für sie auch eine Orientierung. Dazu gehört, dass sie sich als eine unverständliche Kultur beschreiben. Das erlaubt ihnen beides, eine Abgrenzung und eine Anpassung ihrer Interessen.

Die kollektive Identität der Chinesen wird durch soziale Netzwerke getragen, die das Verbindungsstück in der gesellschaftlichen Kommunikation sind. Sie sind nicht nur durch die Nahwelt und die symbiotischen Arrangements zu erklären, wie zum Beispiel der Wahrnehmung, der Bedürfnisbefriedigung und der Stabilisierung von kleinen sozialen Systemen. Insofern ist eine Antwort darauf zu geben, wie die kollektiven Identitäten und die Netzwerke zusammenspielen. Die sozialen Netzwerke erlauben die Aufrechterhaltung von charakteristischen Kommunikationsstrukturen, durch die sich die kollektiven Identitäten fortlaufend verändern und neu formieren. Die kollektive Selbstidentifikation kann aber auch Konflikte und harte Ausschlüsse beinhalten. Aus ihr folgt auch keine Unterstützung aller Chinesen im Sinne des westlichen Sozialstaatsmodells. Das belegt die chinesische Geschichte und die Instabilität des chinesischen Reiches, das immer wieder durch Bürgerkriege bedroht war und sich in mehrere Teile spaltete. Kollektive Identitäten dürfen nicht mit ihrer politischen Beschreibung verwechselt werden. Diese sind Kommunikationsprogramme, mit denen das politische System einen Teil seiner Interessen verfolgt.

7.2 Stärke in der Schwäche

Der Ausgangspunkt für die Selbstbeschreibung der Chinesen ist die rückbezügliche Kontinuität als eine ungebrochene Traditionslinie, die über Jahrtausende in die Vergangenheit verlängert wird. Dabei wird vor allem auf die

Unveränderbarkeit der chinesischen Zivilisation Bezug genommen, wie zum Beispiel der chinesischen Schriftsprache. Der eingetretene soziale und kulturelle Wandel, wie die Veränderung der chinesischen Schriftzeichen, wird ausgeblendet. Daran wird ein wesentliches Merkmal der chinesischen Kultur deutlich, welches in der rückbezüglichen Anpassung besteht. Zudem erlaubt ein solcher Schritt eine selektive Geschichtsauffassung. Sie greift nur auf prosperierende Epochen der chinesischen Gesellschaftsgeschichte zurück. Für die Selbstbeschreibung werden vorzugsweise solche Epochen gewählt, in denen die Ausdehnung des chinesischen Kaiserreichs besonders groß war und eine Überlegenheit gegenüber angrenzenden Gesellschaften bestand, zum Beispiel die Tang-Dynastie und die Ming-Dynastie. Der Ausgangspunkt der verheerenden Niederlagen dieser Epochen, wie die Niederlage gegenüber den Mongolen oder gegenüber westlichen Staaten im 19. Jahrhundert, wird ausgeblendet.

Die kollektive Identität dient in der gesellschaftlichen Kommunikation dazu, Solidaritätsgrenzen festzulegen und innere Konflikte zu verarbeiten. Es handelte sich bei dieser Solidarität um keine enge Bindung, die im Westen zum Aufbau eines Wohlfahrtstaatsprogramm geführt hat, sondern um eine mythische Einheit, in der Schicksal und Chancen verteilt werden. Durch ihr Leiden werden die Mitglieder ebenso aneinander gebunden, wie durch die Verwirklichung des neuen Wohlstands. Ein wesentliches Merkmal der chinesischen Kollektividentität ist die Akzeptanz von Leiden als einer schicksalshaften Notwendigkeit und als Weg zum Glück. Das Leiden kann auch eine oder zwei Generationen betreffen, wenn es den Nachfahren zu mehr Wohlstand und Glück verhilft. Es gehört deshalb zur kollektiv Identifikation, dass das Leiden als eigene Stärke angenommen wird. Das Prinzip des Leidens verbindet sich mit dem Prinzip der Legitimation durch Erfolg, als dessen Umkehrung. Wer den Wandel herbeiführt, dem steht der Anspruch auf Achtung zu. Aus dieser Sicht wird im Verlauf der Zeit das Leiden des Einzelnen nur zu einer unbedeutenden Notiz in der ewigen heroischen Geschichte der chinesischen Zivilisation.

Für die chinesische Identität ist ihre Selbstbezüglichkeit und die Herausstellung ihrer Einmaligkeit charakteristisch. Sie wird dadurch gesteigert, dass sie sich nicht mit Fremdem vergleichen. Durch die Orientierung an der eigenen Gesellschaft werden alle Erscheinungen, die die chinesischen Gesellschafts- und Kulturgeschichte kennt, zu „rein" und „unvergleichlichen" chinesischen Merkmalen. Das wird auch an dem Festhalten an der traditionellen chinesischen Medizin und der chinesischen Philosophie deutlich, die nach der Auffassung der Chinesen kaum hinter westlichen Systematisierungen und Entwicklungen zurücksteht. Daran wird auch die Blockade der chinesischen Problemlösungen bei ihrer Modernisierung und die begrenzte Fähigkeit zur Systematisierung deutlich, die sich auch im Wissenschaftssystem fortsetzt. Aus der chinesischen Beobachtung bleibt den Chinesen Fremdes unzugänglich, da die Erschließung von Unbekanntem nur über die Analogie mit dem Kontextbezug zum Chinesischen erfolgt. Darin besteht der blinde Fleck ihrer Beobachtung, da sie nur das erkennen, was sie von sich selbst wissen und in Erfahrung bringen können. Das mag auch der Ausgangspunkt dafür sein, dass die Chinesen nicht vornehmlich den Kontakt zu Fremden suchen und selbstgenügsam sind. Das ist für die chinesische Identität von besonderer Bedeutung, da dadurch erfassbar wird, warum und wie sich die chinesische Selbstbeschreibung von innen her gegenüber Anderem abschirmt und die eigene Selbstbeschreibung erhält. Die chinesische Identität ist somit eine Selbstbeschreibung, die auf sich selbst aufbaut und sich selbst zum Vorbild nimmt.

Die chinesische Selbstidentifikation als eine Seinszuschreibung beinhaltet stets das Außergewöhnliche des Gewöhnlichen und seine Fortschreibung. Dabei liegt dem Sein der Welt nach der chinesischen Überzeugung keine Entität oder immanente Eigenschaft zugrunde, sondern ein prozesshafter Vergleich im Hinblick auf eine selektive Beobachtung. Insofern ist die kollektive Identität der Chinesen nicht durch eine Aufzählung von Merkmalen zu bilden, sondern als ein Abgrenzungsprozess der fortlaufend vorgenommen wird, zu verstehen. Dieser Abgrenzprozess vollzieht sich auf Grundlage der Selbstbeobachtung und setzt damit in Schleifen die chinesische Perspektive fort.

Diese Verfassung wird an der überstaatlichen kollektiven Identität der Chinesen erkennbar, da die chinesische Identität sich weder an eine Willensgemeinschaft im Sinne einer staatlichen Ordnung, sei es Monarchie oder repräsentative Demokratie, noch an staatspolitischen Grenzen orientiert. Die chinesische Identität bindet sich an eine kollektive, aber politisch definierte, Herkunftsgemeinschaft. Das ermöglicht es auch Personen mit chinesischer Abstammung, die in anderen Gesellschaften leben, sich als Chinesen zu fühlen und zu beschreiben. Über die Herkunft ihrer Ahnen ziehen sie die Verbindung zur chinesischen Gesellschaft, auch wenn sie lokal weit von ihr entfernt sein mögen. Daran erkennen wir einen weitgehenden Unterschied zur westlichen Gesellschaft. Die chinesischen Ahnen und ihre Personalisierung sperren sich gegenüber der westlich humanistischen Abstraktion des Menschen als der abstrakten Einheit eines Wesensmerkmals und als der allgemeinen Menschenvernunft. Das chinesische Kollektiv wird stets als die Herkunft seiner Ahnen und damit als seine eigene Herkunft beschrieben. Ein markantes Beispiel für diesen Punkt waren die Demonstrationen von chinesischen Immigranten in Australien 2008, die gegen den „terroristischen" und „staatszersetzenden" Aufstand der chinesischen Minderheit protestierten und damit auch ein Gegengewicht zu der westlichen Öffentlichkeit bildeten.

7.3 Ordnung des Heterogenen

Bei der Beschreibung der Funktion der chinesischen kollektiven Identität ist im Blick zu behalten, dass die chinesische Bevölkerung multi-ethnisch zusammengesetzt ist. Die Selbstbeschreibung als Ethnie ist eine Grenzziehung und zugleich eine Beschreibung einer kollektiven Identität. Die kollektiven Identitäten müssen aber keine konfliktreichen Kommunikationen auslösen, und sie müssen sich auch nicht gegenseitig ausschließen. Traditionell waren die Han-Chinesen die dominierende Ethnie. Ihr gehörten 95 Prozent der Gesamtbevölkerung an. Das strukturelle Problem der chinesischen Gesellschaft der Kaiserzeit war es, einen Ausgleich zwischen Zentrum und Peripherien herzustellen. Das war geschichtlich nicht durchgängig erfolgreich. Die soziale Ordnung war auf den Kaiser als Sohn des Himmels zentriert, dem die Rolle des Ausgleichs in der Kommunikation mit der kosmischen und der sozialen Ordnung zukam. Die Integration der gesellschaftlichen Kommunikation vollzog sich durch einen Paternalismus und den Ahnenkult. Insofern stellten sich für die chinesischen Eliten nicht das Problem der kollektiven Identität der Gesellschaftsmitglieder, da beides nebeneinander bestand, die daoistischen sozialen Gemeinschaften und der Konfuzianismus als Herrschaftsetikette. Der Konfuzianismus wurde deshalb auch als ein rationalisierter Traditionalismus bezeichnet, der sich den dynamischen Lebensbereichen anpasste. Er lies sie bestehen, und sie wurden nicht von außen verändert. Damit ging einher, dass durch die intellektuellen Eliten die chinesische Kultur als überlegen beschrieben wurde, die sich von Barbaren umgeben sahen. Die Überlegenheit der chinesischen Kultur liegt in der Etablierung einer Herrschaftsordnung, die durch den Konfuzianismus getragen wurde. Es stellt sich weniger die Frage nach einer gerechten Verteilung des politischen Einflusses, sondern vielmehr ist jede Herrschaftsordnung einer Willkür von Personen und Gruppen vorzuziehen, zum Beispiel von Warlords und ihren Erzwingungsstäben.

Dieses Problem konnte in China nur vorübergehend gelöst werden. Es waren die Erfahrungen aus den letzten Jahrzehnten des Kaiserreichs, in denen das politische System dem Westen unterlag. Die Schwäche der „überlegenen Kultur" wurde auf das Fehlen eines Nationalstaats zurückgeführt. Es waren gerade die zahlreichen Sonderprivilegien zur Zeit der Besetzung Chinas durch die Briten, Franzosen, Amerikaner, Japaner und Deutsche im 19. Jahrhundert, die eine wirtschaftliche Entwicklung verhinderten. Für die regionale Modernisierung galt daher, sich auf das politische Zentrum und damit auf die internationale Einflussnahme im politischen System der Weltgesellschaft im Bedarfsfall zu stützen und aus dieser Position die Verhandlung mit ausländischen Investoren zu führen.

Die chinesische Modernisierung hat die Biografien und die Lebensformen in der chinesischen Gesellschaft weitgehend verändert. Daraus folgt aber nicht, dass sich in der chinesischen Gesellschaft ein westlicher Individualismus verbreitete. Der Wandel der Alltagsgestaltung betrifft die wirtschaftlichen Erfolgschancen, das Setzen von wirtschaftlichen Anreizen, eine Veränderung der Pflichten und der Solidarität, des Familienbildes (Einkindehe) und damit einhergehend der Geschlechterrollen. Insgesamt ist zu erkennen, dass die Chinesen über ein neues gesteigertes Selbstbewusstsein verfügen. Sie sind auf ihre wirtschaftliche Modernisierung stolz und verstehen sie als Folge der Überlegenheit der chinesischen Kultur. Bei all diesen Veränderungen sind aber charakteristische Merkmale der kollektiven Identität erhalten geblieben. Das wird dadurch verständlich, wenn wir im Blick behalten, durch welche Kommunikationsstrukturen ihre kollektive Identität erhalten wird. Zu dieser Kommunikationsstruktur zählt die Vermeidung von Konflikten, die Einbindung und das Erhalten der sozialen Netzwerke, das Verstehen durch Analogie und Schleifen anstatt durch Abstraktion, aber auch die Orientierung an der Tradition. Insofern ist die moderne kollektive Identität als ein Hybrid aus Vergangenem und Neuem gebildet worden, indem die Kommunikationsstrukturen erhalten blieben und neue Lebensformen hinzukamen. Durch die kollektive Identität gelingt es den Chinesen sich von Fremden abzugrenzen. Damit stabilisiert sich die chinesische Gesellschaft nach innen. Das führt auch dazu, dass sie eine unterschiedliche Beobachtung von innen und außen vornehmen. Das hat zur Folge, dass Verantwortung und Irritationen unterschiedlich zugeschrieben werden. Für die chinesische kollektive Identität ist hervorzuheben, dass sie auch allgemeine Unterstützung von rückständigen Bevölkerungsteilen gewährleistet oder sie toleriert. Ein bekanntes Beispiel dafür ist die Investition und der Ausbau von Infrastruktur in den unterentwickelten Zentral- und Westprovinzen. Das betont zugleich die Bedeutung der Binnensolidarität, die im Kontrast zu universalistischen Ansprüchen steht.

Jeder für sich und doch gemeinsam zieht die Grenze in den chinesischen Kommunikationssystemen und ihrer solidarischen Integration. Sie bildet damit zugleich die Solidarität der Mitglieder der sozialen Gruppen aus. Die Identifikation der Gruppe wird in der Abgrenzung zu den Anderen hergestellt. Sie bezeichnet damit die hingewandte Seite. *Jeder für sich und doch gemeinsam* bedeutet die Identifikation mit der Gruppe, die sich an die gleichen historischen Ereignisse, Zugehörigkeiten und Ausgrenzungen erinnert und ihr eine vergleichbar hohe Bedeutung beimisst. Bei sachlichen Problemlösungen stehen der Austausch und damit verbunden die Formen der Kommunikationsgestaltung im Vordergrund. Auf der Suche nach gemeinsamen Interessen wird in China konfliktarm verfahren. Der Interessenverfolgung kommt dabei eine Priorität zu. Ein besonderes Merkmal dieser Kommunikationsgestaltung besteht darin, dass trotz der Dominanz der sozialen Netzwerke vor den sachlichen Problemlösungen, die

Solidaritätsausgestaltung mit den sachlichen Problemlösungen nicht verbunden ist. Sie können sich auch weitgehend unterscheiden. Die Solidarität in der chinesischen Gesellschaft erstreckt sich auf kleine Gruppen. Sie ist auf die Herkunftsfamilie und die eigene Verwandtschaft begrenzt. Ihre Freunde und Bekannte werden in Ausnahmefällen aufgenommen. In der Regel wird ihnen gegenüber stärker nach der gemeinsamen Interessenverfolgung verfahren. Die Beziehungsgestaltung in den sozialen Netzwerken eignet sich besonders gut dazu, da sie es erlaubt, die eigenen Interessen zu verfolgen, ohne sich in eine starke solidarische Bindung begeben zu müssen. Die Formen des Helfens sind eine bedarfsnahe Unterstützung, die auf gruppenspezifischen Besonderheiten beruhen. Mit der Gegenüberstellung dieser Form der Solidarität gegenüber den sozialstaatlichen institutionellen Lösungen erkennen wir eine Eigenart der chinesischen gesellschaftlichen Modernisierung. Diese Solidaritätsformen ermöglichen eine Konfliktverarbeitung, die in Übereinstimmung mit dem Entwicklungspfad der chinesischen Modernisierung steht.

Für die Konstruktion des Sozialen bedeutet die Innen-Außenunterscheidung, dass nur durch Grenzziehungen zwischen „gut" (Freund) und „böse" (Feind) eine soziale Ordnung als eine heilige Ordnung fortbestehen kann. Sie ist aber immer bedroht. Erst durch die Orientierung an der heiligen Tradition, die eine soziale Ordnung erhält, ist eine soziale Harmonie zwischen Gesellschaft und Kosmos herzustellen. Das erklärt auch die Rolle der Magie im chinesischen Denken und ihre Popularität. Die Kung-Fu (Gongfu)-Filme sind dafür ein gutes Beispiel. Durch Magie wird die Grenze zwischen innen und außen überschritten. Sie wirkt sich nicht im westlichen Sinn individualisierend aus, sondern bedeutet immer die Verneinung des Einzelnen als Einzelnen. Damit haben wir auch einen Schlüssel zur Konstruktion der kollektiven Identität der Chinesen und ihren Umgang mit Protest und Konflikten. Proteste und Konflikte sind nicht etwas, das einer Lösung zuzuführen wäre, sondern man lässt sie auf sich beruhen und ist ihnen gegenüber indifferent, genauso, wie gegenüber personalen Regungen und Aversionen, die den Gruppenerwartungen unterzuordnen sind.

7.4 Netzwerk: Einer von Vielen oder Keiner

Bei aller Stärke der chinesischen Kollektividentifikation handelt es sich bei der chinesischen Gesellschaft nicht, wie vielfach beschrieben, um eine kollektivistische im Gegensatz zu einer individualistischen Gesellschaft. Diese Beschreibung lässt im Unklaren, wie Kommunikationsprozesse in China verlaufen, welche Folgen sie haben und wie Chinesen ihre Interessen verfolgen. Es betrifft dies aber auch

7.4 Netzwerk: Einer von Vielen oder Keiner

das Verständnis von Inklusion und Exklusion und somit der Berücksichtigung der Personen an der gesellschaftlichen Kommunikation.

Die gesellschaftliche Kommunikation in China ist nicht individualistisch, sie ist aber auch nicht durch eine politische Planung, sondern durch die sozialen Netzwerke strukturiert. Es ist dabei hervorzuheben, dass es für die Teilnahme an einem Netzwerk nicht erforderlich ist, das gesamte Netzwerk zu kennen. Das können die Netzwerkteilnehmer auch nicht. Für die Kommunikation ist es nur relevant, dass über eine Ansprechperson ein indirekter Kontakt hergestellt werden kann. Insofern ist für die Netzwerkkommunikation nicht die Anhäufung von Kontakten wichtig, sondern die Verbindung zwischen zwei Netzwerkmitgliedern durch den indirekten Kontakt, der von einem Teilnehmer an dem Netzwerk eingeleitet wird. Es ist für die Netzwerkkommunikation somit charakteristisch, dass der indirekte Kontakt, der von einen Netzwerkteilnehmer hergestellt wird, den Kontakt zwischen den beiden anderen Netzwerkteilnehmern nicht kennt. Daran ist erkennbar, dass die Netzwerkkommunikation keine Hierarchie im Sinne einer Weisungskette ausbilden kann und nicht linear aufgebaut ist.

Gegenüber der immer wieder vertretenen Einschätzung sind die sozialen Netzwerke (Guanxi) im Zuge der chinesischen Modernisierung nicht verschwunden. Das Gegenteil ist der Fall. Gerade die Öffnung nach außen und die wirtschaftliche Umstrukturierung begünstigte die Expansion sozialer Netzwerke. Bei der Analyse der kollektiven Identität der Chinesen werden wir dann irregeführt, wenn wir sie an ihrer politischen Symbolisierung der politischen Kundgebungen auf dem Platz des Himmlischen Friedens, den Massendemonstrationen und den in Filmen dargestellten Rückblicken auf die chinesische Geschichte orientieren.

Der Begriff des Netzwerkes wird gegenwärtig in den Medien inflationär und unklar gebraucht. Mittlerweile denkt man an das Internet, vor allem an die Facebook-Kommunikation. Die Rede von Netzwerk hat zudem auch eine technische Bedeutung und bezieht sich auf die Kommunikation zwischen Computern und die Verbindung von Datenströmen. Wenn wir von sozialen Netzwerken sprechen, so ist im Unterschied dazu die Herstellung von sozialen Kontakten gemeint, die auf den Kontakten mit Anderen beruhen. Man kann diese Erweiterung von Kommunikation ohne eine direkte Beziehung zu der möglichen Kontaktperson so beschreiben, dass man einen Freund hat, der auch einen Freund hat. Der Freund des Freundes hat einen Freund und dieser hat wiederum einen Freund. Insofern besteht die Chance in einem sozialen Netzwerk, dass sie sich durch ein Und-so-weiter ausweiten kann. Informativ daran ist, dass sich über diese Freunde von Freunden die Kommunikation schnell erweitern lässt. Dabei sind, wie man das nennt, die indirekten *Ties* für das Finden von neuen Partnern entscheidend. Durch die Freunde der Freunde multiplizieren sich die Kontaktmöglichkeiten.

In der Vergangenheit wurden die Kommunikationen in China über die sozialen Netzwerke (Guanxi) geregelt. Mit der Modernisierung Chinas hat sich ihre Rolle verändert, ihre Relevanz ist jedoch in der gesellschaftlichen Kommunikation erhalten geblieben. Zur Zeit des maoistischen Chinas dienten die Netzwerke dazu, Versorgungsengpässe der Mangelwirtschaft zu kompensieren. Seit den 1990er Jahren übernahmen sie die Rolle der Vertrauensbildung und Informationsvermittlung im Wirtschaftssystem und zwischen dem Wirtschafts- und dem politischen System. Damit traten sie in eine Funktion ein, Konflikte zu regulieren, die durch das Rechtssystem nicht geregelt wurden. Zwar werden in China viele Gesetze erlassen, aber ihre Durchsetzung scheitert an der Qualifikation der Verwaltungsmitarbeiter und der Richter. Die Mitglieder der chinesischen Gesellschaft sind in einem weit größeren Ausmaß als im Westen von der Zugehörigkeit von sozialen Netzwerken abhängig. Über sie werden nicht nur die soziale Achtung und das Prestige verteilt, sondern sie gewährleisten auch die Vertrauenswürdigkeit und Zuverlässigkeit der Kommunikationsteilnehmer. So bürgt in gewisser Weise das Netzwerk für ihre Teilnehmer und schränkt damit zugleich die individuelle Willkür ein. Dadurch können die Mitglieder eines Netzwerks ihre Erwartungen in die Zukunft projizieren. Das ist insofern hervorzuheben, da westliche Besucher und Beobachter vor ihrem westlichen institutionellen Erwartungshintergrund beim Umgang mit Chinesen auf Probleme stoßen. Es ist deshalb für sie oft schwer, die Anschlussrationalität ihrer Kommunikation mit Chinesen zu gestalten. Es ist ein Merkmal der westlichen Gesellschaft als einer Grundsatzkultur, dass die Erwartungen und die Erwartungserwartungen für weitgehend alle Gesellschaftsmitglieder ihre Erfüllung beanspruchen. Das erlaubt eine höhere Stufe der Planung, die es so in China nicht geben kann und dort nicht durchzuführen ist.

In China ist im Unterschied dazu Planung von einer Integration in soziale Netzwerke abhängig. Sie sind so aufgebaut, dass sie im Kern von Familien- und Verwandtschaftsmitgliedern getragen werden und sich über Freunde, Kollegen, Bekanntschaftskreise und wirtschaftliche Interessengruppen erweitern. Das ist auch deshalb möglich, da keine enge Trennung zwischen der beruflichen und der privaten Kommunikation vorliegt, sondern vielmehr im Alltag möglichst viele Bereiche miteinander abzustimmen sind. Wenn man sich zu einem Essen mit Freunden trifft, so gehört dazu auch die Teilnahme der Kollegen und der Verwandten. Die Teilnehmer können bei den einzelnen Treffen variieren, sie werden aber im Fortgang ihre Kommunikation aufrecht erhalten, zum Beispiel der Kollege Zhang nimmt nur an jedem dritten Essen teil, trifft aber dabei andere Freunde seines Mitarbeiters. Das hat zur Folge, dass die sozialen Netzwerke sich ausdehnen und ihre Erweiterung qualifiziert verläuft. Daran erkennen wir, dass die Gestaltung der Kommunikation durch Netzwerke zugleich der sozialen Beobachtung und der Informationsbeschaffung dient. Man weiß, mit wem man es zu tun hat, ob man ihm vertrauen kann, ob er ein möglicher Partner ist oder ob er bei der Verfolgung der eigenen Interessen vielleicht hilfreich sein kann. Insofern nimmt ein Nicht-Mitglied vom sozialen Netzwerk die Teilnahme an den Kommunikationen als unsichtbare Grenze war, da es nur über die Informationsflüsse, die in den sozialen Netzwerken ablaufen, spekulieren kann. Das Problem der Kommunikationsgestaltung, in welchem sozialen System auch immer, ist insofern davon abhängig, einen Zugang zu dem jeweiligen chinesischen Netzwerk herzustellen.

Der Informationsfluss, die Entscheidungsfindung und die Ressourcengewinnung sind in der chinesischen Gesellschaft von sozialen Netzwerken abhängig. Der überschneidende Aufbau ermöglicht es, dass beim Informationsfluss die Knotenpunkte im Netzwerk übersprungen werden können. Der daraus resultierende „Zeitgewinn" erlaubt es, einen Vorteil zu realisieren, der in der sozialen Dimension nur zu kleinen Veränderungen führt. Der Aufbau und die Gestaltung der sachlichen Problemlösungen werden von externen Punkten getragen, die sich durch einzelne Fälle nicht erklären lassen. Die Ablehnung für eine Geschäftsvereinbarung mag somit zum Beispiel nicht aus der sachlichen Ausgestaltung oder den fehlenden Interessenüberschneidungen resultieren, sondern kann an der Zusammensetzung der Entscheidungsträger und der Entscheidungsfindung liegen. Eine marginale Gruppe in der Organisation kann die besseren Argumente und Analysen liefern und scheitert trotzdem an ihrer Umsetzung, da sie nur unzureichende Netzwerkkontakte hat, die ihr Anliegen begünstigen könnte.

7.5 Bekannte Lösungsstrategie für neue Probleme

Mit der Modernisierung der chinesischen Gesellschaft fanden eine Öffnung und eine variable Gestaltung von Mitgliedschaften in sozialen Systemen statt. Die lebenslange Beschäftigung in Staatsunternehmen wurde beendet und die enge Kopplung an den Herkunftsort durch politische Einschränkungen gelockert. Mit dem Wegfall dieser zwei festen Orientierungsgrößen gewannen die sozialen Netzwerke für den Karriereweg, den beruflichen Erfolg oder auch für die soziale Absicherung eine neue zentrale Bedeutung. Es waren nicht mehr die staatlichen Institutionen, welche den Lebensstandard sicherten, sondern durch die zunehmenden wirtschaftlichen Veränderungen eröffnete sich die Chance, der Verbesserung des individuellen Lebensstandards. Die damit einhergehenden hohen Marktunsicherheiten, die Risiken und auch das geringe individuelle Investitionskapital glichen die Marktteilnehmer über soziale Netzwerke aus. Im Unterschied zur westlichen Modernisierung findet im Zuge des

Umbaus der chinesischen Gesellschaft seit den 1990er Jahren keine Bildung von Assoziationen, Vereinen und Berufsgruppen statt. Das ist auch die Erklärung dafür, dass die sozialen Netzwerke im Zuge der chinesischen Modernisierung nicht verschwunden sind, sondern in eine andere Funktion einrückten.

Die Bildung und Aufrechterhaltung sozialer Netzwerke in China ist eng an Kommunikationsrituale geknüpft. Die sozialen Netzwerke werden durch enge soziale Kontakte aufrechterhalten. Das stellt an die Teilnehmer eine hohe zeitliche Inanspruchnahme. Sie wird über die Zusammenführung von unterschiedlichen Netzwerkteilnehmern der Freunde, der Bekannten und der Kollegen als auch über die zeitliche Beschränkung geregelt. Ein Essen dauert bei diesen Treffen nicht länger als 90 Minuten. Außerdem wird die öffentliche Konfliktaustragung in diesem sozialen System vermieten. Das ist im Westen als „das Gesicht wahren" bekannt. Auch Geschenke und Inanspruchnahme von Hilfeleistungen sichern die entgegenbrachte Achtung der Teilnehmer des Netzwerks und geben gleichzeitig über den sozialen Status und die Wertschätzung eine Auskunft. Insofern hat die Kommunikation in sozialen Netzwerken einen hohen rituellen Anteil, der zu ihrer Stabilisierung beiträgt. Dabei gilt als eine Art Verlängerung des Ahnenkults die Aufrechterhaltung von sozialen Asymmetrien, die von den Mitgliedern der sozialen Netzwerke nicht in Frage gestellt werden. Das Gegenteil ist der Fall. Die Asymmetrien tragen selbst zu einer rückwärtsgewandten Stabilisierung bei, da dadurch Traditionen in der sozialen Gruppe aufrechterhalten werden. Das Alter erfährt in China immer noch eine hohe Wertschätzung. Das schließt es nicht aus, dass der soziale Status und das Prestige den Mitgliedern von sozialen Gruppen Autorität verleiht und sie dadurch die Kommunikation in den Netzwerken zentrieren.

Die Relevanz der chinesischen Netzwerke wird vor allem bei der Interessenverfolgung deutlich. Durch sie sind der Zugang zu den sozialen Gruppen und damit die Folgen für die Betroffenen bestimmt. Wer in einem Netzwerk integriert ist, verfügt über einschlägige Informationen und kann deshalb über den Freund eines Freundes oder den Bekannten eines Bekannten seine Kommunikationschancen und seine Handlungsoptionen erweitern. Zugleich werden aber auch seine Handlungsspielräume dahin gehend verringert, dass die Teilnehmer von Netzwerken Erwartungen von anderen Netzwerkmitgliedern zu erfüllen haben. Somit findet der Einfluss immer innerhalb eines Netzwerkes statt. Dabei ist zu beobachten, dass es an der Grenze zwischen den Mitgliedern und den Nichtmitgliedern auch harte Abgrenzungen gibt. Das heißt, Anliegen oder Bitten von Nichtmitgliedern werden abgelehnt, wenn sie nicht der Interessenverfolgung der Mitglieder dienen. An dieser Stelle sind Ausgrenzungen besonders sichtbar, die auf den westlichen Beobachter oft befremdend wirken, da mit zweierlei Maß gemessen wird und Solidarität für Nichtmitglieder nicht zu existieren erscheint.

Eine solche Vorgehensweise steht im Kontrast zur europäischen Orientierung, da man auch den Nichtmitgliedern bestimmte Erwartungen einräumt.

Die Zuschreibung in Schleifen in der chinesischen Kommunikation, die nur aus der Innensicht der chinesischen Gesellschaft einen rationalen Charakter gewinnt, führt zu einer Mystifizierung der kollektiven Identität der Chinesen. Daran ist zu erkennen, dass auch bei der weitgehenden Strukturveränderung der chinesischen Gesellschaft vertraute Lösungsstrategien für veränderte Situationen gewählt werden. Das wird vor allem an der Mystifizierung ihrer kollektiven Identität deutlich. Sie besteht darin, dass Alles mit Allem in einem sich selbst erschaffenden Zusammenhang steht und zugleich seine Umkehrung mit beinhaltet. Aus Leiden wird Freude und Glück. Für die chinesische Selbstbeschreibung und damit für ihre Kollektivkonstruktion ist das deshalb von Bedeutung, da dadurch Epochen der Schwäche und der Niederlage kompensiert und als Grundlage für eine wiederzugewinnende Dominanz gewertet werden. Die Dominanz der chinesischen Gesellschaft in der Welt ist nur unterbrochen, um in noch höherem Glanz wieder zu erstrahlen. Die Tatsachen, die dieser Erklärung widersprechen, werden als Angriff auf die chinesische Identität gewertet. Insofern neigen Chinesen bei Misserfolgen und Niederlagen zu der Erklärung durch Weltverschwörungstheorien. Damit wird die Gesellschaft nach innen gebunden und kompensiert ihre innere Spannungen und Konflikte. Das wird deutlich am Beispiel des Beschusses der chinesischen Botschaft in Belgrad durch ein NATO-Flugzeug während des Jugoslawienkriegs. Ein Kollateralschaden, wie er in solchen Kriegen schwerlich vermeidbar ist, wurde als Erklärung nicht akzeptiert. Es muss sich nach der chinesischen Leseart um eine Absicht gehandelt haben, dem weltpolitischen Bedeutungsanstieg, dem wirtschaftlichen Wachstum und der Integration in den Weltmarkt einen Dämpfer zu erteilen. Insofern unterstützte das politische System logistisch antiamerikanische Demonstrationen von Pekinger Elitestudenten der Peking und Qinghua Universität. Die Annahme, dass ein Ereignis durch einen Zufall, ein Missgeschick oder eine Verkettung von Umständen verursacht wurde, ist diesem Verständnis fremd. Aus der chinesischen Sicht besteht zwischen allem ein Zusammenhang, eine Absicht oder eine höheren Notwendigkeit.

7.6 Verbindlichkeit in der Unverbindlichkeit

Die sozialen Netzwerke gibt es nicht nur in China, sondern sie sind global verbreitet. Bekannt geworden sind die Netzwerke von Unternehmen, Wissenschaftlern und Politikern. Aber auch aus dem Freundeskreis sind wir mit Netzwerken vertraut. Worin besteht der Unterschied zwischen westlichen und chinesischen Netzwerken?

Die chinesischen Netzwerke zeichnen sich dadurch aus, dass sie die Handlungsoptionen ihrer Mitglieder einschränken, da der Ein- und Austritt nicht frei zu wählen ist. Der Einstieg in ein chinesisches Netzwerk vollzieht sich über einen Vermittler, als einen Bürgen, auf der Grundlage von vorhandenen Gemeinsamkeiten. Ein Ausstieg aus einem chinesischen Netzwerk wird sozial negativ sanktioniert und mindert die Gestaltungsmöglichkeiten auch in anderen Bereichen der gesellschaftlichen Kommunikation. Ein Beispiel verdeutlicht diese Eigenart chinesischer Netzwerke. Ein erfolgreicher Geschäftsmann in der Provinzstatt wird von einem Bewohner aus seiner weit entfernten Heimstadt besucht und um Unterstützung gebeten. Verweigert der Geschäftsmann die Unterstützung, sei es auch nur aus zeitlichen oder aus Gründen, dass andere Aufgaben eine höhere Priorität besitzen, so kann das eine Benachteiligung seiner Familienmitglieder oder Geschäftspartner in seiner Heimatstadt zur Folge haben. Ihnen können öffentliche Leistungen vorenthalten oder nur verzögert gewährt werden, sicher geglaubte Geschäftsabschlüsse platzen oder auch ein Besuch beim Arzt zu den bisher üblichen Behandlungen werden ihm nicht mehr gewehrt. Dieses Sanktionspotenzial ist den Chinesen bei der Folgeabschätzung ihren Handlungen bewusst. Das heißt, es bilden sich daraus Erwartungserwartungen, die eine Grundlage für ihre Kooperation sind. Die westlichen Netzwerke bilden sich meist auf Grundlage von gemeinsamen Interessen der Business-, Wissenschaftsnetzwerken, von gemeinsamen Erlebnissen und Erfahrungen der Bekanntschaft-, Kommilitonen- oder Kollegennetzwerken oder der gemeinsamen Empathie der Freundschaftsnetzwerke. Der Ein- oder Ausstieg aus solchen Netzwerken mag auch mit Verlusten und Beschneidungen einhergehen, sie sind jedoch weit weniger folgenreich für die Lebensgestaltung des davon Betroffenen als in China. Die Einschränkung und Nachteile betreffen in solchen Fällen nur den einzelnen Aussteiger und das auch nur im Hinblick auf einen bestimmten Ausschnitt seiner Sozialbeziehungen.

Was lernen wir daraus für das Verständnis des Zusammenspiels der chinesischen kollektiven Identität und der chinesischen Netzwerkgesellschaft? Wir lernen daraus, dass sich im Wandel der chinesischen Gesellschaften ein dynamisches und zugleich stabilisierendes Muster der gesellschaftlichen Kommunikation gebildet hat. Die kollektive Identität stabilisiert die Außengrenzen im Hinblick auf die Abgrenzung und die Verteilung von allgemeiner Unterstützung. Die sozialen Netzwerke entlasten die kollektive Identität von der Institutionalisierung von Wohlfahrtsprogrammen und anderer Ansprüche. Sie fragmentieren und stabilisieren von innen heraus die Gesellschaft ohne dabei die Veränderungsdynamik zu blockieren. Die Netzwerke ermöglichen eine hohe Expansion, einen raschen Informationsfluss und eine hohe Anpassungssensibilität an Veränderungen, aber auch den Aufbau von Erwartungserwartungen und die Kompensation von

7.6 Verbindlichkeit in der Unverbindlichkeit

Konflikten. Die Verbindung zwischen der kollektiven Identität und den sozialen Netzwerken besteht in der Stabilisierung der kollektiven Identität und den Rückgriff auf die Kommunikationsstruktur, welche die Vermeidung von Konflikten, das Einbinden von Mitgliedern und die Erkenntnisgewinnung über Schleifen vorsieht.

Die Gemeinschaft „Alle unter einem Himmel" schließt die Chinesen durch eine imaginäre, aber beobachtbare Grenze, von der Kommunikation nach außen ab. Sie ist das auf der Makroebene der chinesischen Gesellschaft immer eine politisch definierte Gemeinschaft und Zivilisation als ein Zentrum der Weltordnung. Das ermöglicht eine Stabilität und die Ausbildung eines Zusammengehörigkeitsgefühls im Kontakt mit Fremden. Durch diese Grenzziehung zur Aufrechterhaltung des Inneren ist der Zugang und die Wechselbeziehungen zu Fremden (Nicht-Chinesen) begrenzt. Die Begrenzung führt dazu, dass die Kommunikation und die Wechselbeziehungen zwischen Chinesen und Nicht-Chinesen einer besonderen Beobachtung und damit auch speziellen Regelungen unterliegen. Für die Innenseite der chinesischen Gemeinschaft bildet die Zuschreibung zu einer Gemeinschaft ein Fluchtpunkt, um mit Irritationen und auch Verwerfungen derart umzugehen, dass sie den externen Faktoren zugeschrieben werden. Kurz gesagt, das Gute kommt von innen, das Schlechte von außen. Eine starke Ausprägung der gemeinschaftlichen Identität erlaubt es zugleich, die auftretenden auch starken inneren Konflikte zu kompensieren. Diese gemeinschaftliche Identität drückt sich in der sozialen Hinsicht durch die Erfindung von Legenden somit selektiven Erinnerungen, Mythen und damit einhergehend parallele Kausalitäten und Symbolen als Markierungen der kollektiven Identität der Chinesen aus. Damit entsteht zugleich eine interne Prestige- und Statusordnung, die Legenden, Mythen und Symbole beinhaltet. Das ist insofern wichtig, da darüber die Kommunikationsanschlüsse gebildet oder unterbrochen werden. Diese Form der Öffnung beziehungsweise der Schließung führt zugleich zu einem asymmetrischen Aufbau, der über Netzwerke verläuft. Sie regelt den Zugang zu Gruppen, Organisationen und Verbänden innerhalb der Gemeinschaft.

Der Zugang zu Ressourcen wird in den chinesischen Kommunikationssystemen durch die Zugehörigkeit zu den sozialen Netzwerken dominiert. Das hat zur Folge, dass die Zuschreibung von Zusammenhängen in der Netzwerkkommunikation daraufhin abgestimmt ist. Eine sachliche Interessenverfolgung ist nur dann erfolgreich, wenn sie in sozialen Netzwerken umsetzbar ist. Durch die Übersteuerung des Zugangs zu den Ressourcen durch die sozialen Netzwerke entsteht eine besondere Form der Verteilung von Ressourcen. Sie steuert den Informationsfluss und die Gestaltung von Kommunikationsanschlüssen vor. Über die inhaltliche Interessenverfolgung sind auch eine rasche Expansion und die Kommunikation mit Fremden möglich. Der Nutzen und die Gewinnsteigerung stehen in diesen Fällen für die Netzwerkmitglieder vor der Interessenabsicherung und der Risikovermeidung.

Die Rekonstruktion der Vergangenheit zu einer kontinuierlichen Veränderungslinie ist eine der meist geschätzten Beobachtungen der kollektiven chinesischen Identität. Dies führt direkt zur Relevanz des Zeithorizonts in der gesellschaftlichen Kommunikation. Von der Anlage her ist der Zeithorizont auf einen langen Fluchtpunkt angelegt. Das ist für die Orientierung und die Beobachtung in den Mitgliedschaftsordnungen der sozialen Systeme von Bedeutung, da die privaten Investitionen über Generationsgrenzen hinweg getroffen und realisiert werden. Das wird an der Verschuldung für die Schulbildung der Kinder besonders deutlich. Zu dieser sehr langfristigen kommt eine äußerst kurzfristige Orientierung hinzu, die sich einander nicht widersprechen müssen. Die kurzfristige zeitliche Orientierung hat zu ihrem Ziel, dass die davon Betroffenen fortlaufend situative Vorteile erzielen. Die Aneinanderreihung dieser vorteilhaften Interessenverfolgung soll im positiven Verlauf dann in ein fernes glückliches Ende einmünden. Das ist insofern von Bedeutung, da an diesen Anschlüssen das Fehlen einer strategischen Vorgehensweise deutlich wird. Insofern folgen die Chinesen keiner Modernisierungsstrategie und streben keine gesellschaftliche Idealvorstellung an. Das beinhaltet Vorteile und Nachteile. Von Relevanz an dieser Stelle ist die sich daraus ergebende Anschlussgestaltung und Interessenverfolgung, die in diesem sozialen Rahmen verläuft.

Es ist für die chinesische kollektive Identität typisch, dass sie die Bindung an die Herkunftsgesellschaft aufrecht erhält, die sie zugleich als ein politisches Kollektiv der Zugehörigkeit definiert. Sie wird durch Rituale der Rückbindung an eine höhere Ordnung stabilisiert. Das war zum Beispiel auch bei der Berichterstattung über die Olympischen Spiele in London (Großbritannien) 2012 im chinesischen Fernsehen gut zu erkennen. Sie inszenierten in einer zugespitzten expressiven Bildsprache, vergleichbar dem Film *Hero*, die chinesischen Athleten als nahezu mythische Gestalten, welche die chinesische Größe und Einmaligkeit ihrem Publikum in China kommunizierten. Diese Form der Selbstbeschreibung und Abgrenzung setzt fortlaufend fort. Das schließt ihren wirtschaftlichen Erfolg nicht aus, sondern verdeutlicht ihre Vorgehensweise. Sie werden ihre wirtschaftliche Aktivitäten und Interessenverfolgungen immer an chinesische Gruppen zurückbinden.

Das chinesische Wirtschafts- und das Wissenschaftssystem ist global ausgerichtet. Daraus könnte man die Folgerung ziehen, dass sich die kollektive Identität der Chinesen zunehmend verallgemeinert. Das ist jedoch nicht der Fall. Die Grenzen werden aber nicht nur durch das politische Zentrum gezogen, sondern

7.6 Verbindlichkeit in der Unverbindlichkeit

vollziehen sich auch durch den Blickwinkel, der auf die kollektive Identität zurückgeht. Sie legt auch über die territorialen Grenzen hinweg eine Brücke zu Auslandschinesen, aber verschließt sich zugleich gegenüber einer Durchdringung von Seiten des westlichen und globalen Wirtschaftssystems. Daraus folgen besondere Anschlussbedingungen, die wir im Leitfaden für Entscheider darstellen. Es ist aber immer im Blick zu behalten, dass weder die chinesische Kultur noch die chinesische Identität ein monolithischer Block ist. Sie ist eine Selbstbeschreibung der chinesischen Gesellschaft und ein hybridisiertes Gebilde. Gleichzeitig ist sie nicht nur fiktiv, sondern eine die Kommunikation dominierende Herkunftswelt. Sichtbar wird diese Bedeutung in der Gemeinschaft der Chinesen, die trotz oder gerade wegen des dominierenden Netzwerkscharakters der Gruppe einer besondere Bedeutung zukommt. Welche Ausgestaltung die Gemeinschaftsbildung als ein Netzwerk von Gruppen annimmt, betrifft den Wandel der Gemeinschaftsordnung.

Jeder für sich und alle gemeinsam 8

8.1 Hinwendung zum Neuen

Die Gemeinschaftskommunikation in der chinesischen Gesellschaft betrifft die Solidaritätsbeziehungen und ihre Veränderung, die mit den gesellschaftlichen Modernisierungen einhergingen. Dabei ist im Blick zu behalten, dass die kollektive Identität der Chinesen und die sozialen Netzwerke, über die Interessenverfolgung ihrer Mitglieder erfolgt. An der Veränderung der Gemeinschaftsordnung der chinesischen Gesellschaft von der maoistischen Zwangsgemeinschaft zu einer traditional orientierten Gruppensolidarität als einer Ungleichheit im Status von Gemeinschaftsmitgliedern ist gut erkennbar, dass sich auch diesbezüglich die Modernisierung in China seit den 1990er Jahren von der westlichen Modernisierung unterscheidet. Eine Gemeinschaftsordnung begrenzt die Kommunikation der Gesellschaftsmitglieder, da sie das Ausmaß ihrer Verbundenheit festlegt. Der westliche Entwicklungspfad bestand darin, dass der Sippen-, Kasten- und Standespartikularismus durch die Markterweiterung, eine Relativierung der Innen- und Außenmoral und eine Versachlichung und Verrechtlichung der Gemeinschaftsordnung strukturell verändert wurde. Das betrifft die kulturellen, sozialen und politischen Bürgerrechte als dem harten Kern der westlichen Gemeinschaftsordnung. Das gilt unabhängig davon, wie sie zum Beispiel in Großbritannien, Frankreich, Deutschland und den Vereinigten Staaten von Amerika interpretiert und institutionalisiert wurden. Die Gleichheit der Gesellschaftsmitglieder besteht in dem Anspruch dieser Rechte. Für die westliche moderne Gemeinschaftsordnung ist ein Pluralismus von Vereinigungen, eine formale Rechtlichkeit des Gemeinschaftshandelns und ein ethischer Universalismus charakteristisch. Diese

Merkmale lassen sich in dem chinesischen Modernisierungspfad nicht belegen. Die Vermehrung der Chancen der Teilnahme am wirtschaftlichen Austausch leitete somit keine politische Partizipation an dem kollektiven Entscheidungshandeln, keine Gleichheit der Bürgerrechte und keine Orientierung an einem ethischen Universalismus ein.

Die Berücksichtigung und der Ausschluss und die damit einhergehende Solidarität in der gesellschaftlichen Kommunikation lässt sich durch den Satz zuspitzen: *Jeder für sich und doch gemeinsam.* Es ist die Ergänzung zur Konstruktion der kollektiven Identität der chinesischen Gesellschaft: *Alle unter einem Himmel.* Dabei handelt es sich nicht, was naheliegen könnte, um ein individualistisches Gesellschaftsmodell der freien Vereinigungen und der damit einhergehenden Vergesellschaftung.

Im ersten Schritt gehen wir auf die Veränderung des Alltags im Zuge der chinesischen Modernisierung ein. Es betrifft dies auch die soziale Mobilität, die in diesem Zuge eintrat. Durch die Modernisierung und der durch sie ausgelösten hohen Mobilität in der chinesischen Gesellschaft trat eine Veränderung der Sozialbeziehung ein, die mit einer Umstellung auf eine fiktive Gemeinsamkeit einherging. In einem weitern Schritt gehen wir auf die für die gesellschaftliche Kommunikation typische Solidarität ein. Es ist eine Solidarität der Nichtsolidarität. Dabei ist hervorzuheben, dass für die Gemeinschaftsordnung die Dominanz der sozialen Herkunft bei den Solidarbeziehungen nicht durch die Modernisierung aufgelöst wurde. Das leitet zu der für die chinesische Kommunikation typischen Interessenverfolgung über, die sich im Zuge der Modernisierung ergaben. Gleichzeitig ging damit eine neue Formierung ihrer kollektiven Identität als der Einmaligkeit der chinesischen Zivilisation einher. Das leitet zur Prestigeordnung als Teilnahmebedingung an der chinesischen Kommunikation und der Strategien der Konfliktabsorbtion über. Es geht darum, warum, obwohl es in der chinesischen Gesellschaft genügend Konflikte gibt, sie keine Konfliktgesellschaft ist, die Konflikte offen austrägt.

Der Alltag in der chinesischen Gesellschaft hat sich in den vergangenen zwanzig Jahren weitgehend verändert. Anschaulich belegen das die Schilderungen wie auf dem ehemaligen Ackerland ein neuer Finanzdistrikt in Shanghai entstand oder neue Hochhäusterstädte aus dem Nichts gebaut wurden. Allen Orts sieht man Chinesen aller Einkommensgruppen mit Mobiltelefonen auf den Straßen. Wer die modernen Technologiemärkte in Peking gesehen hat, der wird dazu neigen, von der Technikaffinität und den Glauben an den Fortschritt der Chinesen überzeugt zu sein. Diese Veränderungen sind für den westlichen Beobachter bereits nichts Ungewöhnliches mehr. Dennoch besteht auch darin eine Besonderheit, da die Chinesen alle ihre Anstrengungen darauf verwenden, an

8.1 Hinwendung zum Neuen

die technologischen Standards des Westens anzuschließen. Man kommt nicht umhin, sie für Neues aufgeschlossen zu halten.

Für die Zugehörigkeitswahrnehmung, soziale Beobachtung und Kontaktaufnahme ist das gemeinsame Essen in China nicht nur eine Nahrungseinnahme, sondern eine Gelegenheit neue Beziehungen aufzubauen, zu pflegen und zu erweitern. Oft wird die Ansicht vertreten, dass sich durch McDonalds, KFC und Coca Cola auch westliche Gewohnheiten und Lebensweisen in China durchsetzen werden. Die Beobachtungen gehen jedoch in eine andere Richtung. Das chinesische Essen verliert in China nicht an Bedeutung, im Gegenteil, durch westliche Fast-Food-Firmen kommen neue Ausdrucksformen der gesellschaftlichen Kommunikation hinzu. So ist das Essengehen bei McDonald für junge Frauen oft ein Ausdruck von Emanzipation und für viele Familien ein Ausdruck des Wohlstands. Eine Familienportion bei McDonald kostet ungefähr ein Viertel eines durchschnittlichen Arbeitereinkommens im Monat in China. Das chinesische Essen hat eine besondere soziale Bedeutung. Es ist nicht nur der Ausdruck und Mittel der Beziehungsgestaltung, sondern auch Ausdruck einer Lebensweise. Bekannt sind im Westen die Berichte über Gerichte, welche die Sexualität von Männern und Frauen fördern. In China sind Gerichte mit vielfältigen Bedeutungen belegt. Es gibt Gemüse und Obstsorten, auch wenn sie das ganze Jahr zu erwerben sind, die nur im Sommer oder im Winter gegessen werden sollten. Auch die Ästhetik spielt bei der Wahl und der Zubereitung von Mahlzeiten eine wichtige Rolle, da alle Farben auf dem Tisch vertreten sein sollen.

Der Umbau des Wirtschaftssystems, die neue Rolle der Wissenschaft als Dienstleister, die städtebaulichen Veränderungen und die Verwendung der Kommunikationsmedien in China gingen damit einher, dass sich die sozialen Rollen, die Erwartungen und die Gestaltung sozialer Beziehungen veränderten. Wir sollten davon ausgehen, dass der Endpunkt dieses Vorgangs noch nicht erreicht ist. Anders als die Gesellschaften aus dem Mittleren Osten, die auch auf die moderne Technologie setzten, wird der chinesische Alltag nicht durch Einschränkungen behindert, wie zum Beispiel durch eine dominierende religiöse Kommunikation (Scharia). Daran zeigt sich, dass Veränderungen in den Teilbereichen der Gesellschaft zugelassen und sogar erwünscht sind. Das ist insofern von Bedeutung, da sich dadurch die Erwartungen und Erwartungserwartungen, die sozialen Mitgliedschaften und die Prestigeordnung verändern, die einen Orientierungswechsel in der gesellschaftlichen Kommunikation einleiteten. Damit gingen zugleich aber auch Irritationen und Konflikte einher.

Für den westlichen Beobachter erscheint der chinesische Alltag oft chaotisch, dynamisch und unüberschaubar. Chaotisch ist er deshalb, da Regelungen des alltäglichen Handelns, wie sie für den Westen charakteristisch sind, in China keine Anwendung zu finden scheinen. Das trifft nicht nur für den Autoverkehr, bei dem alles möglich zu sein scheint, zum Beispiel rechts überholen, über eine rote Ampel fahren und bei Hindernissen durch anhaltendes Hupen darauf zu drängen, sich die Vorbeifahrt zu erzwingen, sondern auch auf viele Bereiche der öffentlichen Kommunikation zu. Strengste Verbote scheinen nur auf Fremde oder situationsbezogen angewandt zu werden. Das erlaubt einen Spielraum, der unter Umständen auch schnelle Lösungen erlaubt, wie zum Beispiel, dass eine Verkäuferin von Flugtickets einen direkt an den Sicherheitsschleusen vorbei zum Flugzeug bringt, da es jede Minute starten wird. Die Anwendung von Vorschriften findet somit nur situationsbezogen statt. Insofern ist eine allgemeine Orientierung schwer zu erkennen. Das wirkt sich für den Teilnehmer an der chinesischen Kommunikation je nach Situation in seinen Erwartungen positiv oder negativ aus. Von dem, was gestern galt, kann daher nicht geschlossen werden, dass es heute und morgen noch Geltung beanspruchen kann.

Das führt zu einer weiteren Eigentümlichkeit im chinesischen Alltag. Es scheint keine abgestimmte Koordinierung von verschiedenen Institutionen und Verwaltungen zu geben. Das kann sich so auswirken, dass die eine Stelle etwas erlaubt, was von einer anderen Stelle untersagt wird. Auch die Berufung auf die vorherige Erlaubnis verschafft im Konfliktfall keine Lösung, da es nur partikulare Vorschriften zu geben scheint. Das führt dazu, dass es keinen allgemeinen Leitfaden für den richtigen Umgang mit öffentlichen Stellen gibt und dass oft unterschiedliche Abstimmungen zu den einzelnen betroffenen Institutionen durchzuführen sind. Ein Beispiel ist die Erfahrung des Journalisten Peter Hessler, der eine Reise über das chinesische Land mit seinem gemieteten Auto unternimmt. Er wird von Verkehrspolizisten angehalten und nach seinem Führerschein gefragt. Da er fremd aussieht, aber chinesisch spricht, fragen ihn die Polizisten, ob er Ausländer sei. Nach dem Vorzeigen seines amerikanischen Führerscheins und ein paar humorvollen Bemerkungen, dass er durch die chinesische Provinz fährt, erlauben ihm die Polizisten die Weiterfahrt. Wenige Kilometer später wird er von einer anderen Polizeistreife angehalten. Die Polizei beschuldigte ihn, gegen das Ausländerrecht verstoßen zu haben, da er zu dem Ort keine Zugangsberechtigung hat. Es half ihm nichts, sich der Festnahme durch den Hinweis zu entziehen, dass er die Durchfahrt von dem vorherigen Kontrollpunkt erlaubt bekam. Mit dem Verweis, es handele sich an dem Kontrollpunkt nur um Verkehrspolizisten, wurden sie als inkompetent abqualifiziert. Ohne eine weitere Inspektion seines Mietwagens oder seiner Reiseutensilien hatte der Journalist Fragebögen über seine Herkunft, Aufenthaltsorte, Mietquittung und seinen Personenstand auszufüllen. Wegen des einmaligen Verstoßes verringerte die Zuständige Beamtin das Busgeld von 500 auf 100 Yuan (30 auf 6 Dollar). Um nicht in

8.1 Hinwendung zum Neuen

einen Korruptionsverdacht zu geraden, konnte das Busgeld aber nicht bar bezahlt werden, sondern war zu überweisen. Da sich der Vorfall an einem Sonntag ereignete und die Bank geschlossen war, rief die Polizistin eine Bankangestellte an, die die Bank kurz öffnete, um die Überweisung durchzuführen. Daran ist erkennbar, dass Aussagen von staatlichen Stellen nur eine begrenzte Reichweite haben. Gleichzeitig wird deutlich, dass staatliche Stellen auch zu schnellen und unkomplizierten Problemlösungen bereit sind. Sie helfen auch über ihre Kompetenz hinaus, indem sie den Journalisten nicht warten lassen, bis die Bank am nächsten Tag öffnet. In dem Beispiel handelt es sich um einen Ausländer. Insofern gibt es keine Auskunft darüber, ob die entsprechenden Stellen auch bei einem Chinesen ähnlich verfahren wären.

Das Fehlen einer allgemeinen Geltung und Durchsetzung von Vorschriften wurde vor allem in der westlichen Öffentlichkeit während der Olympiade 2008 bekannt, als Bauern hunderte von Kilometern Wegstecke auf sich nahmen, um sich in der Hauptstadt bei dem Petitionsbüro über örtliche Entscheidungen zu beschweren. In China gilt das Gesetz der höheren Instanz. Der Verfahrensweg ist noch aus der Kaiserzeit bekannt. Wer im Dorf sich von den öffentlichen Entscheidungen benachteiligt sah, fährt in die Stadt und versucht dort bei der höheren Instanz sein Anliegen vorzutragen und eine andere Entscheidung zu erwirken. Wenn auch das fehlschlägt, so fährt er in die Kreisstadt, um es bei der nächsthöheren Instanz zu versuchen. Ist er dort nicht erfolgreich, wendet er sich an die höchste und letzte Instanz in der Hauptstadt. Eine solche Verfahrensweise ist für den Beteiligten die ultima ratio, da mit ihr für den Betroffenen auch sehr viele Nachteile und Einschränkungen in seinem Alltag im Dorf einhergehen können. Jedes Wenden an eine höhere Instanz ist von dem Übergehen und vom Gesichtsverlust der übersprungenen Instanz begleitet. Das kann dazu führen, dass der Betroffene zukünftig noch stärker von öffentlichen Ressourcen ausgeschlossen und von örtlichen Institutionen schikaniert wird. Wer sich wehrt, sollte in einer starken Position sein oder wenig zu verlieren haben. Die Stärke und der Einflussbereich einer Person ist eng mit der Einbindung in ein soziales Netzwerk verbunden. Die Einbindung in ein Netzwerk kann verhindern, dass, sofern bei einer höheren Instanz über ein vorgetragenes Anliegen positiv entschieden wird, für den davon Betroffenen von Seiten der umgangenen lokalen Verwaltung Nachteile entstehen. Gegenüber diesen Nachteilen können sie sich schwer wehren, da sie sich in einer sozial isolierten Position befindet.

Daran erkennen wir, dass das Gemeinschaftshandeln nicht rechtlich normiert ist und eine Differenzordnung nach Zugehörigkeiten und Prestigeeinschätzungen gegenüber der Gleichbehandlung in der chinesischen Gesellschaft vorliegt. Man könnte diese Struktur teilweise mit der Gemeinschaftsordnung der japanischen Gesellschaft vergleichen. Die besteht in einer Überidentifikation mit der japanischen heiligen Ethnie bei gleichzeitig harter Konkurrenz der sozialen Gruppen und einer sozialen Indifferenz. Japan ist jedoch, ganz anders als China, eine Gruppengesellschaft. Aus den beiden Beispielen sollte man aber nicht folgern, dass es in China keine Rechtsordnung gibt. Vielmehr ist das Problem die Durchsetzung von Vorschriften und ihre unterschiedliche lokale Auslegung. Sie werden weitgehend auf die unterschiedlichen lokalen Gegebenheiten und im Hinblick auf die Interessengruppen ausgelegt und umgesetzt. Da es in China kein Normkontrollverfahren gibt, das die Entscheidungen im Konfliktfall überprüft, ziehen Betroffene höhere Instanzen heran, um eine für sie günstige Entscheidung zu bewirken. Mit diesem Beschwerdeweg geht jedoch nicht einher, dass im Fall eines Erfolgs, die lokale Auslegung dauerhaft geändert wird.

8.2 Veränderung der Sozialbeziehung

Das anschaulichste Beispiel für die Veränderungen des Alltags stellen das Aufkommen und die Lebensweise der floating people (Wanderarbeiter) dar. Sie stehen für einen der größten Wanderungsbewegungen in der Geschichte der Moderne. Schätzungen gehen davon aus, dass zwischen 130 und 250 Millionen Menschen ihren ursprünglichen Lebensraum verlassen haben und in neue Ballungsräume gesiedelt sind. Das sind mehr Menschen als von Europa in die Vereinigten Staaten eingewandert sind. Demographen vermuten, dass sogar ein viertel der Shanghaier Bevölkerung zu den floating people gehört. Die Wanderarbeiter(-innen) ziehen von den landwirtschaftlich geprägten Zentralprovinzen in die Küstenregion und versuchen dort Beschäftigung zu finden. Sie arbeiten in Schuhfabriken und Technologieunternehmen ebenso wie als Bauarbeiter, in der Gastronomie oder als Müllsammler. Vor allem junge Frauen zieht es in Fabriken, da sie begehrte Beschäftigte sind. Auffällig an dieser Veränderung ist, das belegen Befragungen, nicht in jedem Fall sind es wirtschaftliche Interessen, die diesen Schritt ins Ungewisse motivieren, sondern vor allem der Wunsch, etwas Neues zu erleben und die gewohnte Landarbeit hinter sich zu lassen. Die Lebens- und Arbeitsbedingungen in den Fabriken stellen oft keine Verbesserung ihrer Lebensqualität dar, wenn sie in Gemeinschaftsunterkünften mit 8 – 12 Frauen auf engstem Raum wohnen, mit kargem Essen und einer Entlohnung zwischen 400 und 800 Yuan zurecht zu kommen haben. Von den umgerechnet 40 – 80 Euro im Monat sind noch die Kosten für die Jobvermittlung und der Rückfluss an die Eltern abzuziehen. Es sind aber nicht die veränderten Lebensstandards, die einer besondere Beachtung verdienen, sondern die durch diese Veränderung begleitende Umgestaltung der Sozialbeziehungen.

8.2 Veränderung der Sozialbeziehung

Das traditionelle Familienbild einer engen Beziehung der Kinder zu ihren Eltern oder ihre pflichtbewusste Erziehung verändert sich, wenn junge Frauen mit 16/17 Jahren ihr elterliches Dorf verlassen, Ehemänner hunderte kilometerweit entfernt nach neuer Arbeit oder Mütter in fernen Provinzen nach Anstellung suchen. In der Fremde sind die Wanderarbeiter einer harten Konkurrenz untereinander ausgesetzt. Das führt unter ihnen nur zu einer begrenzten Kooperation. Zwar hilft man sich, wenn man aus der gleichen Region und derselben Provinz kommt, aber diese Unterstützung findet ihre Grenzen, da sie neue Abhängigkeiten beinhalten kann. Es sind vor allem Gerüchte die gefürchtet werden. Wenn zum Beispiel im Heimatort bekannt wird, wer unter welchen schlechten Bedingungen arbeitet, wer wie viel Geld verdient und nur wenig von seinem Einkommen an seine Angehörigen schickt, so verliert derjenige und auch die Familie an Ansehen.

Am Beispiel der Wanderarbeiter werden die veränderten Bedingungen für die Zugehörigkeit zu sozialen Gruppen, die Umgestaltung von Sozialbeziehungen und deren Folgen für die Betroffenen leicht erkennbar. Die Zugehörigkeit zu sozialen Gruppen wird entgegen mancher Beobachtung nicht vorwiegend über vergleichbare Lebenslagen hergestellt, sondern sie hängt von der Herkunft ihrer Mitglieder ab. Diese Auswahl führt dazu, dass bestimme Wirtschaftsbranchen von Mitgliedern einer bestimmten Region oder dass innerhalb von Städten Bezirke durch Mitglieder eines Herkunftsorts dominiert werden. Dadurch findet mittelbar weiterhin eine Rückbindung an die Herkunftsgruppe statt. Das beeinflusst die Ausgestaltung der Sozialbeziehung insofern, da die Wahrnehmung von Handlungsoptionen auch unter der Beobachtung der Erwartung der Herkunftsgruppe vorgenommen wird.

Die Ausgestaltung der Sozialbeziehungen und damit die Wahrnehmung von sozialen Rollen in einer Gruppe veränderte sich in China in der Art, dass die Bedeutung der Herkunftsgruppe erhalten blieb. Trotz der hohen Mobilität werden Erwartungserwartungen aufrecht erhalten, die dahin gehen, dass Mitglieder der Herkunftsgruppe und des daraus entstehenden Bekanntenkreises zu unterstützen sind. Das beschränkt die Wahrnehmung von Handlungsoptionen in der Art, dass auf eine individuelle Karriere nur insoweit eingegangen werden kann, dass den Erwartungserwartungen nicht widerspricht. Davon sind vor allem die Risikobereitschaft und die Zusammenlegung von wirtschaftlichen Ressourcen betroffen. Die Entscheidung für Sparen oder den Erwerb eines Autos wird davon abhängig gemacht, wie sie von den Gruppenmitgliedern wahrgenommen wird. Eine Negativentscheidung zu solchen Vorhaben kann auch dann erfolgen, wenn es als Zukunftsinvestition für dass Erlangen einer weiteren Karrierestufe sinnvoll erscheint. Für junge Chinesen bestehen auch in der Familienplanung diesbezüglich Restriktionen. Diese Einschränkungen gehen nun nicht mehr soweit, dass

Zwangsheirat oder die Partnerschaftswahl von den Eltern und älteren Familienmitgliedern vorgenommen werden, aber doch soweit, dass keine freie Assoziation zwischen den Mitgliedern unterschiedlicher Gruppen stattfindet.

Die Sozialbeziehungen erhalten damit das Merkmal, dass sie aus Nutzenerwägungen geschlossen werden und nicht auf empathischen Beziehungen beruhen. Bei allen Veränderungen im Alltag und mit der westlichen Gesellschaft vergleichbaren Umgestaltungen der Kommunikation wird an diesen Punkten eine Eigenart der chinesischen Modernisierung deutlich, die auch in der zukünftigen Gegenwart zu anderen Ergebnissen als im Westen führen wird. Es wird daher auch in Zukunft von einer Fragmentierung der chinesischen Gesellschaft auszugehen sein, da sich Grenzen von Gruppen erhalten und fortschreiben. Das schließt die Konstruktion von fiktiven Gemeinsamkeiten nicht aus. Sie können die Herkunft der Urahnen, der gemeinsame Familienname oder die gleiche ethnische Minderheit sein. Auf dieser Grundlage werden Unterstützungen und Hilfsleistungen gewährt. Das Besondere daran ist, dass damit nicht auf sozialstaatliche Wohlfahrtsprogramme zugegriffen wird. Diese liegen nicht in vergleichbarer Weise wie im Westen vor. Daran ist erkennbar, dass die Gemeinschaftsordnung nicht rechtlich versachlicht ist. Für die Solidarität zwischen den sozialen Gruppen ist ihre gemeinsame Herkunft grundlegend.

Die Erwartungserwartungen als Handlungsorientierung für die Mitglieder einer Gruppe wird sich in sofern anders umgestalten als in anderen modernen Gesellschaften. Es wird nicht davon auszugehen sein, dass die Unterscheidung der Zugehörigkeit zu sozialen Gruppen durch formale Organisationen und damit eine bestimmte sachbestimmte Orientierung in gesellschaftlichen Bereichen, zum Beispiel der Unternehmens- und Vereinszugehörigkeit, die Orientierung an sozialen Gruppen als wichtigsten Bezugspunkt ersetzt. Vielmehr entsteht durch die Überschneidung von variablen Zugehörigkeiten und der rückbezüglichen Orientierung an die Herkunftsgruppe ein neues Orientierungsmuster. Ihre Stärke in der Umsetzung der Kommunikations- und Handlungsgestaltungen besteht darin, dass sie eine hohe Variabilität der Zugehörigkeit zu Organisationen mit einer nicht-staatlichen Absicherung verbindet. Dadurch besteht auf der gesellschaftlichen Ebene eine hohe Flexibilität, die es ermöglicht, sich fortwährend an die Umgestaltung der Umwelt anzupassen. Auf der Ebene der Gruppe und des Einzelnen wird dagegen die Schwäche der Zusammenführung von Ressourcen und strategischen Entscheidungen deutlich, die nur von Großorganisationen zu gewährleisten ist.

Die gesellschaftlichen Gemeinsamkeiten und die Zugehörigkeit zu einem sozialen Netzwerk sind in der chinesischen Kommunikation die Voraussetzung für die Unterscheidung zwischen Mitgliedschaft als einem Zugehörigkeitsstatus und denjenigen, die nicht zu dem eigenen Netzwerk gehören. Dabei handelt es sich um eine Vorbedingung für die anfallende Solidaritätsleistung. Daran ist eine besondere Einschränkung zu erkennen, die dem Einzelnen nicht zur Disposition steht, da er die soziale Übereinstimmung einer gemeinsamen Herkunft nicht im Nachhinein konstruieren kann. Es besteht eine Vielzahl von Möglichkeiten Übereinstimmung herzustellen, daher sollte das an dieser Stelle nicht als Problem der Ausgrenzung aufgefasst werden. Der angesprochene Punkt geht in eine andere Richtung. Es geht dabei um die Anschlussgestaltung in der Kommunikation und die Identitätsbildung der Gruppenmitglieder. Die Anschlussgestaltung und die Identitätsbildung von Gruppen in der chinesischen Gesellschaft ist von ihrer Anlage her immer rückbezüglich an Gemeinsamkeiten orientiert, die zugleich nicht im Einzelnen bestimmt wird. Das schafft eine feste Bindung der Mitglieder einer Gruppe, da dadurch übereinstimmende Erfahrungen und Erwartungen unterstellt werden können. Eine solche Unterscheidung kann jedoch nicht gewährleisten, dass sich die Mitglieder einer Gruppe an denselben sachlichen Zielen orientieren. Damit wird dem die größte Achtung zu teil, der die größte Übereinstimmung auf sich vereinigt und somit eine Chance hat, in den meisten Gruppen eine Aufnahme zu finden.

8.3 Solidarität durch Grenzziehung

Die chinesische Gesellschaft zeichnet sich durch eine Besonderheit aus, die dem westlichen Beobachter als widersprüchlich vorkommt. In der Kommunikation zwischen Gruppenmitgliedern wird die offene Konfliktaustragung vermieden und der Konsens betont. Zugleich sind harte Konflikte und Proteste zwischen ethnischen Minderheiten und benachteiligten Gruppen in der Weltöffentlichkeit nicht zu verheimlichen. Das hängt mit einem Strukturmerkmal der chinesischen Gesellschaft zusammen, das sich von westlichen Gesellschaften unterscheidet. Die Bruchstelle wird an den Gruppengrenzen deutlich, denn der Andere (das Nichtmitglied) erhält einen anderen Status, andere Rechte und unterliegt anderen Erwartungen. Das führt dazu, dass dem Konsens und der Gruppenerwartung eine hohe Bedeutung zukommt und nur eine geringe Abweichung toleriert wird. Der Verhaltensspielraum für Mitglieder ist somit eng an die Gruppenerwartung gebunden. Der Unterschied zu westlichen Gesellschaften besteht darin, dass die Erwartungen in einzelnen Gruppen nicht ohne Weiteres auf andere zu übertragen sind. Das hat weitreichende Folgen für die gesellschaftliche Kommunikation, da die Verhaltenserwartung immer auf einzelne Gruppen abzustimmen ist und nicht verallgemeinert werden kann. Die Grenzbewegung, somit die Aufnahme von neuen Mitgliedern oder auch der Ausschluss von Mitgliedern bekommt damit eine besondere Bedeutung. Für die chinesische Gesellschaft ist diese Grenzbewegung oft durch eine Konfliktlinie gekennzeichnet. Der Konflikt muss dabei nicht immer gewaltsam oder offen ausgetragen werden, sondern kann sich auch an Verfügung über unterschiedliche Ressourcen, Rechte und Achtungszuweisungen festmachen.

Der Ausgangspunkt für diese Gruppenbildung und Grenzbewegung in der chinesischen Gesellschaft ist die soziale Herkunft. Von dem Verwandtschaftssystem und seinen Mitgliedern geht die Expansion in andere Gruppen aus. Dabei gilt immer der Vorrang vom Eigenen gegenüber dem Fremden. Die hohe Anpassung an die Erwartungen im Verwandtschaftssystem ist dadurch zu erklären, dass sie für alle weiteren Gruppenmitgliedschaften von besonderer Bedeutung ist. Sie kann nur sehr schwer negiert werden, da es an anderen Optionen fehlt. Das wird daran deutlich, da von ihnen die Verteilung von Ressourcen und Achtung abhängt. Die Mitgliedschaft in den sozialen Gruppen hat als Voraussetzung, dass sie die Herkunft nicht in Frage stellt. Das führt dazu, dass eine Homogenisierung der Gruppen eintritt, da die Erwartungen nur zu einem geringen Spielraum abweichen können, ohne den Erwartungen der Herkunftsgruppen zu widersprechen. Daran ist erkennbar, warum dem Konflikt und seiner Austragung in der chinesischen Gesellschaft eine besondere Rolle zukommt. Er dient dazu, die Erwartungen innerhalb einer Gruppe zu stabilisieren, da er sich immer nach außen richtet. Die Herstellung von Grenzen innerhalb der Gesellschaft findet über Konflikte statt und stabilisiert die gesellschaftliche Kommunikation. Die Benachteiligung von Gruppen durch einen anderen Zugang zu Ressourcen, führt in der Auseinandersetzung mit privilegierten Gruppen zu deren Homogenisierung und somit zu der Abstimmung von Erwartungen.

Unter der Voraussetzung, dass dem Anderen (Nichtmitglied) ungleiche Rechte und Ansprüche zugeschrieben werden, entsteht in der chinesischen Gesellschaft ein Mechanismus des Ausschlusses und des Kampfs um freie Ressourcen, der zugleich immer partikular bleibt. Insofern ist es nicht wichtig, welche Gruppe oder Gruppen dominieren und die Verteilung der Ressourcen bestimmen. Sofern ein Wechsel von dominierenden Gruppen stattfindet, privilegieren sie immer ihre eigenen Mitglieder und die ihnen angeschlossen Gruppen und Netzwerke. Die Größe der dominierenden Gruppe spielt dabei erst einmal eine untergeordnete Rolle, da dieser Verteilungsmechanismus nicht in Frage gestellt wird. An diesem Punkt sind Fragen nach einem demokratischen politischen System, einem liberalen (marktorientierten) Wirtschaftssystem und den Aufbau eines modernen Rechtssystems anzuschließen. Da sie nach westlichem Muster nicht ohne Weiteres auf die chinesische Gesellschaft zu übertragen sind. Für die soziale Verbundenheit ist die Gleichheit

8.3 Solidarität durch Grenzziehung

in der Ungleichheit charakteristisch. Die asymmetrische Bindung erzeugt eine viel stärkere Verbundenheit, da sie durch gegenläufige Prozesse stabilisiert wird. Das betrifft die Zulassung einer unterschiedlichen Entwicklung (Küstenstädte und zentral chinesische Städte), die Akzeptanz von unterschiedlichen Rechten zwischen ethnischen Gruppen und gesellschaftlichen Schichten sowie die Eruption von Aufständen bei gleichzeitiger Stabilität der gesellschaftlichen Kommunikation.

Die Zuschreibung des Fremden ist immer auch ein Grenzziehungsprozess, der unterschiedlich ausfallen kann. Fern von China wirkt sich die kollektive Identität der Chinesen aus. Sie identifizieren sich durch ihre Herkunft gegenüber den Nichtchinesen. Das schließt es nicht aus, dass sie selbst in der Kommunikation untereinander Distinktionen vornehmen, dass sie nach ihrer Herkunft, ihrer ethnischen Zugehörigkeit, ihres Dialekts und ihrer Schichtung unterscheiden. Damit wird eine Ungleichsetzung vorgenommen, die für das Verhalten und die Erwartung von Bedeutung ist. Der darin angelegte asymmetrische Aufbau stabilisiert und strukturiert die gesellschaftliche Kommunikation. Wer dem Fremden nicht vertraut, kann auch nicht enttäuscht werden. Die Gestaltung der Vorteilsnahme ist daran orientiert. Somit ist ein kurzfristiger Gewinn gegenüber einem Fremden, einer langfristigen Geschäftsgestaltung mit einem Fremden vorzuziehen. Die Erwartungen und damit das Vertrauen lassen sich nur schwer in einem engem Zeitraum aufeinander abstimmen. Erwartungen beschreiben die Innengrenze einer Gruppe, die auf Nichtmitglieder nicht zu übertragen ist. Das trifft aber auch für die Kooperation und Vertragsgestaltung zwischen Chinesen untereinander zu, wenn diese nicht durch die Einbindung in soziale Netzwerke und Gruppen eine eigene Innengrenze ausbilden, die der Erwartungsstabilisierung dient.

Es ist in diesem Zusammenhang darauf hinzuweisen, das China im Unterschied zu Japan keine Gruppengesellschaft ist. In einer oberflächlichen Betrachtung könnte man zu diesem falschen Schluss neigen. In Japan hat die Gruppe gegenüber der Verwandtschaft einen Vorrang. In China sind die Gruppen von den Verwandtschaftsbeziehungen nach wie vor dominiert. Die Verwandtschaftsbeziehungen sind auf die Erwartungen der einzelnen Mitglieder bezogen, zum Beispiel, der Autorität der Eltern im Hinblick auf die Familienmitglieder, zwischen den Elternteilen, Vater und Sohn sowie Bruder und Schwester. In Japan dagegen sind die Erwartungen immer die „Erwartungen" der Mitglieder des Haushalts und ihrer Gruppierung. Die Autorität des Haushaltsvorstands ist insofern auch begrenzt. Es fällt auch auf, dass sich die Mitglieder einer Gruppe auch bei unwichtigen Angelegenheiten besprechen und um Rat fragen. Daran ist die vorrangige Abstimmung in der Gruppe erkennbar, um die Harmonie in der Kommunikation nicht zu gefährden.

8.4 Vernetzte Interessenverfolgung und soziale Bindung

Es gehört zu den Eigentümlichkeiten der chinesischen Gesellschaft, dass sie keine Grundsatzkultur ist. Eine Grundsatzkultur geht davon, dass an ihren Annahmen auch im Ausnahmefall festzuhalten ist. Auch wenn es Lügner gibt, so orientiert man sich an der Wahrheit ohne von einer Abweichung auszugehen. Das ermöglicht eine Orientierung durch den Vorschuss von Vertrauen und führt zur Absorption von Unsicherheit. In der chinesischen Gesellschaft liegt eine andere Form der sozialen Unsicherheitsabsorption vor. Sie erfolgt über die Ausbreitung von sozialen Netzwerken und die Anpassung an ihre Erwartungen. In China orientiert man sich nicht an Grundsätzen, sondern an den Interessen der Netzwerkmitglieder. Die Handlungsorientierung der Teilnehmer an Netzwerken ist partikular. Damit geht ein besonderer Veränderungsverlauf einher, der sich einer direkten Beobachtung entzieht, da die Mitglieder der Netzwerke auch über persönlich unbekannte Knoten kommunizieren. Es liegt nahe, dass die Folgen und Wirkungen dieser Kommunikationen nicht direkt zu beobachten sind. Gut untersucht und bekannt sind die Netzwerke von Shanghai und die Beziehung ihrer Mitglieder zum politischen Zentrum in Peking sowie in Guangzhou und die Beziehung ihrer Mitglieder zu den ausländischen Investoren.

Die Modernisierung Chinas veränderte die Selbstverständlichkeiten in der gesellschaftlichen Kommunikation. Die Inklusionsöffnung der verschiedenen Gesellschaftsbereichen führte zu einer Heterogenisierung der sozialen Netzwerke. Das veränderte die Interessenverfolgung und die Ausgestaltung der sozialen Bindungen in den sozialen Netzwerken. Dies wurde durch den Abbau von Überregulierung durch das politische System eingeleitet. Davon waren die Lebensführung, die Freizügigkeit und Mobilität, die Kontaktaufnahme zu Fremden, aber auch der Abbau von sozialen Sicherungssystemen von Staatsbediensteten im Zuge der Privatisierung von staatseigenen Unternehmen betroffen. Ein gutes Beispiel für die Übersteuerung war die Vorregulierung der Ehe durch die Kommunistische Partei, da Scheidungen nur durch die Zustimmung beider Ehepartner und die Parteileitung erlaubt waren. Es wuchs somit die Chance zur individuellen Ausgestaltung der Lebensführung durch variable Beschäftigungsmöglichkeiten sowie auch die Eigenverantwortung zur Selbstversorgung. Den unterschiedlichen Ethnien in China räumte man mehr Spielräume ein, zum Beispiel die Ein-Kind-Politik wird auf sie nicht angewandt. Mit der Steigerung der Lebensstandards und dem Aufbau der Wirtschaftsregionen wuchs der Spielraum für die Ethnien auch hinsichtlich in der Ausübung kultureller Traditionen, die von der dominierenden

Mehrheitsethnie der Han-Chinesen abwichen. Ein guter Hinweis ist dafür der Tourismus in Südchina, zum Beispiel die Bootsfahrten auf dem Li-Fluss und das ibizaartige Yangshuo oder das in der Grenzregion des Himalaja liegende Dali und Lijiang. Zum Ende der 1990er Jahre wurden solche ethnische Minderheiten auch als Anziehungspunkt für die Vermarktung des Tourismus gefördert. Im Zuge der Öffnung für ausländische Investoren und des erfolgreichen Technologietransfers vermehrte sich der Austausch mit Ausländern und westliche Technologien, wie Computer, Fernseher und Telefon, wurden für einen größeren Bevölkerungsteil zugänglich.

Es mag zu den Vorzügen der chinesischen Modernisierung gehören, dass sich die kollektive Identität der Chinesen neu formierte. Sie besteht vor allem in der Stärkung des Nationalgefühls, das zugleich die Innengrenze der chinesischen Gesellschaft festlegt und damit die Außengrenze stabilisiert. Man könnte das mit den Vereinigten Staaten von Amerika derart vergleichen, dass dort auch der Ärmste nicht daran zweifelt, dass er in dem freisten Land der Welt lebt. Angesprochen ist dabei die unproblematische und dem Zweifel entzogene kollektive Selbstreferenz. China wird als ein großartiges überindividuelles Kollektiv, dem man angehört, erlebt. Im Zuge der Modernisierung in Folge der 1990er Jahre hatten neue soziale Gruppen einen Zugang zu den wirtschaftlichen Ressourcen. Das wurde dadurch ausgelöst, dass das politische System die gesellschaftliche Kommunikation nicht mehr in die Tiefe regulierte. Es entstanden neue Organisationsformen, zum Beispiel Privatunternehmen, Märkte und neue soziale Netzwerke. Zur Stabilisierung der gesellschaftlichen Kommunikation griff das politische Zentrum auf die Konstruktion der Metaerzählung einer über tausend Jahre anhaltenden kulturellen Kontinuität zurück. Sie beschreibt eine durchgängige Entwicklungslinie der Reichseinheit vom modernen China zurück zu einem Zeitpunkt vor 2000 oder sogar 7000 Jahren. Sie wird aus ihrer Sicht durch die geografische Ausdehnung, ihre zivilisatorische Überlegenheit, ihre militärische Stärke und die geschichtlich erhaltenen Tempel und Prunkbauten belegt.

Der wirtschaftliche Aufschwung, die damit gewonnene militärische Stärke und der gestiegene Lebensstandard sind das neue Lable der chinesischen kollektiven Identität. Es löst den maoistischen Egalitarismus ab. Unabhängig davon ist die chinesische Gesellschaft eine Herkunftsgesellschaft geblieben. So zählen auch Personen, wie die Auslandschinesen zur chinesischen Gesellschaft. Sie behalten ihre Lebensgewohnheiten bei und assimilieren sich nicht in der fremden Kultur. Das gilt nicht nur für die Vereinigten Staaten, sondern auch im gegenwärtigen Europa. Charakteristisch für die chinesische Gesellschaft ist das Fehlen einer utopischen politischen Orientierung (Vision). Antrieb für Veränderungen ist die Selbstgenügsamkeit und der Wunsch nach Unabhängigkeit von äußeren

Einflüssen. Das politische System strebt einen über die Staatsgrenzen hinausreichenden Einfluss an, der die empfundene Schmach der Niederlage gegenüber den westliche Staaten im 19. Jahrhundert vergessen lassen soll.

Es gehört zu den Errungenschaften der Modernisierung Chinas und insbesondere des politischen Systems, die beschädigte chinesische kollektive Identität neu zu beschreiben. Der wirtschaftliche Erfolg ist gut, lautet eine Losung zu Beginn der strukturellen Umgestaltung der chinesischen Gesellschaft. Die chinesische kollektive Identität versucht die Anpassung an die Erfordernisse der modernen Weltgesellschaft durch die Neukonstruktion der chinesischen Gesellschaftsgeschichte als eine Orientierung für die Gegenwart und die zukünftige Gegenwart zu gestalten. Durch die Traumata der chinesischen Gesellschaftsgeschichte bildete sich ein gesellschaftlicher Konsens dahin gehend, dass nur die staatliche Einheit die wirtschaftliche Prosperität erhalten kann. Das schießt die Erhaltung von innergesellschaftlichen Ausgrenzungen nicht aus, zum Beispiel die Minderheitenpolitik, und leitet keine mit den westlichen Gesellschaften vergleichbare Inklusionsordnung ein.

Für die jüngste chinesische Gesellschaftsentwicklung ist es charakteristisch, dass zwischen dem politischen Zentrum und dem Wirtschaftssystem starke Interdependenzen vorliegen. Durch sie werden beide Teilordnungen stabilisiert. Die Kommunistische Partei und ihre administrative Verwaltung wird gerade nicht von den wirtschaftlichen Leistungsträgern in Frage gestellt, wie es die Vertreter der westlichen liberalen Denktraditionen vermuten. Das Gegenteil ist der Fall. Der Erhalt des politische System Chinas und damit die Stabilität der Gemeinschaft ist von der Wirtschaftsentwicklung abhängig. Das ist vor allem seit den 1990er Jahren zu belegen.

8.5 Prestige als Kommunikationsgeheimnis

Die Teilnahme an der gesellschaftlichen Kommunikation ist in jeder Gesellschaft durch Prestige geregelt. Unter diesem Gesichtspunkt beobachten sich die Teilnehmer an Kommunikationen und das Prestige motiviert eine besondere Berücksichtigung und Aufmerksamkeit, da man sich auch vom Umgang mit den Prestigereichen einen Vorteil verspricht. Das gilt unabhängig davon, wie wahrscheinlich eine solche Vorteilsnahme sein mag. Insofern nimmt die Prestigeordnung eine Vorauswahl der Aufmerksamkeit vor, die einzelnen Gesellschaftsmitgliedern entgegengebracht wird. Es ist keine seltene Erfahrung, dass der Vertrauenserwerb von Seiten der Chinesen sich über eine lange Zeitstrecke hinzieht. Es wird immer wieder berichtet, dass man

8.5 Prestige als Kommunikationsgeheimnis

dazu in China über einen Zeitraum von mehreren Jahren zu leben hat. Das erklärt die besondere Rolle, welche die Prestigeordnung in der chinesischen Kommunikation einnimmt, da wirtschaftliche und wissenschaftliche Kooperationen oft nicht auf lange Zeiträume eingegangen werden. Das gilt sowohl für die chinesische als auch die westliche Seite, da sich die Präferenzen auch kurzfristig ändern können. Es bedarf insofern eines Ersatzes für eine nahweltlich und über eine längere Zeit sich einstellende Vertrauensbildung. Diese Rolle nimmt das Prestige in der chinesischen Netzwerkkommunikation ein. Prestige ist die Wertschätzung von Gruppenmitgliedern aufgrund ihres Status, sei es das Aussehen, die körperliche Verfassung und Geschicklichkeit, das Einkommen, die berufliche Position, die politische Funktion, die Verdienste für eine Gruppe oder die wissenschaftliche Reputation. Diesbezüglich wird der Chinareisende und derjenige der Kontakte mit Chinesen anbahnt kurzfristig einschlägige Erfahrungen sammeln. Das fängt schon damit an, in welches Restaurant man ihn einlädt, wie die Sitzordnung ausfällt und wie wertschätzend man sich dem ausländischen Gast gegenüber verhält.

Die durch die Modernisierung ausgelöste Mobilität führt zu dem Problem der Grenzverschiebung, somit der Expansion von Gruppen und dem Grenzverkehr. Insofern spielen Prestigezuschreibungen für die Aufnahme und die Gestaltung der Kommunikation eine Rolle, die der Einordnung des Gegenüber dient. Ein Fremder wird nicht durch den Umstand von geteilten Interessen, gemeinsamen Einstellungen oder auch gemeinsam geteilten Erlebnissen Mitglied einer Gruppe. Durch die einschränkende Grenzziehung gelingt es der Gruppe die Erwartungen zwischen ihren Mitgliedern zu festigen. Daraus folgt für die Aufnahme neuer Mitglieder ein hoher zeitlicher Aufwand bei der Vertrauensbildung. Sie kann dadurch gestaltet werden, dass möglichst viele geteilte Gemeinsamkeiten geschaffen werden. Das kann dadurch gelingen, dass ein neues Mitglied einen Freund hat, der einen Freund hat, der bereits Mitglied der Gruppe ist. Auch die gemeinsame Herkunft aus einem Dorf, einer Provinz, einer Universität und einen gleichen Arbeitgeber kann dazu dienen, Gemeinsamkeiten aufzubauen. Da es immer einer Vielzahl solcher Eigenschaften bedarf, um in eine Gruppe aufgenommen zu werden, findet damit zugleich eine Auswahl nach gemeinsamen Merkmalen statt. Viele westliche Beobachter neigen dazu, die chinesische Gesellschaft aus diesem Grund als eine Kollektivgesellschaft zu beschreiben. Hervorzuheben sind jedoch die Wiederholung der Grenzziehung und die Stabilisierung durch soziale Asymmetrien. Es ist demnach nicht möglich in möglichst vielen Gruppen gleichzeitig Mitglied zu sein, da sie sich voneinander abgrenzen und undurchlässig sind. Durch die Abgrenzung kennzeichnet die Gruppe zugleich ihre eigene Identität. Bereits in der Auswahl neuer Gruppenmitglieder, aufgrund von Gemeinsamkeiten und mit entsprechenden Statuspositionen, ist angelegt, dass die Identitätssuche immer mit der Vergangenheit der Gruppe verbunden ist. Für den Erhalt der Gruppe, das heißt, die Stabilisierung der Grenze, ist dieser Rückbezug auf Vergangenes wichtig. Er ist fortzuschreiben, da dadurch die Gemeinsamkeiten der Gruppe stabilisiert werden. Für die gesellschaftliche Kommunikation und die Selbstbeschreibung der chinesischen Gesellschaft wird daran deutlich, warum eine Zurückverlängerung zu einer 2000 bis 7000 jährigen Geschichte der chinesischen Kultur von Interesse ist, sie stabilisiert die chinesische Gesellschaft nach innen.

Eine Ausweitung der sozialen Netzwerke und der Kommunikation findet in der chinesischen Gesellschaft unter der Prämisse statt, dass Konflikte vermieden werden. Daraus folgt, dass die Gruppenmitgliedschaft oder der Zugang zu einer Gruppe unter bestimmten Voraussetzungen erfolgt. Das heißt, ein neues Mitglied sollte über ein Hintergrundwissen verfügen, was in der Gruppe erwartet und erwünscht wird. Andernfalls besteht das Risiko gegen die Vorstellungen und Präferenzen von Gruppenmitgliedern zu verstoßen. Dieser Mechanismus bildet für Fremde eine Hürde und ist zugleich in der Ausgestaltung der chinesischen Kommunikation eine große Chance, da die Kommunikationen mit Chinesen utilitaristisch und auf eine Ausweitung der Kommunikationsangebote angelegt sind. Chinesen sind nicht zurückhaltend, sondern verfolgen auch sehr direkt ihre Interessen. Insofern findet eine Grenzziehung der Gruppe nach außen parallel zu der Kommunikationsgestaltung statt, da die Mitgliedschaft in einer Gruppe den Kontakt mit unterschiedlichen Personen ermöglicht, ohne dass man im Rauschen der Kontakte zu vielen Teilnehmern untergeht. Deshalb wird die Berücksichtigung der chinesischen Kommunikationspartner durch ihren Status und der Prestigeordnung der Teilnehmer geregelt. Das heißt, dass selbst unter einer Konfliktvermeidungskommunikation und der Grundvoraussetzung der Erweiterung des Teilnehmerkreises, nur neue Mitglieder in eine Gruppe aufgenommen werden oder an Gesprächen teilhaben, die einen für die Gruppe und Netzwerkmitglieder wichtigen Status oder ein entsprechendes Prestige vorweisen. Der Status oder das Prestige des neuen Mitglieds kann sich auch auf ein anderes gesellschaftliches Teilgebiet beziehen, da davon ausgegangen wird, dass über Statusträger indirekter Einfluss ausgeübt werden kann. Personen ohne Prestige und ohne Status werden weitgehend übersehen. Das gilt selbst dann, wenn sie in Zukunft einen Status erwerben und im Hinblick auf eine längere zeitliche Distanz einen Gewinn für Interessenverfolgung darstellen könnten. Der Status bemisst sich nach Alter, Vermögen und Bedeutsamkeit in den Bekanntschaftsnetzwerken. Prestige erwirbt in China, wer auf in einem Gebiet von gesellschaftlicher Bedeutung erfolgreich ist, dass und die Möglichkeit der Einflussnahme oder der Ressourcenverteilung hat.

Die Öffnung und die Schließung von kommunikativen Grenzen finden über eine konfliktarme Kommunikationsgestaltung und die Status-Prestigeordnung der Mitglieder in der chinesischen Kommunikation statt. Durch diese Mechanismen wird der Gruppenzusammenhalt gefestigt. Er ermöglicht den Teilnehmern aber auch die Chance zur Herstellung von neuen Kontakten, ohne den Zusammenhalt der Gruppe zu gefährden. Über die Status-Prestige-Unterscheidung findet eine Vorauswahl statt, welche die nutz- und zweckorientierten Merkmale der chinesischen Kommunikation widerspiegelt. Überspitzt ausgedrückt setzt die Kommunikation mit Chinesen „Kommunikation mit Chinesen" voraus. Das gilt insofern, als über die Art und Weise der kommunikativen Steuerung selbst nicht mehr eine Kommunikation stattfindet oder sie ein Thema einer Kommunikation wird. In der Konsequenz ist es für Fremde schwer, in eine neue Gruppe oder ein chinesisches Netzwerk aufgenommen zu werden. Das gilt in Teilen auch für die Fragmentierung der chinesischen Gesellschaft und die Interaktion zwischen unterschiedlichen Gruppen. Dennoch kann man vermuten, dass bei allen noch so großen Unterschieden in der chinesischen Gesellschaft, zum Beispiel im Hinblick auf ethnische -, religiöse -, sprachliche -, als auch Bildungs- und Einkommensunterschiede, die Gemeinsamkeit vielfach höher ist, als zu Ausländern. Die Fremden aus dem Westen, die Inder oder auch die Araber können die Grenze des gemeinsamen Hintergrunds in China leichter überbrücken, wenn sie einen hohen Status und über ein hohes Prestige verfügen. Deshalb werden ihnen auch Einflussmöglichkeiten zugeschrieben, über die sie nicht unbedingt verfügen müssen. Ihnen wird eine Tür geöffnet, um die Einstellung und die Erwartungen der Gruppenteilnehmer kennenzulernen. Mit dieser Türöffnung lässt sich der weitere Fortgang der Kommunikation fortführen und es lassen sich zugleich neue Kontakte herstellen.

8.6 Chinesische Strategien der Konfliktabsorption

Für die chinesische Gesellschaft ist die Wiederholung der asymmetrischen Differenz der Über- und Unterordnung der Teilnehmer an der gesellschaftlichen Kommunikation als ordnungsbildendes und stabilisierendes Prinzip charakteristisch. Die Gemeinschaftsordnung orientiert sich nicht an den gleichen Rechten ihrer Mitglieder. Sie hegen auch nicht die Absicht eine gesellschaftliche Gleichstellung als Rechtspersonen herbeizuführen, sondern die Stabilität der gesellschaftlichen Kommunikation besteht in der Ungleichheit. Man ist auch ohne eine große Sensibilität für kommunikative Abläufe bei einem Chinaaufenthalt immer wieder überrascht, wie gut diese Kommunikation, sei es im Hinblick auf das Alter, das Geschlecht, den universitären Status oder die Zugehörigkeit zu einem bestimmten Unternehmen funktioniert. Gleichstellungen und Gleichberechtigungen an der gesellschaftlichen Kommunikation, wie wir sie aus dem Westen, vor allem aus den Vereinigten Staaten kennen, stoßen dort eher auf Unverständnis. Es ist nahezu selbstverständlich, dass man Älteren den Vortritt lässt und sie für einflussreicher als Jüngere hält. Auf die Interaktionsebene bezogen heißt das, dass in der gesellschaftlichen Kommunikation stets eine Differenz betont wird. Für den Austausch von Gefälligkeiten ist es in China üblich, dass ein Gefallen nicht sofort durch eine andere Leistung ersetzt werden muss. Aus strategischer Sicht ist das Gegenteil erstrebenswert. Solange der Gefallen nicht erwidert wurde, besteht eine Bindung und eine Verpflichtung zwischen dem Gefallennehmer und Gefallengeber. Diese Beziehung hält die asymmetrische Interaktion in der Schwebe.

Die Vermeidung von sozial zugespitzten konfliktbeladenen Situationen bezeichnet ein bestimmtes Merkmal der chinesischen Kommunikationsgestaltung. Gruppenmitgliedern wird es dadurch möglich auch mit Gegenspielern zu kooperieren. So wird eine spezielle Art der Gruppenbindung hergestellt, die wiederum Erwartungserwartungen auslöst. Der Verstoß gegen diese Gruppenbindung durch die Auslösung von Konflikten wird als Angriff gegen die ganze Gruppe gewertet und sanktioniert. Daher vollzieht sich gerade nicht durch exponierte Positionen eine fortschreitende Veränderung, sondern sie werden marginalisiert, da diese Positionen von der Gruppe abgelehnt werden. Die Hinwendung westlicher Medien auf Regimekritiker verfehlt in diesem Zusammenhang die gesellschaftliche Relevanz, da ihre Einflussmöglichkeiten auf die chinesische Gesellschaft, entgegen vieler Darstellungen, äußerst gering ist. Das bedeutet nicht, dass das politische System mitunter hart durchgreift. Vielmehr ist das Augenmerk unter Beachtung dieses Kommunikationsmerkmales auf die Ausgestaltung der kooperativen Kommunikation bei gleichzeitiger Zielverfolgung zu legen. Frei nach Bismarck könnte man sagen, das Wort ist schwach, aber die Taten sind stark. Es wird in China nichts über die kommunikative Übereinstimmung entschieden. Aber eine kommunikative Nichtübereinstimmung kann nur sehr selten zu einer Übereinstimmung im Handeln führen. Daher ist nicht danach zu fragen, was jemand sagt, sondern das Augenmerk ist darauf zu richten, *was* er *wie* tut.

Diese Steuerung hängt eng mit der Netzwerkgestaltung der Sozialbeziehungen und dem damit verbundenen Einfluss in den Teilbereichen der Gesellschaft zusammen. Die Mitglieder von Gruppen vermeiden es daher, offen Unterschiede in ihrer Auffassung zu thematisieren, da sie dadurch auch Gruppenmitglieder in anderen sozialen Zusammenhängen in der Ausgestaltung ihrer Ziele gefährden können. Unter diesem Gesichtspunkt ist die Auffassung wahrscheinlich, dass man von der chinesischen Gesellschaft nicht von einer Kollektivgesellschaft sprechen kann. Sie ist keine totalitär gesteuerte Gesellschaft. In

8.6 Chinesische Strategien der Konfliktabsorption

einer Kollektivgesellschaft hat die Gruppe einen Vorrang vor ihren Mitgliedern. Stattdessen ist die chinesische Kommunikationsgestaltung als strategisches Handeln zu beschreiben, da dieses Vorgehen die Zielverfolgung erleichtert und eben gerade nicht von der inneren Übereinstimmung der Mitglieder der Gruppe auszugehen ist. Sieht man von der maoistischen Kommunismus und der Kulturrevolution ab, so sind Chinesen selten wirkliche Überzeugungstäter.

Es ist zu betonen, dass von dem Gesprochenen nicht auf die Motive zurückzuschließen ist. Die gegebenen Versprechen, die Vermeidung von Konflikten, die erwiesenen Höflichkeiten oder auch die Lügen und Unwahrhaftigkeiten in der Kommunikation sind unter diesem Gesichtspunkt anders zu bewerten als ihre westlichen Entsprechungen. Das betrifft sowohl die Rhetorik des politischen Systems, die geführten Vertragsverhandlungen im Wirtschaftssystem als auch die einfachen Absprachen im chinesischen Alltag. Der Vorrang des sozialen Zusammenhangs einer Gruppe und ein opportunistisches Verhalten, ist stattdessen als eine Konfliktvermeidungsstrategie zu beschreiben. Man kann sich fragen, warum sich die Mitglieder der sozialen Gruppen in China nicht anders verhalten. Sie könnten ja auch eine Konfliktstrategie für ihre Interessenverfolgung anwenden? Die Antwort darauf ist, dass die Konfliktträger dadurch das Risiko eingehen, sich in der gesellschaftlichen Kommunikation zu isolieren. Nach einem Austritt aus einer Gruppe und in einer isolierten Position ist es nur sehr schwer wieder in einen akzeptierten Bereich einzutreten, sondern die davon Betroffenen gelten als stigmatisiert. Sie verlieren dadurch ihre Gestaltungsmöglichkeiten in zunehmend mehr gesellschaftlichen Bereichen. Welche Bedeutung dieser Mechanismus der Kommunikationsgestaltung hat, zeigt sich daran, dass er einen anderen Veränderungsimpuls herstellt. Veränderungen und Wandel gehen nicht von Visionen oder großen Reden aus. Stattdessen gestalten sie sich von Kommunikation zu Kommunikation über die dazwischen liegenden Ergebnisse. Weder Revolution noch demokratischer Wandel, sollten sie in China jemals eintreffen, werden deshalb nicht von politischen Programmen oder sogar von Verfassungsänderungen ausgehen. Das sind nur Texte ohne eine bindende Kraft. Die Veränderungen und der Wandel gehen von der Umgestaltung von Erwartungserwartungen in Gruppen aus. Sie üben den Zwang aus, der die Kommunikation und die Zielverfolgung der Mitglieder der sozialen Gruppen beeinflusst.

Für die chinesische Gesellschaftsstruktur ist eine bestimmte Form der fortlaufenden Unterscheidung, der Differenzierung, der Integration und des damit einhergehenden Zusammenschlusses charakteristisch. Die Modernisierung und damit die Herausbildung von kollektiven Identifikationen hat an dieser Form der Unterscheidung und Differenz insofern nichts geändert, da ein charakteristisches Merkmal der chinesischen gesellschaftlichen Kommunikation erhalten blieb. Der

Ausgangspunkt für die Unterscheidung und einer Integration in der chinesischen Gesellschaft ist die soziale Zugehörigkeit. Sie löst die Unterscheidungen in der Beobachtung der gesellschaftlichen Kommunikation aus und wer unter welchen Umständen zu berücksichtigen ist. Damit geht eine besondere Zuweisung von Achtung einher, die gerade nicht ausgehandelt wird. Das betrifft auch, *wer* mit *wem* in welcher Weise einen kommunikativen Kontakt aufnimmt und wie die Kommunikation auszugestalten ist. Die gruppenspezifische, prestigeregulierte und traditionsorientierte Zuweisung von Achtung ist bei allen großen strukturellen Veränderungen durch die Modernisierung der chinesischen Gesellschaft erhalten geblieben. Die Entscheidung über Mitglied oder Nichtmitglied, somit über die Zugehörigkeiten, erfolgt über die Zuschreibung und die verbindende Solidarität von sozialen Gemeinsamkeiten. Das kann die gleiche Herkunft, derselbe Dialekt, dieselbe Hochschule oder die gemeinsamen Freunde und Bekannte sein. Durch den Rückzug der gestalterischen Übersteuerung des politischen Systems aus dem Gemeinschaftssystem im Zuge der Modernisierung gewannen die traditionellen Klan- und Wirtschaftsverbände, die Ehemaligenvereinigungen von Universitäten und die religiösen Gruppen an Bedeutung. Die Grenzziehung zwischen dazugehörig und fremd wird durch die soziale Zugehörigkeit entschieden.

Das ist insofern bemerkenswert, da aus dem Westen eine andere Unterscheidungsform und Differenzierung im Zuge der Modernisierung hinzugekommen ist. Es haben sich Berufsgruppen, Gewerkschaften, Unternehmensverbände und Assoziationen gebildet, die aus einer Vielzahl unterschiedlicher Mitglieder bestehen und die sich über die sachlichen Gesichtspunkte, also über eine inhaltliche Übereinstimmung in der Zielsetzung, unterscheiden. Durch die Vereinheitlichung der Heterogenität der Mitglieder im Inneren der Gruppe fand auch eine Toleranz und Akzeptanz außerhalb der Gruppe insofern statt, das Erwartungserwartungen über die Gruppengrenzen hinaus möglich wurden. Damit wurde der Dualität einer Freund-Feind-Beziehung oder der Partikularität von Rechten entgegengewirkt, zum Beispiel den Standesrechten. In diesem Punkt weichen die westliche und die chinesische Modernisierung von einander ab und schlagen unterschiedliche Pfade ein. Für die chinesische Gesellschaftsstruktur hat diese Entwicklung zur Folge, dass sich im Unterschied zum Westen ein anderer Integrationsmodus und eine andere Prestigeordnung bildet.

Wir haben dargestellt, worin sich Chinas Entwicklungspfad in den gesellschaftlichen Teilbereichen der Politik, der Wirtschaft, des Rechts und der Wissenschaft von der westlichen Modernisierung unterscheidet sowie worin die Eigenart der chinesischen Kultur und kollektiven Identität besteht. Die Veränderungen in den gesellschaftlichen Teilbereichen, ihrer kulturellen Orientierung und die Neufassung der chinesischen Identität stehen in einer Wechselbeziehung zur Gemeinschaftsordnung dahin gehend, da ihr die gesellschaftliche Kommunikation, die sozialen Bindungen und die entgegengebrachte Solidarität in Notfällen zu Grunde liegen. Sie unterliegen zwar den oben dargestellten Variationen, aber es bleibt jedoch eine sich nicht verändernde Tiefenstruktur der gesellschaftlichen Kommunikation erhalten. Das hat weitreichende Folgen. Unter Berücksichtigung dieser nicht immer augenfälligen Kontinuität werden die Zukunftsanforderungen an die chinesische Gesellschaft ebenso deutlich, wie der sich abzeichnende weitere Verlauf der wirtschaftlichen, politischen, rechtlichen und wissenschaftlichen Modernisierung.

Zukunftsanforderungen – Verklärung der Vergangenheit und die Unbekanntheit der Zukunft

9.1 Veränderte Ausgangssituation

Die Modernisierung des Reichs der Mitte ist kein Rätsel mehr. Sie unterlag besonderen Voraussetzungen und sie löste strukturelle Veränderungen der chinesischen Gesellschaft aus, die wir mittlerweile gut erkennen können. Vor allem sollte die westliche Seite sich nicht von der chinesischen Selbstinszenierung als geheimnisvolle Kultur und Gesellschaft beeindrucken lassen. Das betrifft nicht nur die chinesische Medizin, die chinesische Philosophie, sondern auch die verbreitete Rhetorik, dass China das Land der unbegrenzten Möglichkeiten sei. Das gilt auch für den spektakulären Erfolg der chinesischen Modernisierung. Die chinesischen Politiker und Geschäftsleute verweisen gerne auf die Größenordnungen, welche mit der Modernisierung Chinas einhergingen, wie zum Beispiel dem Bau neuer Städte, des Drei-Schluchten-Staudamms, der Autobahn, der Infrastruktur – es werden 56 Kernkraftwerke gebaut – und der immer mehr steigenden wirtschaftlichen Nachfrage. Dadurch zeichnen sie ein beeindruckendes Bild, das über die Medien inszeniert wird. Zudem werden im Westen Ängste geweckt, wenn Chinesen anbieten, bei dem Abbau von Staatsschulden behilflich zu sein. Man befürchtet Abhängigkeiten und Forderungen an die westliche Politik sich zum Beispiel vor allem in den Menschenrechtsforderungen zurückzuhalten. Insgesamt wird China als eine aufkommende Weltmacht erlebt, der man auf Grund ihrer Erfolge und Ressourcen wenig entgegenzusetzen vermag.

Die Zukunftsanforderungen der chinesischen Gesellschaft ergeben sich aus der Analyse der beiden Teile dieses Buches. Dabei ist im Blick zu behalten, dass man eine wertfreie Einstellung gegenüber diesen Herausforderungen einnehmen sollte, um zu erkennen, welche Probleme sich der chinesischen Gesellschaft stellen. Das gilt unabhängig davon, von welchem Beobachtungsstandpunkt man sie beschreibt. Sie ergeben sich aus dem anderen Entwicklungspfad der chinesischen Modernisierung und einem sozio-kulturellen Hintergrund, der dem Mitglied der westlichen Gesellschaft nicht vertraut ist. Deshalb stellen sich andere Folgeprobleme, als wir sie aus der westlichen Gesellschaften kennen. Das kristallisiert sich zum Beispiel an der Frage nach einer sozialen Ordnung im Sinne einer Inklusion sozialer Gruppen durch die Teilhabe an der kulturellen, politischen und sozialen Staatsbürgerschaft. Die Antwort auf die Frage wird chinesisch ausfallen, das heißt, es sind Problemlösungen erkennbar, die in westlichen Gesellschaften so nicht vorliegen und auch im Westen nicht anwendbar sind. Wer mit Chinesen in Entscheidungs- und Kooperationsverläufe eintritt, sollte diesen Hintergrund berücksichtigen. Denn nur so lassen sich die Folgen der Entscheidung einschätzen, die auf den davon Betroffenen zukommen.

Es ist im Blick zu behalten, dass sich durch die Modernisierung an die chinesische Gesellschaft neue Anforderungen stellen, die nicht kurz- bis mittelfristig zu bewältigen sind. Das betrifft die langfristigen Zukunftsanforderungen des besonderen Entwicklungspfads der chinesischen Modernisierung im Hinblick darauf, dass eine strukturelle Differenzierung zwischen dem Wirtschafts- und dem politischen System nicht vorgenommen wurde bzw. nicht eingetreten ist. Angesprochen sind dabei die Aufrechterhaltung der Stellung der Kommunistischen Partei Chinas im politischen System, die Einheit des chinesischen Nationalstaates sowie die fortlaufende Integration in das globale Wirtschafts- und Wissenschaftssystem, die fortlaufende Erneuerung ihrer kollektiven Identität und die Verschiebung von Solidaritäten innerhalb der Gruppen der chinesischen Gesellschaft. Das geht auch für die chinesische Seite mit neuen Abhängigkeiten einher. Welche Gemengelage sich dadurch für den Fortgang der Modernisierung einstellt, ist nicht von vorn herein festgelegt. Sie wird aber auf der dargestellten Struktur der chinesischen Modernisierung aufbauen.

Die durch die Modernisierung geschaffene Gemengelage führt zu neuen Herausforderungen der Um- und Anschlussgestaltung der Modernisierung seit den 1990er Jahren in der chinesischen Gesellschaft. Der strukturelle Aufbau des politischen Systems bewirkt, dass die Legitimation der Kommunistischen Partei Chinas von der Wohlstandsvermehrung abhängig sein wird. Diese Wohlstandsvermehrung kann unter den spezifischen Voraussetzungen in China aber nur bedeuten, dass Wohlstand für besondere Gruppen entsteht. Ein breites Wohlstaatsprogramm, wie es in der Bundesrepublik Deutschland seit den 1950er Jahren durchgeführt wurde, ist in China nicht umsetzbar. Daher wird sich die Anzahl der Modernisierungsgewinner, aber auch der Modernisierungsverlierer, erhöhen. Der Graben zwischen den Gewinnern und Verlierern wird sich auch deshalb verbreitern, da die alten Solidaritäten verloren gehen und neue Solidaritäten hinzukommen. Es ist schon aus der gegenwärtigen Perspektive zu erkennen, dass die intellektuellen und politischen

Eliten keine neue Gesellschaftsutopie entwickeln, die der Musterplan für die politische Zielsetzung und ihrer wirtschaftlichen Umsetzungen sein wird. Die politische Rhetorik von der harmonischen Gesellschaft, die vom politischen Zentrum ausgeht, dient nach dem kulturellen Ordnungsmodell der Chinesen dazu, die kollektive Identität der Chinesen in ihrer Grenzziehung zu beschreiben, ohne die Konfliktlinien einzuebnen. Ein asymmetrisches Verhältnis, wie das von Modernisierungsgewinnern und Modernisierungsverlierern, ist in der chinesischen Gesellschaft kein Widerspruch, da Asymmetrien aus ihrer Sicht die soziale Ordnung erhalten.

Durch die Modernisierung werden an die chinesische Gesellschaft neue Anforderungen gestellt. Sie ergeben sich aus den inneren Veränderungen und aus den Anpassungsanforderungen, die von außen an die chinesischen Gesellschaft herangetragen werden. Das betrifft die Veränderungen, die durch das globale Wirtschaftssystem in China fortlaufend ausgelöst werden und die Forderungen und Erwartungen der westlichen Politik. Aus der Innensicht stellt sich die Frage, wie Stabilität und Wandel zu vereinbaren sind. Das kann kurzfristige Modernisierungskonflikte einleiten. Die wachsende Integration des Teilnehmerkreises in das chinesische Wirtschaftssystem löst zudem eine weitere anhaltende Binnenmigration aus. Die wirtschaftlich prosperierenden Städte in den Küstenregionen ziehen die Landbevölkerungen aus den zentralen Provinzen an. Diese Binnenflucht erreicht schwer vorstellbare Ausmaße, da 80 Prozent der chinesischen Bevölkerung noch zur Landbevölkerung gehören und von den Modernisierungen abgeschnitten sind. Sie strömen in den nächsten Jahren in die Städte. Binnen weniger Jahre wachsen die Städte zu Millionenmetropolen heran. Das stellt neue Anforderungen an Infrastrukturmaßnahmen wie den Wohnungsbau, die Wohnraumverteilungen, die Arbeitsplatzbeschaffungen, die Verkehrswege, die Versorgung und die Entsorgung von Abfall sowie an das individuelle und kollektive Zusammenleben. Für das Zusammenleben stellt sich die Frage, welche Einheiten und welche Abgrenzungen sich herausbilden bzw. wie der Verkehr zwischen den Abgrenzungen kommunikativ ausgestaltet wird. Die bisherigen Nachbarschaftskomitees und die Verwaltung, welche die Konfliktregulierung vornahmen, werden diese Funktion nicht mehr ausüben können. Das war nur möglich so lange die Freizügigkeit eingeschränkt und der Zugang zu Wohnraum streng reguliert war. Es liegt nahe, dass dafür neue Formen der Regulierung zu finden sind.

9.2 Politik: Wohlstand und seine Folgen

Entgegen den verbreiteten Vermutungen von Soziologen, Politologen und westlichen Politikern läuft die Veränderung in China nicht darauf hinaus, dass aus dem Anwachsen der Unterschiede eine neue demokratische Revolution weder mittel- noch langfristig hervorgeht. Das schließt es aber nicht aus, dass die Auseinandersetzungen zwischen den Gruppen mittelfristig ansteigen und sich auch ausweiten können. Zugleich wächst aber auch die Intoleranz der Beobachter in der chinesischen Gesellschaft für solche Konflikte. Sie werden sich zurückziehen und die Vorgänge ignorieren oder sich im Grenzfall in selbst gewählte Gettos abschotten.

Es fällt auf, dass die chinesische Außen- und die Wirtschaftspolitik von dem größten Teil der chinesischen Bevölkerung nicht in Frage gestellt wird. Es lässt sich so ohne Weiteres nicht die Frage beantworten, wie das politische System aus der Sicht der Chinesen modernisiert werden sollte? Interessanter ist die Frage, worin seine Stabilität besteht und ob sie auch in Zukunft bestehen bleibt? Die grundsätzliche Frage und das Problem des politischen Systems Chinas ist, wie viel ungleichzeitige Entwicklung einzelner Regionen es absorbieren kann? Vermutlich erklärt sich daraus auch der zunehmende Nationalismus.

Die Zukunftsherausforderung des politischen Systems Chinas wird darin bestehen, sofern eine Situation eintritt, in der die Ausweitung der Modernisierung Chinas, zum Beispiel die Gründung neuer Städte, der Ausbau der Infrastruktur, die Entwicklung des landwirtschaftlichen Raums Zentralchinas und die Ausweitung des Handelns, sich verlangsamt oder sogar rückläufig ist. Zu erwarten ist in dieser Situation, dass die politische Elite nicht nach neuen Lösungen sucht, sondern die bisherigen erfolgreichen Strategien anwendet. So wird die lokale einen Vorrang vor der zentralen Verantwortung, die Situationslösung einen Vorrang vor Musterlösungen und die Vielfalt der Problemlösungen einen Vorrang vor Einheitslösungen haben. Damit geht eine positive Bewertung von Unterschieden einher und von ihr geht die Problemlösung aus. Für das politische System ist auch in Zukunft davon auszugehen, dass es voraussichtlich als ein Bindeglied dieser inneren Differenzierungen die Stärkung der kollektiven Identität der Chinesen vornimmt und die Herausstellung ihrer Einmaligkeit weiterhin das innenpolitisches Programm bleibt. Das betrifft aber nicht nur die Innenpolitik, sondern auch die politische Selbstdarstellung nach außen.

Besonders erfolgreich war für die Kollektivbeschreibung der Chinesen in den vergangenen zwanzig Jahren die wirtschaftliche Modernisierung und der damit verbundene Anstieg des Lebensstandards. Die Orientierung wird auch weiter zu dem Programm der chinesischen Politik gehören. Er eröffnet nach innen die Verlautbarung des Programms der Mobilität und des Aufbruchs mit dem Glauben daran „Alles ist möglich". Gegenüber den außenpolitischen Darstellungen stellt die Unterstützung der wirtschaftlichen Modernisierung einen Handlungsspielraum bereit und erhöht damit gleichzeitig die Akzeptanz der chinesischen Politik durch die Legitimation „Wir haben es richtig gemacht".

9.2 Politik: Wohlstand und seine Folgen

In den vergangenen zwanzig Jahren hat das politische Zentrum den selbstständigen Gestaltungsspielraum der Regionen erhöht und sie damit in die Lage versetzt, unterschiedliche wirtschaftliche Modernisierungen in Gang zu setzen. Der Balanceakt bestand darin, die Regionen in ihrer Entwicklung nicht im Wettbewerb zum Zentrum entstehen zu lassen und dafür zu sorgen, dass keine Abspaltung vom Nationalstaat eingeleitet wird. Bei der Ausgestaltung dieser Vorgehensweise ist nicht nach einem Reißbrett verfahren worden, sondern es wurden situativ Lösungen gesucht und Freiräume ausprobiert. Dieses Programm des Versuchs und Irrtums sowie der politischen Steuerung ermöglichte es, zum einen regionalspezifische Anforderungen als auch zum anderen zeitliche wirtschaftszyklische Veränderungen einzubeziehen. Auf dem Ist-Stand ist davon auszugehen, dass die politische Legitimität der Kommunistischen Partei Chinas nicht in Frage gestellt wird. Dabei ist immer im Blick zu behalten, dass der westliche Beobachter die Kommunistische Partei als einen monolithischen Block beschreibt. Das ist jedoch nicht der Fall. Durch die Öffnung der Kommunistischen Partei gelingt es unterschiedliche gesellschaftliche Gruppen in sie aufzunehmen und ihnen dadurch auch eine Karriere zu ermöglichen. Die Attraktivität dieser Öffnung zeigt sich daran, dass sich die Mitgliederzahl der Kommunistischen Partei auf 70 Millionen erhöhte und damit in den letzten 20 Jahren nahezu verdoppelt hat.

Vermutlich besteht die Angst der Chinesen im Hinblick auf die Organisation des politischen Systems in etwas ganz anderem. Es stellt sich für sie nicht die Frage, dass die fortlaufende wirtschaftliche Verbesserung ihrer Lebenslage durch eine Demokratie westlichen Zuschnitts zu vervollständigen ist. Zu ihren Traumata gehört in der Geschichte des letzten Jahrhunderts die Zeit zwischen 1915–1925 in der die chinesische Gesellschaft zersplittert war und in einzelnen Regionen Warlords herrschten. Diese Zeit ist deshalb so gefürchtet, da die Warlords ein entgrenztes Regime führten. Sie erhoben willkürlich hohe Steuern, welche die Bevölkerung nicht aufbringen konnte. War diese Ressource erschöpft, so plünderten sie. Insofern bedeuteten diese Jahre eine Zeit von hoher Instabilität, Willkür und Unsicherheit. Wir verstehen die Rolle der Kommunistischen Partei nur dann, wenn wir berücksichtigen, dass sie dazu beiträgt, dass sich eine solche Situation nicht wiederholt und China nicht in einzelne Regionen ohne eine einheitliche politische Organisation zerfällt. Das würde das Ende Chinas als neue Weltmacht bedeuten. Die kollektiven Traumata der chinesischen Geschichte werden die Legendenbildung der großen Metaerzählungen der chinesischen Kultur und der kollektiven Identität der Chinesen weiter begünstigen. Sie dienen als Orientierung im Sinne einer Abgrenzung nach außen, der Überzeugung, dass Ordnung dem Chaos und eingebundene Autonomie der Fremdbestimmung vorzuziehen sind. Die Einsicht dahinter wird gesellschaftlich weitgehend geteilt. Aus ihr folgen, dass dem Gruppen- und Kollektivinteresse ein Vorrang einzuräumen ist und nicht mit der individuellen Handlungsausgestaltung im Widerspruch steht. Das begünstigt die Sicht, dass die globale wirtschaftliche Einbindung mehr Optionen liefert als die Abgrenzung. Das gilt gerade auch dann, wenn es den Chinesen nicht leicht fällt, Abstimmung mit und Anschluss an Andere zu suchen, zum Beispiel der westlichen und der afrikanischen Welt.

Es ist zu erwarten, dass eine Ausweitung der Proteste und Protestformen die Modernisierung Chinas begleiten. Dies wird aber voraussichtlich keinen Umbau des politischen Zentrums einleiten. Stattdessen werden sie dazu führen, situative Anpassungen vorzunehmen oder differenzierte Veränderungen im Sinne eines Modellcharakters den Protesten gegenüberzustellen. Insofern ist mit einer Binnenkonkurrenz zu rechnen, die keine Protestbewegung gegen das politische Zentrum begünstigt. Auf der lokalen und der regionalen Ebene werden Provinzen und Gemeinden zunehmend stärker miteinander konkurrieren und um die besten Problemlösungsalternativen ringen. Insofern ist auch nicht die Übernahme westlicher Modernisierungsprogramme zu erwarten. Darin besteht eine chinaspezifische Struktur des politischen Systems, das sich fortlaufend verändert und eine Alternative zu den Problemlösungen der westlichen politischen Systeme ist.

9.3 Wirtschaft: Nach dem Wirtschaftswunder

Wie kann China in Zukunft das wirtschaftliche Stagnieren vermeiden oder sogar das Schrumpfen verkraften und zugleich seinen Wohlstand vermehren? Die Wohlstandsvermehrung, von der das politische System in China abhängig ist, stellt das Wirtschaftssystem vor zusätzlichen Herausforderungen. Sie bestehen darin, dass unabhängig von der wirtschaftlichen Situation auf globaler oder staatlicher Ebene zusätzliche Ressourcen zu bilden sind. Das schränkt die Optionen für Handlungen und Planungen ein, da sie das Sparen oder das Reduzieren von Ausgaben ausschließen. Ferner führt es zu einer besonderen Anfälligkeit in Krisen, die Schrumpfungen, die Reorganisation und damit die Freisetzung von Ressourcen erfordern, die dann nicht mehr der Wohlstandsmehrung hinzugefügt werden können und so gar einen Wohlstandsabbau mit sich bringen können.

Die Eliten im Wirtschafts- und politischen System Chinas werden sich in den nächsten Jahren weiter umschichten. Die Netzwerke zwischen diesen beiden Gruppen sind derart strukturiert, dass sie aufeinander angewiesen sind. Dies wird sich in den nächsten Generationen so ohne Weiteres nicht ändern. Verstärkt wird dieser Vorgang durch den chinesischen Nationalismus. Der gegenseitige Nutzen, der durch diese Verflechtung zwischen dem politischen und dem Wirtschaftssystem besteht, sollte aber nicht dahin gehend missverstanden werden, dass eine personelle Abhängigkeit vorliegt. Es ist vielmehr von einer strukturellen Abhängigkeit auszugehen, die durch die Funktion des Wirtschafts- und des politischen Systems zu erklären ist. Die Zukunftsanforderung in der sozialen Dimension des Wirtschaftssystems besteht somit darin, wie sich Netzwerke im Wirtschaftssystem selbst und in ihrer Verknüpfung mit dem politischen System erhalten. Diese Netzwerke sind keine monolitischen Blöcke im Sinne von Klassen oder herrschenden Gruppen, sondern veränderbare Beziehungsnetzwerke, die sich über einen bestimmten Austausch und entsprechende Kommunikationseigenschaften bilden. Damit wird in der Gegenwart jeweils neu über Eintritt oder Verbleib im Netzwerk zu entscheiden sein.

Durch die umfangreichere Einbindung der chinesischen Wirtschaft in das globale Wirtschaftssystem werden sich auch die binnenwirtschaftlichen Austauschprozesse der chinesischen Wirtschaft verändern. Das betrifft auch das westliche Interesse am chinesischen Finanzmarkt. Es ist zwar nicht damit zu rechnen, dass er sich schnell gegenüber dem globalen Finanzmarkt öffnet, aber der Zugang zu ihm wird erleichtert werden. Für die Binnenstruktur der chinesischen Wirtschaft ist damit ein Anstieg des Wettbewerbs um externe Ressourcen zu erwarten. Das zentrale Problem des chinesischen Wirtschaftssystems wird in Zukunft die Ressourcenbeschaffung sein. Das wird auch damit einhergehen, dass eine neue ökologische Sensibilität und ein Schub in die Investition von ökologiefreundlichen Technologien eintritt. Zugespitzt lässt sich das Problem der Zukunftsanforderung in sachlicher Hinsicht mit der Frage auf den Punkt bringen: Wie lässt sich der Ressourcengewinn und die Ressourcennutzung bei der Verknappung oder Schrumpfung der Ressourcen erreichen? Das betrifft nicht nur die ökologischen Ressourcen, sondern in einem größeren Wettbewerb auch den Kampf um finanzielle Ressourcen, Innovation und Zeitgewinn.

Mit dem fortlaufenden Einschluss in das globale Wirtschaftssystem stellt sich für die wirtschaftliche Kommunikation das Problem eines neuen Zeittakts. Die Abstimmung wird sich so ohne Weiteres nicht einstellen. Das hat zur Folge, dass die Zeiten des chinesischen Wirtschaftssystems nicht auf die Veränderungen der Konjunktur-, der Branchen- sowie der regionalen Zyklen abzustimmen sind. Auch eine Anpassung der wirtschaftlichen Zeitzyklen mit dem politischen System ist nicht in Einklang zu bringen. Die Herausforderung stellt sich nun dahin gehend, wie die zeitlichen Brüche zu verarbeiten sind. Das betrifft auch die Anpassung und den Verlust von Reaktionszeit gegenüber dem globalen Wirtschaftssystem. Es ist nicht ausreichend auf die Trends im globalen Wirtschaftssystem in einer kurzen Zeitspanne zu reagieren, auch wenn das keine einfache

Aufgabe ist. Ein effektiver Zeitgewinn kann erst dann erfolgen, wenn die entsprechenden Trends von chinesischer Seite aus gesetzt werden.

Die Informationsverarbeitung von den eintretenden Trends gelingt nur dann, sofern sie auf kurzen Wegen erfolgt und der Spielraum besteht, auch Ressourcen zusammenzulegen. Darin besteht die Stärke von formalen Organisationen, die in chinesische Netzwerke zu übertragen ist. Die Anforderung für das chinesische Wirtschaftssystem wird somit darin bestehen, einerseits die Abstimmungswege zu verkürzen, aber auch andererseits mehr Ressourcen zusammenzulegen. Dadurch tritt eine Spannung ein, da die beiden Punkte entgegengesetzt wirken. Das führt in China zu dem besonderen Problem, da die politischen Netzwerke in den Abstimmungsvorgang mit einzubeziehen sind. Das sollte man aber nicht nur als einen Nachteil interpretieren, da sich die Wirtschafts- und die politischen Eliten dadurch leichter abstimmen können. Oft gelingt es deshalb auch schneller zu entscheiden, da ein aufwendiger Abstimmungsprozess entfällt.

Auf dem Ist-Stand des Jahres 2013 ist erkennbar, dass die chinesische Wirtschaftspolitik einen weiteren Schritt der Deregulierung einleitet. Damit wird die Weiche für die langfristige Modernisierung gestellt. Das gilt unabhängig davon, wie schnell sie mittelfristig durchgeführt wird. Das betrifft die Staatskonzerne und die staatseigenen Banken, die diese Konzerne finanzieren. Wir sollten damit rechnen, dass eine schrittweise weitere Öffnung der Wirtschaft im Hinblick auf private Unternehmen und den Abbau von Handelsbarrieren stattfindet. Insofern wird auch die nach wie vor bestehende Ungleichbehandlung von ausländischen gegenüber chinesischen Unternehmen weniger dramatisch ausfallen. Aus der innerchinesischen Sicht ist das dadurch zu erklären, dass die wirtschaftlichen Interessen der politischen Elite bereits viel zu stark von einem weiteren Innovationsschub des Wirtschaftssystems abhängig sind. Mit der weiteren Öffnung des chinesischen Wirtschaftssystems sind aber auch mehr Handelskonflikte zu erwarten, die sich daraus nahezu zwangsläufig einstellen. Davon ist auch die Beziehung zu den Vereinigten Staaten von Amerika betroffen. Diesbezüglich sollten wir von konfliktreichen Beziehungen zwischen beiden Ländern ausgehen. Das ist auch deshalb zu erwarten, da die Vereinigten Staaten den Pazifikbereich geopolitisch im Hinblick auf ihre wirtschaftlichen und politischen Interessen als Einflussbereich beanspruchen. Das bezieht sich aber auch auf die Konflikte mit den Anrainerstaaten, wie zum Beispiel die Grenzkonflikte um die Ressourcen im chinesischen Meer.

Innovation, organisationelle Restrukturierung der Unternehmen und ihre weitere Privatisierung sowie die fortlaufende Eingliederung in das globale Wirtschaftssystem sind die Problemfelder, von denen die gesamte chinesische Gesellschaft in Zukunft betroffen sein wird. Dabei sind die Unternehmensorganisationen so umzubauen, dass sie eine Leistungssteigerung erreichen und zugleich Ressourcen einsparen. Als langfristiger Entwicklungspfad zeichnet sich ab, dass nicht mehr breite Bevölkerungsschichten, so wie in der Vergangenheit, vom wirtschaftlichen Erfolg profitieren können. Die Folge wird davon sein, dass von dem weiteren wirtschaftlichen Wachstum besondere Gruppen bevorteilt sind, die den wirtschaftlichen Gewinn über Netzwerke verteilen und sich entsprechend den wirtschaftlichen Trends reorganisieren.

9.4 Recht: Vorrang der Unterschiede

In der chinesischen Gesellschaft ist der Rechtsstreit die Ausnahme der Regelung von Konflikten. Die Dominanz der primären Rechtssysteme wurde auch bei der Aufnahme westlicher Rechtsnormen nicht gebrochen. Die primären Rechtssysteme versorgen bei der Konfliktaustragung die Konfliktparteien mit einer situativ angemessenen Entscheidung. Das ermöglicht es versorgungsrechtliche, kulturelle Eigenarten und regionalspezifische Einflüsse mit zu berücksichtigen. Durch die steigende Mobilität innerhalb Chinas und auch im Wirtschaftsverkehr mit ausländischen Unternehmen werden die Anforderungen nach übergreifenden Rechtsentscheidungen an das chinesische Rechtssystem gestellt. Für das Rechtssystem stellt sich Problem, wie durch eine hohe Mobilität und eine unterschiedliche Bewertung von Konfliktsituationen die Rechtsordnung vereinheitlicht werden kann? Vermutlich werden in dieser Situation die primären nicht-staatlichen Rechtsordnungen gestärkt werden.

Sofern sich diese Einschätzung als zutreffend erweisen sollte, ist nicht davon auszugehen, dass die chinesische Rechtsordnung formal vereinheitlicht wird. Eine übermäßige Gesetzesproduktion ist auf dem Ist-Stand bereits nicht mehr ausgeschlossen. Die Frage ist jedoch, inwieweit diese Gesetze einer rechtswissenschaftlichen Kommentierung zugeführt werden und ob sie überhaupt in der Tiefe der gesellschaftlichen Kommunikation durchzusetzen sind. Folglich wird sich eine Vielzahl von Rechtsentscheidungen wie ein Flickenteppich ausbreiten. Wir sollten darin aber keinen Nachteil sehen, da sie unterschiedlich wirtschaftliche, religiös ethnische und politische Einflüsse berücksichtigen. Eine Kompensation in wirtschaftlich starken Regionen wird daher deutlich höher ausfallen, als ein Nivellierungsstandard von sozialstaatlichen Regelungen und als ein Mindestmaß auf dem Gebiet des Nationalstaats oder für die gesamte Gesellschaft.

Für die zeitliche Orientierung hat das zur Folge, dass die Entscheidungen kurzfristig zu fällen sind. Das sekundäre Rechtssystem wird sich seiner Ordnungsleistung dahin gehend entziehen, dass durch die Vermehrung der Rechtsnormen und Entscheidungsverfahren eine Überlastung eintritt, die durch eine innere Abstimmung nicht zu bewältigen ist. Das führt wiederum zu einer Stärkung des primären Rechtssystems und der Konfliktlösung in den sozialen Netzwerken. Im Hinblick auf die Regelung von Konflikten sind drei zeitliche Beobachtungen vorzunehmen:

1. Im primären Rechtssystem sind Entscheidungen im Rückblick auf die Vergangenheit und damit auf die Anpassung in der Gegenwart zu fällen.
2. Das bedarf einer kurz- bis mittelfristigen Entscheidungsfindung.
3. An das sekundäre Rechtssystem wird die Anforderung gestellt, unterschiedliche Veränderungen mit bestehenden Rechtsnormen und politischen Zielen unter einer Vielzahl von unterschiedlich beteiligten abzustimmen.

Diese Anforderungen sind nicht zu harmonisieren. Es ist daher zu erwarten, dass die Entscheidungsfindung in die ferne Zukunft gelegt wird. Damit wird einhergehen, dass es keine übergreifende Vereinheitlichung der Rechtsentscheidungen geben wird. Die aus westlicher Sicht vorhandene Rechtsunsicherheit wird deshalb voraussichtlich weiter bestehen, da Konflikte aus dem Situationsbezug heraus entschieden werden. Das hat weitgehende Folgen für die Planung, da diese daraufhin abzustimmen ist und sich an der fehlenden rechtlichen Durchsetzung von Entscheidungen zu orientieren hat.

9.5 Wissenschaft: Innovation im globalen Markt

Die Zukunftsanforderung, der sich das Wissenschaftssystem in China zu stellen hat, besteht darin, die wissenschaftliche Kommunikation zu irritieren und durch die Irritation mit neuen Ideen und Innovationen zu versorgen. Der Ausgleich zwischen Zerfall und Beständigkeit des überlieferten Wissens sind dabei ebenso eine Hürde, wie die Auseinandersetzung mit der Wissensgewinnung in dem globalen Wissenschaftssystem. Dabei gilt es den Anschluss herzustellen und das Schritttempo anzugeben. Die Veränderungen im globalen Wissenschaftssystem entziehen sich der Steuerung und lassen sich daher nicht durch zentrale Einflussnahme derart gestalten, dass ein gezielter Mitteleinsatz mit einem gezielten Ergebnis gleichzusetzen ist. Die Unterstützungen der organisationellen, programmatischen Vielfalt und die Anbindung und Vernetzung zum globalen Wissenschaftssystem sind zunehmend herzustellen. Gegenüber den daraus entstehenden Irritationen ist zugleich eine Sensibilität und entsprechende Toleranz derart zuentwickeln, dass Veränderungen aufgenommen und verarbeitet werden. Dabei dürfen nicht die Neuerungen, die Kritik und die Infragestellung als existenziell oder Systemfrage verurteilt werden. Daran schließt sich die Frage an, wie gelingt es, an einem freien wissenschaftlichen Austausch teilzunehmen und auch die organisationellen Ressourcen dafür bereit zustellen? Es ist aber auch die Gefahr im Blick zu behalten, dass in der chinesischen Geschichte mehrfach soziale Bewegungen von den Hochschulen ausgingen, die das politische System destabilisierten. Ein historisch wichtiges Beispiel dafür ist die Vierte-Mai-Bewegung von 1919. Die Antwort kann daher nur lauten, eine Organisationsform zu suchen, die sowohl ein hohes Maß an Flexibilität zulässt, sowohl kurze Reaktionszeiten als auch die Bündelung vieler Ressourcen erlaubt.

Die Wissensverarbeitung des chinesischen Wissenschaftssystems ist nicht auf Innovation angelegt. Das schließt die Übernahme des westlichen Wissensstands nicht aus, er wird aber dort nicht fortgebildet. Daraus ergeben sich besondere Zukunftsanforderungen für die Wissensgewinnung, nicht nur im Hinblick auf die wissenschaftlichen Innovationen, sondern auch auf die Anwendung des wissenschaftlichen Wissens im Wirtschaftssystem. Die hohe Kunst wird im Fortgang für die Wissenschaftsentwicklung in China darin bestehen, eine Schwäche in eine Stärke umzuwandeln. Zwar wird der Austausch mit dem westlichen Wissenschaftssystem ansteigen, aber es stellt sich die Frage, ob die Organisation der Aneignung von Wissensbeständen und ihre Erneuerung mittelfristig umgestaltet werden können. Die Stärke des chinesischen Wissenschaftssystems besteht darin, die enge Kopplung zum Wirtschaftssystem weiter auszubauen und durch die Innovationen am Markt für die Umsetzung neuer Ideen einen Geschwindigkeitsvorteil zu realisieren. Dazu bedarf es einer hohen Sensibilität von Seiten des Wissenschaftssystems, um schnell auf Veränderungen zu reagieren und sie auf kurzen Strecken zu verarbeiten. Aus der jetzigen Perspektive wird mittelfristig nicht damit zu rechnen sein, dass China eigene Innovationspfade vorgibt, die eine Orientierung für das globale oder westliche Wissenschaftssystem oder auch das Wirtschaftssystem sind.

Die Wissensaneignung hat in der chinesischen Gesellschaft ein hohes soziales Prestige. Die erfolgreich abgeschlossenen Schul- und Universitätsabschlüsse werden von der ganzen Familie gefeiert. Es fehlt den Heranwachsenden sicher auch nicht an dem entsprechenden Ehrgeiz erfolgreich die Schul- und Universitätsausbildung abzuschließen. Das wird aber dadurch begrenzt, da die gesamte Wissensaneignung auf Nachahmung und nicht auf kontextbezogene Anwendung angelegt ist. Zudem ist das traditionale Autoritätsverhältnis zwischen Lehrer und Schüler nicht auf Innovation angelegt, sondern auf der Statuserhaltung. Das hat auch zur Folge, dass schon während der Wissensaneignung eine hohe

Binnendifferenz zwischen formal statusgleichen Gruppen der Schüler und Studenten entsteht, die eine Wissenszusammenlegung und eine kooperative Wissensverarbeitung nicht begünstigt und eher verhindert.

Von der Wissensgewinnung und der daraus folgenden Wissensinnovation sind die zeitliche Orientierung der Wissensgewinnung betroffen, da sich für das chinesische Wissenschaftssystem das Problem stellt, mit der Innovation und der Organisation der Anwendung von wissenschaftlichem Wissen im Westen Schritt zu halten. Die angewandte Forschung zur Herleitung von Problemlösungen zu Gegenwartsfragen wird daher für das chinesische Wissenschaftssystem zielführender sein, als über die vorliegende Grundlagenforschung eine Systematik zu erstellen und langfristig wirkende Neuentwicklungen zu ermöglichen. Diese strukturellen Nachteile sind vermutlich nur durch Kooperationen des chinesischen mit dem westlichen Wissenschaftssystem auszugleichen. Die damit einhergehenden Abhängigkeiten werden jedoch auch von chinesischer Seite erkannt.

Es ist dabei immer im Blick zu behalten, dass die chinesische Planung, unabhängig von den Fünfjahresplänen, kurz und mittelfristig und nicht langfristig angelegt ist. Der strukturelle Nachteil der Organisation des Wissenschaftssystems wird auch dahin gehend auszugleichen versucht, dass die individuelle Ausbildung früher, länger und intensiver erfolgt. Die chinesische Mittelschicht schickt ihre dreijährigen Kinder schon zum Englisch- und Musikunterricht, um sie auch auf die veränderten Austauschbeziehungen Chinas mit seiner sozialen Umwelt vorzubereiten. Um auf einem mit dem Westen vergleichbaren Innovations- und Ideenreichtum zu gelangen, muss eine Reorganisierung im chinesischen Wissenschaftssystem derart erfolgen, dass es die Zusammenlegung von Wissensbeständen ermöglicht. Probleme sind in der Gruppe zu kommunizieren und lösen. Die Lösung hat einen sachlichen Vorrang vor den Statuspositionen der Gruppenmitglieder zu erhalten. Eine solche Veränderung ist aus der gegenwärtigen Perspektive höchstens mittel- bis langfristig zu erwarten.

9.6 Kultur: Neuerfindung des Mythos

Die Modernisierung seit den 1990er Jahren hat die chinesische Gesellschaft weitgehend verändert. Die Mao-Bibel ist nicht mehr die ideologische Orientierung, die auch als Buch im chinesischen Alltag sichtbar war. Wenn man durch China reist, so wird man keinen Chinesen mehr mit der Mao-Bibel in der Hand antreffen. Die westliche Musik, auch Literatur und Kunst, westliches Wissen und das Internet gehören zu den Bestandteilen des chinesischen Alltags. Die neuen Mittelschichten

9.6 Kultur: Neuerfindung des Mythos

orientieren sich an den Konsumstandards des Westens und haben sich ein entsprechendes Statusdenken schnell angeeignet. Die Automobile Porsche und Mercedes gehören genauso zu den Statussymbolen wie der westliche Wohnkomfort und Kleidungsstil. Insofern hat sich die Prestigeordnung in der chinesischen mit der westlichen Gesellschaft hybridisiert. Die Übernahme von westlichen Statussymbolen iPads, iPhones und Louis Vuitton werden zwar übernommen und in China genauso wie im Westen vorgefunden, aber die damit kommunizierte Statusordnung hat in der gesellschaftlichen Kommunikation einen weiterführenden Stellenwert. Das äußert sich darin, dass die Abgrenzungen härter ausfallen und damit die Anstrengungen diese Abgrenzungen zu überwinden ebenfalls intensiver wahrgenommen werden müssen. So hat der Fall eines chinesischen Jugendlichen für Aufsehen gesorgt als er seine Niere für ein iPad verkaufte.

Die große Herausforderung für die kulturelle Orientierung in China wird auch darin bestehen, dass sie bisher immer vom Rückblick auf die Vergangenheit ausging. Für den Neuentwurf der Lebensweisen sind andere Orientierungen zu finden, die nur wenig oder keinen Vergleich zum Bisherigen zu lassen. Deshalb stellt sich die Frage, wie China die Selbstbeschreibung seiner eigenen Kultur fortschreibt, die sich auf die Adaptation der Tradition an die Gegenwartsumstände anschließen kann, ohne sich an einer Vision zu orientieren.

Die Aufrechterhaltung der rückwärtsgewandten Orientierung an der Vergangenheit und damit die Verlängerung der Tradition in die Gegenwart wird im Zuge der Veränderungen der Modernisierung in China zu einem Abstimmungsproblem führen. Eine Vielzahl von Nischen, Organisationsformen, neuen Lebens- und Karriereentwürfen werden sich in ihrer Gesamtheit nicht mehr auf die gleiche Tradition zurückführen lassen. Es ist daher zu erwarten, dass kurzfristige und kontextbezogene Zeitorientierungen vorgenommen werden. Das getunte chinesische Reich der Mitte wird in seiner Selbstbeschreibung den großen Bogen zurück zu einer mehrtausendjährigen Geschichte schlagen, aber die gegenwärtige chinesische Gesellschaft hat selbst keine Vergleichspunkte mehr zur Maozeit. Das braucht eine Idealisierung Maos nicht auszuschließen, da er in die Tradition der Erneuerer gestellt werden kann, denen eine dem chinesischen Kaiser ähnliche Kultrolle zugeschrieben wird und ein Symbol für die Stärke des Kollektivs ist. Insofern kann Mao in die Ahnenreihe der Personifizierung der chinesischen Zivilisation eingereiht werden. Sein Bild wird in der chinesischen Popkultur vermarktet, aber er ist nicht mehr der kommunistische chinesische Kaiser, der das Ritual der Kommunikation mit der Überwelt der kommunistischen Utopie zelebriert. Die für einmalig gehaltene chinesische Zivilisation hat an der hybridisierten Weltkultur der globalisierten Weltgesellschaft teil, ohne dass sie sich das einzugestehen bereit ist.

9.7 Kollektive Identität: Fortschreibung der Einmaligkeit

Die kollektive Identität der Gesellschaftsmitglieder dient mit ihrer Selbstbeschreibung der Kompensation von Konflikten und inneren Spannungen. Sie ist somit ein Fluchtpunkt auch im Hinblick auf die sozialen Netzwerke, die über eine Zuordnung und Abgrenzung eine Stabilität erreichen. Für die kollektive Identität der chinesischen Gesellschaft hat das Zusammenspiel von sozialen Netzwerken, sachlicher Problemlösung und der zeitlichen Orientierung zur Folge, dass sie sich an Symbolen der Identität in der Vergangenheit orientiert. Der erste Huang-Kaiser, das unsterbliche Reich und die ewige Gültigkeit der Weisheit von Konfuzius sind der Ausdruck dieser Symbole. Gleichzeitig handelt es sich dabei auch um mediale Konstruktionen, die auf unterschiedliche Situationen angepasst werden. Dabei fällt auf, dass die symbolischen Orientierungen in Zukunft von unterschiedlichen sozialen Gruppen und in unterschiedlichen Kontexten zu beanspruchen sind, um als eine Selbstbeschreibung erfolgreich zu sein. Ein Beispiel dafür ist das Symbol von Mao, der für eine Gruppe als Hersteller der nationalen Einheit und Identität gilt, für eine andere Gruppe als Personifikation eines Erfolgsprozesses, der über schwierige Situationen hinweg erreicht wurde. Insofern wird eine Konkurrenz über die Auslegung der Symbole und deren Authentizität diskutiert werden. Das muss aber nicht konfliktreich erfolgen, sondern kann zu der Akzeptanz von parallelen Wahrheiten führen. Die Herausforderung wird somit darin bestehen, dass die kollektiven Identitäten der unterschiedlichen sozialen Gruppen durch Symbole und Mythen beschrieben werden, die zugleich eine besondere Auslegung zulassen und bestärken, aber eine Klammer für die nationalstaatliche Selbstidentifikation bleiben.

Bei den sachlichen Problemlösungen besteht die Herausforderung der kollektiven Identität der Chinesen darin, dass sie die Interessenverfolgung ermöglicht und erhält. Die Besonderheit der chinesischen Gesellschaft besteht darin, dass die Interessenverfolgung nicht durch den Aufbau des Rechtssystems nach westlichem Vorbild sicher gestellt wird, sondern das die primären Rechtssysteme und der Aufbau von sozialen Netzwerken auch in Zukunft für die Konfliktlösung fortbestehen werden. Die Selbsterkenntnis und Selbstbeschreibung dieser Struktur wird es vermutlich auch in Zukunft ermöglichen, dass über die besonderen Interessen der Netzwerke hinweg, kooperiert wird. Es liegen gegenseitige Erwartungserwartungen vor, die außerhalb der kollektiven Selbstbeschreibung nicht vorhanden sind. Daher wird es den Chinesen trotz unterschiedlicher Interessen leichter fallen, mit Chinesen in einen wirtschaftlichen Austausch einzutreten, als mit Europäern, Amerikanern, Indern oder Arabern.

Welche Zukunft ist zu erwarten, wenn man sie durch den Blickwinkel der Vergangenheit beschreibt? Die Festlegung auf eine fiktive Kontinuität beinhaltet auch immer eine Einschränkung, da man sich auf Veränderungen nur teilweise und unter bestimmten Voraussetzungen einlassen kann. Mit der Modernisierung der chinesischen Gesellschaft ist eine Gesamtsituation eingetreten, die weder Vergleichspunkte in der chinesischen Vergangenheit hat, noch übertragbare Problemlösungen bereitstellt. Ohne auf eine Utopie zurückzugreifen, kann die Lösung für die kollektive Selbstbeschreibung nur darin bestehen, dass die Vergangenheit abstrakter und symbolischer beschrieben wird. Sie verliert damit aber auch ihre Orientierung in sich fortlaufend veränderten Situationen, sei es in der Politik, der Wirtschaft oder der Wissenschaft. Insofern stellt sich auch ein Kreativitätsproblem. Der Fluchtpunkt könnte in dieser Situation die Erzählung des Mythos der Einmaligkeit der chinesischen Kultur sein, die bei zunehmenden Fremdeinflüssen noch mehr verklärt wird. Die Verklärung erlaubt eine Abgehobenheit von den Alltagsproblemen. Sie greift insofern nicht direkt in die auch konfliktreiche Gestaltung der auf China zukommenden zum Beispiel wirtschaftlichen und ökologischen Probleme ein. Sie ist aber immer wieder situativ inszenierbar.

9.8 Gemeinschaft: Einigkeit mit Zwietracht

Die damit einhergehenden Veränderungen führen zu der Frage, wie sich in der chinesischen Gesellschaft im Fortgang die Solidargemeinschaften gestalten. Aus der geschichtlichen Perspektive wurde bis zum Ende der Manschu-Dynastie ein Umbau der Gesellschaft vermieden, da sie die etablierte Statusordnung gefährdet hätte. Durch die nationalistischen sozialen Bewegungen der Guomindang und der Kommunistischen Partei wurden die traditionelle Statusordnung und Schichtung aufgelöst. Auch die nationalistische Guomindang Chiang Kai-sheks war antitraditionalistisch. Sie wendet sich gegen die Traditionsordnung des alten Chinas. Er sympathisierte mit dem deutschen Modernisierungsmodell und Nationalstaat nach der Reichgründung 1871. An die Stelle der traditionellen Statusordnung trat nach 1949 die Kaderordnung der Kommunistischen Partei. Sie wurde in der Kulturrevolution wiederum umgestaltet. Durch die Modernisierung seit den 1990er Jahren sind neue soziale Trägerschichten entstanden, die Zugang zu wirtschaftlichen Ressourcen durch ausländische Investoren hatten und die politisch abgesichert waren. In China gibt es keine institutionalisierte Solidargemeinschaft in der Form des Sozialstaates. Die solidarische Hilfe wird über Netzwerke erbracht und geregelt.

Die Bindung zwischen den Mitgliedern der sozialen Gruppen erfolgt in der chinesischen Gesellschaft durch ihre Orientierung am wirtschaftlichen Erfolg. Er legt die Statusordnung fest. Darin ist die Anpassungsfähigkeit begründet und die Notwendigkeit kommunikative Anschlüsse an die erfolgreichen Mitglieder der Netzwerke zu suchen und zu halten. Das heißt aber, dass bei Veränderungen auch Mitglieder aus der Solidargemeinschaft des Netzwerks zu marginalisieren und auszuschließen sind, wenn sie keinen Erfolg mehr haben oder höhere Kosten verursachen. Insofern ist damit zu rechnen, dass Teile der Netzwerkmitglieder, die dem fortwährenden Anpassungsdruck nicht standhalten und verschlissen sind ebenso ausscheiden werden, wie die zukünftigen Modernisierungsverlierer. Die Folge davon ist, dass der Anstieg für die Mitgliedschaftsanforderungen in den Netzwerken höher wird und sich die Teilnahmebedingungen an sie verändern. Davon sind auch die Solidarbeziehungen betroffen. Die Bekanntschaften, die Familien, die Kollegen und die Freunde als Kern der Netzwerke werden sich bei ihrer Umstrukturierung und einer Neugestaltung nicht durchsetzen können, da sie die Aufwendungen für den solidarischen Ausgleich nicht erbringen können. Außerdem sind die daraus entstehenden Veränderungen zu verarbeiten und neue Lösungen dafür zu finden, wie die solidarische Kompensation außerhalb der bisherigen Netzwerke zu gestaltet ist. Es sind neue Grenzziehungen und Ausschlüsse vorzunehmen, die dann auch zu einer Veränderung in den Mitgliedschaftsrollen führen, wie zum Beispiel die Rolle des Freundes, des Ehemanns, der Ehefrau, des Onkels und der Kollegen. Diese neuen gewonnen Spielräume führen auch zu Entlastungen und zu anderen Handlungsspielräumen, da die Anschlussgestaltung für die eigene Karriere ausgewählter zu planen ist. Karrieren integrieren sich aber nicht in die gesellschaftliche Kommunikation. Sie können zudem nach oben oder nach unten führen. Die eigene Wohlstandsversorgung wird stärker in den Fokus der eigenen Interessen rücken und die Rückbindung in die alten Netzwerke wird abnehmen.

Die Zukunftsanforderung an die solidarische Integration stellt sich dahin gehend, was in der Situation eintritt, wenn das Wachstum nicht mehr durch Netzwerke verteilt werden kann. Das heißt, durch eine länger anhaltende wirtschaftliche Krise setzt eine Schrumpfung ein und es stehen nicht mehr die für die Umverteilung benötigten Ressourcen zur Verfügung. Das wird eine Umgestaltung der Netzwerke und ihrer Möglichkeiten einleiten. Wenn die Ressourcen knapp sind und es nichts mehr zu verteilen gibt, brechen die Verbindungen und Solidargemeinschaften der Netzwerke auseinander. Das kann zum Beispiel dann eintreten, wenn die Zukunftsinvestitionen in die Bildung der Familienmitglieder nicht zu einer wirtschaftlich guten Einstellung und damit zum Beitritt in das Wirtschaftssystem führen. Das mag im Unterschied zu westlichen Einschätzungen aber nicht in Unruhen oder Umsturzbewegungen enden. Es ist nicht zu erwarten, dass möglicher Protest sich auch politisch organisieren und alternative Programme anbieten würde.

9.8 Gemeinschaft: Einigkeit mit Zwietracht

Daraus sollten wir aber nicht folgern, dass die chinesische Gesellschaft zerbricht oder dass langfristig eine Individualisierung der Kommunikation westlichen Zuschnitts eintritt. Auch dann, wenn die Chance besteht, Eigentum zu erwerben, so wird man auf die bewährten Problemlösungen zurückgreifen. Es werden Netzwerke unter anderen Voraussetzungen geknüpft. Wir sollten davon auszugehen, dass partikulare gegenüber zentralen Lösungen vorgezogen werden. Es wird neue Gruppen und neue Modernisierungsgewinner geben, welche die kulturelle und soziale Identifikation mit der Bindung an ihren Erfolg und die damit einhergehende Wertschätzung aufrechterhalten. Von Generation zu Generation werden sie eine besondere chinesische Erfolgsgeschichte erzählen.

Die chinesischen Eliten werden sich ihren eigenen Problemen zu stellen haben, die durch die Modernisierung der chinesischen Gesellschaft herbeigeführt wurden. Das steht ihnen bereits nicht mehr zur Disposition. Dabei werden sie nicht auf westliche Modelle zurückgreifen können. Es ist eher zu erwarten, dass sie die Strukturen weiter variieren, die sich aus ihrer Sicht bewährten. Der mittel- und langfristige Entwicklungspfad wird dabei von den Strukturen der chinesischen Gesellschaft und ihren Innovationen abhängig sein. Das zeigt sich an der Veränderung der sozialen Beziehungen im Alltag, des einzelnen Gruppenmitglieds zu seiner Gruppe und an der für die chinesische Gesellschaft typischen Gestaltung von Problemlösungen durch soziale Netzwerke. Das wird kurzfristige Entwicklungskonflikte nicht ausschließen, sondern sie auch befördern. Damit können aber auch Regulierungsdefizite einhergehen. Ihre Absorption wird über die typisch chinesische Konfliktverarbeitung und Zielverfolgung verlaufen. Sie wird sich vermutlich an einer den Chinesen vertrauten Erfahrung und Problemlösungsstrategie orientieren, die sich dahin gehend zusammenfassen lässt: Folge dem Wandel.

Leitfaden für Entscheider – Zähmung des chinesischen Drachens

10

10.1 Eigenart des Anderen

Das Fabeltier des „Drachen" als eine Gottheit kennt nach wie vor jeder Chinese. Er ist ein Symbol des chinesischen Kaisers, für Frühling, Wasser und Regen, das zwölfte Tierzeichen im chinesischen Kalender und vereint in sich neun verschiedene Tiere. Der Drache ist ein Symbol für Glück, Erfolg, Stärke und Gesundheit. Den Kindern, die im Jahr des Drachen geboren werden, spricht man diese Qualitäten zu. Er ist auch ein mythisches Symbol der Überlegenheit der chinesischen Zivilisation. Den chinesischen Drachen kann man nicht zähmen. Wir haben uns deshalb zu fragen, wie wir uns gegenüber den Mitgliedern dieser Zivilisation verhalten sollten, da die westlichen Kommunikationsstrategien im sozialen Austausch mit Chinesen nicht erfolgreich anzuwenden sind. Mit seiner „Zähmung", um in dem gewählten Bild zu bleiben, ist die zu wählende Strategie des Umgangs mit Chinesen von westlicher Seite in allen Kommunikationsbereichen, die der Politik, der Wirtschaft, des Rechts, der Wissenschaft, der Kultur, der kollektiven Identität und der Gemeinschaft angesprochen. Dabei geht es vorrangig um das strukturelle Verständnis der chinesischen Modernisierung. Sie steht aus chinesischer Sicht durchaus im Zeichen des Drachen und wird dadurch verklärt.

Es ist bei dem Verständnis des kulturellen Hintergrunds im Blick zu behalten, dass er nur durch Kommunikation für die Gesellschaftsmitglieder relevant wird. Jede Kommunikation leitet eine Beobachtung von Beobachtung, Beschreibung und Interpretation der Teilnehmer an kommunikativen Abläufen ein. Eine allgemeine Zustimmung zu kulturellen Präferenzen und Kommunikationen kann es somit nicht geben. Das ist dadurch begründet, da immer auch anders beobachtet werden kann. Der kulturelle Hintergrund ist deshalb auch nicht als etwas Gegenständliches und Höheres einzustufen, vor dem man sich verneigt. Die Kommunikation von Kultur betrifft bestimmte Vergleichsgesichtspunkte, die der Kommunikation und damit der Beobachtung ausgesetzt sind. Deshalb ist die Unterscheidung zwischen einer höheren und einer niedrigen Kultur nicht hilfreich, sondern sie ist der blinde Fleck des Beobachters der kulturellen Kommunikation. Es kommt insofern nicht darauf an, ob es sich dabei zum Beispiel um einen Film, ein Videoclip, eine Theateraufführung, die Popkultur oder um die Kultur des Spazierengehens und des Essens handelt. Das gilt unabhängig von den jeweiligen individuellen Präferenzen. Die private Pflege von Kulturgütern ist dabei weniger von Relevanz, sondern es ist darauf zu achten, was sich in Kommunikationen verändert, wenn Kulturprodukte und der damit einhergehende kulturelle Hintergrund kommuniziert werden.

Vor dem Hintergrund der vorgenommenen Analyse der Struktur der chinesischen Modernisierung ist immer im Blick zu behalten, dass sie in zwei entgegengesetzten Richtungen zu beschreiben ist:

1. Ausgehend von der Innovation des Wirtschaftssystems durch das politische Zentrums und seine Folgen für das Rechts- und das Wissenschaftssystem zu der Rolle des Hintergrunds der chinesischen Kultur und der Konstruktion der kollektiven Identität und der Veränderung der Gemeinschaft und
2. in der entgegengesetzten Richtung, das heißt, was aus dem kulturellen Hintergrund und die kollektive Identitätskonstruktion der Chinesen für die durch die Modernisierung eingeleitete Umschichtung der Gesellschaft folgt. Diese Perspektive ist in der Gestaltung von Kommunikationen und Interaktionen für Entscheider immer zu berücksichtigen, da sie dadurch das Verständnis der chinesischen Kommunikation durch die Hinzunahme von anderen Blickwinkel vertieft. Das ist bei dem Packen der Entscheidungspakte zu berücksichtigen.

Es ist bei aller Vergleichbarkeit, die durch westliche Symbole in China sichtbar sind, im Blick zu behalten, dass China einen eigenen Weg der Modernisierung und Umstrukturierung seiner Kommunikationssysteme geht. Das bedeutet aber, dass das Fremde verstehen ein fortlaufender Prozess ist. Bei der Annäherung, die wir durch das Kennenlernen erhalten, ist immer zu berücksichtigen, dass China sich fortlaufend verändert. Mit einem besseren Strukturverständnis und der Erfahrung in der Kommunikation mit Chinesen fallen die Überraschungen und Unvorhersehbarkeiten geringer aus.

Die strategische Zielverfolgung im Umgang mit Chinesen sollte sich daran orientieren, dass die bisherigen Erfolgsstrategien aus anderen Gesellschaften auf China nicht zu übertragen sind. Es ist im Gegenteil zu empfehlen, sie von der chinesischen Innenperspektive aus abzuwandeln und die Erfolgsstrategien fortlaufend auf die chinesischen Erwartungen umzustellen. Dadurch ergeben sich erst Kommunikations- und Handlungsoptionen, die vorher verschlossen bleiben. Vorrangig ist es dabei, in China ein Netzwerk aufzubauen, das die Eingangstür in die chinesische Gesellschaft ist.

10.2 Soziale Netzwerke für sich wirken lassen

Einen Zugang zum chinesischen Wirtschaftssystem erhalten diejenigen, die über wirtschaftliche, wissenschaftliche oder politische Ressourcen oder den Zugang zu solchen Ressourcen (Prinzlinge) verfügen. Der Zugang zu den Netzwerken wird dadurch eröffnet, wenn es für die Mitglieder im Netzwerk etwas zu verteilen gibt. Er ist somit nicht an Ansprüche geknüpft, wie zum Beispiel Bildungsabschluss, einer politischen oder moralischen Einstellung. Ein Mitglied im Netzwerk der chinesischen Wirtschaft kann derjenige werden, der etwas beizusteuern hat. Da solche Ressourcen, wie zum Beispiel der Zugang zu wirtschaftlichen Mitteln, Informationen und die Beeinflussung von Entscheidungen, nicht individuell zugänglich sind, greifen Mitglieder und diejenigen die Mitglieder werden möchten, auf ihre Familien, Freunde und Angehörige zurück. Sie liefern ihnen die Eintrittskarte. Die Unterstützer beanspruchen durch ihren Einsatz beteiligt zu werden und verlangen einen Zins. Die sozialen Wirtschaftsnetzwerke in China verfügen damit immer auch über einen verwandtschaftlichen Kern. Das spielt für die weitere Interessenverfolgung und die Auswahl von Handlungsoptionen eine Rolle, da die verwandtschaftlichen Interessen einen hohen Sanktionsdruck ausüben und nur schwer ohne drastische Folgen zu übergehen sind.

Die Interessenverfolgung findet in China in sozialen Netzwerken statt. Für das Wirtschaftssystem bedeutet das, dass eine rasche Expansion der Netzwerke möglich ist. Zugleich findet eine bestimmte Form der Konfliktgestaltung und des Mitgliederschutzes statt. Die Mitgliedschaft kann auch immer eingeschränkt sein und das Netzwerk kann sich gegen den Verbleib einzelner Mitglieder entscheiden. Wenn eine Konfliktgestaltung durch übergehen als eine indirekte Konfliktaustragung nicht mehr möglich ist, droht mit der öffentlichen Konfliktthematisierung die Sanktionierung durch Ausschluss. Für ausgeschlossene Mitglieder wird eine Interessenverfolgung schwierig, wenn sie nicht mehr Teil eines Netzwerks sind und der Gesichtsverlust eintrat.

Erfolgreich ist in China derjenige, der den Erfolg aus der Vergangenheit in die Gegenwart überführt. Die Strategie zur wirtschaftlich erfolgreichen Interessenverfolgung orientiert sich an bekannten, bewährten und wiederholbaren Kontakten.

Es wird sich dabei an die Erfahrungen und Zugehörigkeiten der Kommunikationsteilnehmer erinnert. Damit findet eine rückbezügliche Zuschreibung darüber statt, wer welche erfolgreiche bzw. nichterfolgreiche Handlung zu verantworten hat. Dabei ist im Blick zu behalten, dass die Verantwortungszuschreibung im Hinblick auf die Verantwortung des einzelnen Gruppenmitglieds für die Gruppe und nicht als eine individuelle Handlungsverantwortung für die eigene Person erfolgt. Die zugespitzte Perspektive der Zuschreibung ist dabei von hervorgehobener Bedeutung, da die sachlichen und die zeitlichen Gesichtspunkte in dieser Hinsicht nicht betrachtet werden. Somit orientiert sich das Gedächtnis immer auch an dem Status von einzelnen Mitgliedern und ruft ihnen ihre Verantwortung für die Gruppe in Erinnerung. Das ist insofern von Bedeutung, da diese Vorgehensweise keine systematische Analyse vornimmt, zum Beispiel eine betriebswirtschaftliche Untersuchung. Zukünftige Ereignisse werden nicht durch eine Wahrscheinlichkeitsberechnung kalkuliert, sondern die Vorgehensweise orientiert sich am zugeschriebenen Erfolg und Nichterfolg in der Vergangenheit.

Das Credo des Wirtschaftssystem Chinas lautet, dass es die Vorregulierung des Nichtregulierbaren erlaubt, dass alles möglich ist. Die Vorregulierung besteht in der Herkunft jedes Einzelnen, den historischen Zusammenhängen, in denen er lebt und dem Prestige, das er in der Gruppe hat. Sie bilden die Grenzen, die als überwindbare Grenze nach der chinesischen Vorstellung ins Grenzenlose verschoben werden können. Der Traum vom Straßenverkäufer zum Chef des größten Orchideenimperiums und damit zum reichsten Mann Chinas zu werden, ist kein Traum ohne Anfang, sondern er beginnt in der Gruppe, die ihm diese Entwicklung ermöglichte und endet in der Gruppe, die ihm den Status erhält.

10.3 Nicht nachvollziehbare Entscheidungen verstehen

Über den wirtschaftlichen Erfolg in China entscheiden die sozialen Gruppen. Diese Entscheidung erfolgt nicht unbedingt nach sachlichen, moralischen oder erwartbaren Erwägungen. Es sind Gruppenprozesse, die über den Verbleib und den Ausschluss und damit über Erfolg und Nichterfolg entscheiden. Die Gruppenentscheidung beinhaltet auf der sachlichen Ebene eine Kosten-Nutzen-Erwägung und auf der sozialen Ebene die Entscheidung über Status und Prestige. Das ist aus zwei Gründen hervorzuheben. Zum einen ist bei der Betrachtung immer die Perspektive als Zugang und zugleich als blinder Fleck mitzudenken, zum anderen führt eine innere Darstellung von Zustandsveränderungen zwar zu Detailwissen, aber nimmt den Strukturwandel nicht in den Blick. Die Summierung von

Einzelzuständen erlaubt es nicht, die Struktur und ihre Zusammenhänge zu erkennen. Gleichzeitig führt jede Einzelbetrachtung den blinden Fleck des Beobachters mit. Der blinde Fleck ist die Bindung an einen vorher festgelegten Zusammenhang und die Gruppenzugehörigkeit. Er besteht in den Erwartungserwartungen und den Regelungen der jeweiligen Mitgliedschaftsordnung. Dazu ist aus der Innenperspektive nur eine begrenzte Distanz möglich, da die Perspektive nicht variiert werden kann, um die Erwartungserwartungen zu erfüllen und den Regelungen zu folgen. Ein Rechtsanwalt im Rechtssystem sucht nach den angemessen Paragrafen, die der Verteidigung seines Mandanten dienen. Der Richter bewertet aufgrund der vorgelegten Beweise und bemisst seine Entscheidung durch die ihm zugrunde liegenden Vorschriften. Der offenliegende Zusammenhang stellt vor dem Hintergrund der Alltagserfahrung kein besonderes Problem dar. Wenn die Rechtsprechung aber nicht von einem nach westlichem Rechtsverständnis ausgebildeten Richter erfolgt, so wird vom westlichen Beobachter der dargestellte Zusammenhang oft hinterfragt. Die Beobachtung von der Grenze aus umfasst die Außengrenzen und die Innengrenze, somit sind immer beide Perspektiven miteinzubeziehen. Folglich stellen sich für die Modernisierung der Wirtschaftssysteme der chinesischen Gesellschaft zwei Analysefragen:

1. aus der Außenperspektive: Welche Veränderungen im politischen und Rechtssystem beeinflussen eine Inklusionsöffnung des Wirtschaftssystems?
2. aus der Innenperspektive: Welcher innere Strukturwandel tritt durch die Inklusionsöffnung des Wirtschaftssystems ein?

Von der Analyse dieser beiden Perspektiven sollten westliche Entscheider ausgehen.

Die Nachvollziehbarkeit von Entscheidungen, auch wenn sie unplausibel erscheinen, erleichtert sich dadurch, wenn man sie von ihrer Funktion und ihren Folgen aus versteht. Eine Bewertung sowohl der Funktion als auch der Folgen ist dabei nicht hilfreich, da sie ein Anzeichen für die eigene Perspektive und damit den blinden Fleck des Beobachters enthalten. Es kann also nicht die Aufgabe sein, China zu loben oder zu verteufeln, sondern mit einem unvoreingenommenen Blick eine Distanz herzustellen, die Aufschluss über die strukturellen Zusammenhänge gibt.

10.4 Management in China

Seit der Öffnung der chinesischen Wirtschaft für die Investitionen von ausländischen Unternehmen kristallisiert sich heraus, dass die soziale Gruppe der Auslandschinesen besonders erfolgreich ist. Von dieser Gruppe gilt es zu lernen und ihre Erfolgsrezepte in den Blick zu nehmen. Die erfolgreichsten Investoren und Unternehmen kommen aus Taiwan, Singapur, Malaysia oder aus Nordamerika mit kulturell chinesischem Hintergrund. In ihrer Geschäftsgestaltung fällt es ihnen nicht schwer, sich auf die chinesische Kommunikationsgestaltung einzustellen. Daran ist erkennbar, dass nicht die Orientierung an Menschenrechten, ideologischen oder institutionellen Programmen erfolgsversprechend sind. Dagegen kommt es darauf an, sich auf die chinesische Kommunikationsgestaltung einzustellen, sich in eine Vielzahl von sozialen Netzwerken einzubinden und sich bei der Interessenverfolgung am Verfahren und nicht an der Zielvereinbarung zu orientieren. Es gibt in der chinesischen Kommunikation eine Besonderheit, auf die man sich einzustellen hat. Sie orientiert sich an dem Prestige der Teilnehmer und verläuft indirekt, sie kann aber auch sehr direkt ausfallen. Eine Zusage zu einem Deal kann zum Beispiel auch sehr schnell erfolgen, das Folgeproblem daraus ist jedoch, wie sich der Fortgang der Kommunikation gestaltet. Es braucht zum Beispiel nicht ohne Weiteres dabei zu bleiben, und eine Zusage kann ganz unterschiedlich von chinesischer Seite ausgestaltet werden, als es der westliche Partner erwartet. Das erfordert eine weitgehende Umstellung. Sie beinhaltet, sich von der westlichen Erfolgsstrategie als unumstößliches Paradigma für den Markterfolg in China zu entfernen. Darüber hinaus bedarf es von den westlichen Mitarbeitern und Projektleitern in China vorort einer besonderen Flexibilität und einem hybriden organisationellen Rahmen, der eine Verbindung zwischen den westlichen Planungsanforderungen und einer schrittweisen Zielverfolgung in China ermöglicht.

Es empfiehlt sich deshalb, die Eigenart des chinesischen Wirtschaftssystems in den Blick zu nehmen. Sie besteht in der Wechselbeziehung zur Politik, zum Recht, zur Wissenschaft und zur Kultur. Aus diesen Verbindungen ergeben sich strukturelle Voraussetzungen, auf welche die Planung und Durchführung kontinuierlich abzustimmen sind. Vor diesem Hintergrund fällt es leicht, für die eigene Interessenverfolgung die erforderlichen Handlungsoptionen zu ermitteln. Unter dieser Vorgehensweise verändert sich aber das Vorgehen. Welche Ziele lassen sich in China erreichen? Welchen Einfluss löst die Zielverfolgung auf die gesellschaftlichen Ziele des politischen Zentrums, der Durchsetzung im Konfliktfall, der Innovation aus Wissenschaft und Forschung aus? In welcher Verbindung steht sie mit der Kultur und mit der Identität der Gruppen? Diese Fragestellungen ermöglichen es für die Momentaufnahme einen Rahmen zu bilden, der frühzeitig eingetretene Engpässe und Störungen erkennbar werden lässt.

China wandelte sich nach innen, um nach außen beständig zu bleiben. Die wirtschaftlichen Modernisierungen verändert die Wirtschafts-, die Organisationsstrukturen und ihre Prozesse dahin gehend, dass sie neue Spielräume ermöglichten, in der die Veränderungsdynamik neuen Schwung erhielt. Das Wunder

10.4 Management in China

der Umgestaltung des chinesischen Wirtschaftssystems besteht nun darin, dass es immanente Potenziale aktivierte. Dabei war es nicht das Ziel möglichst viele Rohstoffe zu generieren, um die Umgestaltung voranzubringen, sondern die bestehenden Voraussetzungen neuzuordnen und dabei auf Altbewährtes zurückzugreifen.

Die chinesische Wirtschaft hat sich in Zukunft auf eine Verknappung von Rohstoffen einzurichten. Das ist ein Krisenszenario, das weite Bereiche der Gesellschaft, auch über das Wirtschaftssystem hinaus, betrifft. Mit der Verknappung sind neue Abstimmungen vorzunehmen, die über das politische Zentrum zu realisieren sind. Die Stabilität des politischen Zentrums ist von einem fortlaufenden Wachstum und damit der Möglichkeit abhängig, dass auch in Zukunft mehr verteilt werden kann. Es fehlt ihr also an Alternativstrategien, um auf ein solches Szenario zu reagieren. Die Zielsetzung, die das politische System verfolgt, ist ein fortlaufendes unbegrenztes Wachstum. Chinas wirtschaftliche Modernisierung folgt weder einem globalen Expansionsstreben, noch kann sie ein Modell für das globale Wirtschaftssystem sein, da sie an einer nationalstaatlichen Grenzziehung orientiert ist, die ihr vom politischen Zentrum vorgegeben wird. Die chinesische Wirtschaft steht in einem Austauschprozess mit dem globalen Wirtschaftsschaftssystem und ist im Hinblick auf ihre Ressourcenpolitik in Afrika expansiv. Die Rückbindung der Wirtschaftspolitik erfolgt aber an das politische Zentrum, das sich am wirtschaftlichen Erfolg als eine neue Legitimation orientiert. Dies ist keine hegemoniale Wirtschaftsstrategie, da sie die Stabilität des politischen Zentrums gefährden würde.

Das Management in China hat die Politik, das Recht, die Wissenschaft und die Kultur mit einzubeziehen. Diese Sensibilität dient als Frühwarnsystem für neue Investitionen und die Ausbildung neuer Ziele ebenso wie der Erkenntnis von Entscheidungssackgassen, die es zu vermeiden gilt.

10.5 Erfolgreiche internationale Beziehungen

Wer in China zusammen mit den Chinesen etwas erreichen möchte, erschwert die Interessenverfolgung durch eine konfliktreiche Kommunikation, die sich an Verträgen und an den gemeinsamen Policies orientiert. Aus der chinesischen Perspektive befindet sich China noch in der Position einer relativen Schwäche. Die Chinesen neigen deshalb dazu, formell Entscheidungen zustimmen, auch wenn sie nicht auf ihre Umsetzung hinwirken. Eine sachliche Bindung als Orientierung für eine Gestaltung internationaler Beziehungen ist für Chinesen insofern fraglich, da sie aus ihrer Sicht unter ungleichen Voraussetzungen erfolgt. Es ist dazu auch anzumerken, dass es sich bei der chinesischen Gesellschaft um keine

Grundsatzkultur handelt. Daher besteht auch keine innere Bindung an Absprachen. Es wird vom politischen Zentrum auch kein langfristiges politisches Programm verfolgt. Die immer noch abgefasste Fünfjahresplanung hat für die Innen- und Außenpolitik keine bindende Funktion für die politischen Eliten. Sie sollte eher als ein kollektives Ritual der gesellschaftlichen Selbstbeobachtung und der Kommunikation der kollektiven Identität interpretiert werden. Für eine erfolgreiche Abstimmung mit Chinesen sind ihre langfristigen Ziele, ihre Interessen und ihre spezifischen Voraussetzungen, wie sie in diesem Band dargelegt wurden, heranzuziehen. Daraufhin ist das Vorgehen abzustimmen. Dabei ist zu beachten, das vom Westen aus von der Position der Stärke vorzugehen ist und schwache Positionen oder Zwänge durch Dritte, welche die chinesischen Interessen instrumentalisieren können, zu vermeiden sind.

Es lässt sich nicht ausschließen, dass sich die chinesische Außenpolitik wie bisher weitgehend an wirtschaftlichen Interessen orientiert. Unter dem Credo „Wohlstand für alle" werden sie das Ziel verfolgen, weiter neue Ressourcen von unabhängigen Märkten zu erschließen, um sich in Krisenfällen einzelner Regionen vor deren Ausfälle und den damit verbundenen Folgen zu schützen. Zudem ist zu erwarten, dass die chinesische Außenpolitik wie bisher geopolitische Interessen verfolgt. Das gilt nicht nur für die innerchinesischen Provinzen, zum Beispiel für Tibet und Xinjiang, sondern auch für die gesamte Grenzregion. Davon ist auch Indien und Südostasien betroffen.

Das politische Zentrum stabilisiert sich durch wirtschaftliches Wachstum und die damit einhergehende Zustimmung von großen Teilen der Bevölkerung. Das wird damit einhergehen, dass die nationale kollektive Identität weiter gestärkt wird. Damit wird voraussichtlich ein engagierter Nationalismus einhergehen. Das könnte auch für rückläufige wirtschaftliche Entwicklungen gelten. Für Entscheidungsträger ist dabei im Blick zu behalten, dass eine Rationalisierung der gesellschaftlichen Kommunikation nach westlichen Maßstäben von dem politischen Zentrum nicht gefördert wird. Das ist dadurch begründet, da die Entscheidungsfindung in China im Allgemeinen durch Netzwerke getragen wird. Insofern sollten westliche Politiker die symbolische Politik der Chinesen im Hinblick auf ihre Eingliederung in das politische System der Weltgesellschaft und ihre Organisationen nicht zu hoch bewerten. Insofern hat die westliche Politik letztlich nur zwei Optionen:

1. Eine Verbesserung der Übereinstimmung durch die Bereitstellung von Ressourcen, die in Netzwerken von chinesischer Seite aus nach ihrem Gutdünken verteilt werden oder
2. eine Konfliktstrategie, die darin besteht, dass sie die chinesische Seite in ihrem Zugriff auf Ressourcen beschneidet.

Beide Optionen sind für sich aber kein Königsweg westlicher Politik, sondern sie sind situativ zu wählen.

10.6 Kooperation in Kultur und Wissenschaft

In China ist derjenige erfolgreich, der seine Ziele in Abstimmung mit der Gegenseite verfolgt und umsetzt. Für Entscheidungsträger und Gestalter empfiehlt es sich, nicht nach westlichen Erfolgsstrategien zu verfahren, sondern seine eigenen Stärken und Schwächen in den Blick zu nehmen und auch die Stärken und Schwächen der Chinesen zu berücksichtigen. Die Stärken der Chinesen ergeben sich aus den Informationszusammenlegungen über ihre sozialen Netzwerke. Dadurch reagieren sie schnell auf Veränderungen und können sich flexibel anpassen. Die Schwäche der Chinesen liegt in den Zusammenlegungen von Ressourcen, in der kontinuierlichen Abstimmung mit ihren Netzwerkmitgliedern und ihrer Einbindung sowie die daraus folgende Form der Schleife der Planungsrealisierung. Für die Zielverfolgung ist sich auf diese Kommunikationssituation einzustellen. Dabei ist es von Vorteil, dass die chinesischen Partner utilitaristisch verfahren, das heißt vorteilsbezogen und nicht ideologisch denken. Es ist dabei der Vorteil im Blick zu behalten, den die Chinesen aus der Kooperation und der gemeinsamen Zusammenarbeit haben und diesen direkt oder indirekt zu kommunizieren. Daraus folgt auch eine Sicherheitsstrategie für die westliche Seite. Sie sollte berücksichtigen, dass, wenn die Chinesen den Vorteil aus der Kooperation auch über andere Wege in ihrem Netzwerk erhalten können, so werden sie die Kooperation und Zusammenarbeit in einer für sie strategisch günstigen Situation beenden. Die vormals viel beschworene „Freundschaft", die als Einstieg in ein Netzwerk gilt, wird dann plötzlich beendet.

Deshalb ist gegenüber Chinesen immer auch eine Position der Stärke beizubehalten, da der Ausstieg aus einem Netzwerk mit Westlern nicht die gleichen Nachteile wie mit Chinesen mit sich bringt. Die Stärke des Eigenen und des Fremden zu beachten, beinhaltet auch Konfrontationen zu vermeiden, um die Stärke der anderen Seite zu nutzen. Wenn man die westlichen Modernisierungserrungenschaften, wie zum Beispiel Menschenrechte, Sozialstaat, individualistische Freiheitsausübung und Wissenschaftsrationalismus, als allgemeine Orientierung verbindlich zu machen glaubt, so widerspricht man diesem Verfahrensgrundsatz. Das erhöht lediglich die Konfliktlinie und führt zu keinem zielführenden Ergebnis.

Die strukturelle Veränderung der chinesischen Gesellschaft lässt sich nicht aus der chinesischen Innenperspektive anhand von vielen Einzelbildern erfassen, wie der Anzahl von neuen Wolkenkratzern, von Unternehmen oder auch der

Jungendbewegungen (Punks, Rapper). Sie kennzeichnen nur Ausprägungen von Veränderungen, ohne uns einen Aufschluss über die Struktur und die Zusammenhänge der Mikro- und Makroordnung der jeweiligen Gesellschaft zu geben. Erst mit der Aufdeckung von strukturellen Zusammenhängen lassen sich die Spielräume von Veränderungen erkennen. Dazu ist es notwendig, nicht von Einzelbeschreibungen auszugehen, sondern es sind die Mitgliedschaftsbedingungen, ihre Veränderungen in den sozialen Systemen und ihre Grenzen zu bestimmen. Sie legen das Ausmaß der Reichweite der Teilnahme an Kommunikationen fest. Dazu gehört es, welche sozialen Gruppen über freie Ressourcen verfügen, welche Koalitionen sie zu anderen sozialen Gruppen eingehen und ob sie ihre Prestigeordnung durchsetzen können. Wenn man von Mitgliedschaftsordnungen ausgeht, so gibt es auch immer eine soziale Umwelt. Von der Umwelt aus beobachten heißt, dass wir von dieser Perspektive aus die Zusammenhänge in den sozialen Systemen erkennen. Die sozialen Systeme von der Innenperspektive aus zu beobachten bedeutet dagegen, die Grenzziehung und die Grenzerhaltung in Abgrenzung ihrer Umwelt zu erkennen. Soziale Systeme passen sich nicht der Umwelt an, sondern sie sind bereits angepasst. Somit geben die sozialen Systeme und ihre Grenze zu gleich auch Aufschluss über die Veränderungen in der Umwelt sozialer Systeme. Mit dieser Vorgehensweise der Systembestimmung, der Grenz- und der Umweltbeobachtung sind die soziale Struktur und damit die Erwartungen zu erkennen.

Insofern ist als allgemeine Handlungsorientierung die fortlaufende Einbindung in die sozialen Netzwerke vorort in China zu empfehlen. Damit geht einher, die eigenen Ziele in Schleifen zu verfolgen, durch fortwährende Abstimmungen die vorhandenen Schwächen zu vermeiden und das eigene Interesse so wie auch das Interesse der Chinesen stets im Blick zu behalten. Ingesamt gilt in der Kommunikation mit Chinesen, vergleichbares ist auch im Umgang mit Japanern zu empfehlen, dass man den eigenen kulturellen Hintergrund nicht als selbstverständlich und als zielführend voraussetzt. Das sollte keinen Identitätsverlust bedeuten, sondern auf eine Einstellung auf ein Differenzbewusstsein hinauslaufen. Dabei gilt: Wenn das Geschäft gut läuft, dann lässt sich mit Differenzen umgehen!

Hintergrund und Literatur

In das Buch gehen die Forschungsergebnisse des Projekt „Globalization, Theory of Modernization, Multiple Modernities" der *ProtoSociology* – Zeitschrift und Projekt an der Goethe-Universität Frankfurt am Main ein. Die Untersuchungen belegen, dass Chinas Modernisierung nicht dem westlichen Entwicklungspfad folgt. Das hat weitgehende Konsequenzen, die in der öffentlichen Darstellung nur unzulänglich kommuniziert werden. Auch unter der Voraussetzung eines globalen Wirtschaftssystems ist davon auszugehen, dass in ihm unterschiedliche Entwicklungspfade der Modernisierung eingeschlagen werden, die von historischen und sozial-strukturellen Voraussetzungen abhängig sind. Die Teilnahme an einem globalen Wirtschaftssystem schließt somit nicht ein, das eine Vereinheitlichung der Wirtschaftsordnungen eintritt. Das betrifft die Beziehung zwischen dem Wirtschaftssystem, dem politischen System, dem Rechtssystem und Wissenschaftssystem untereinander sowie zwischen der sozialen Schichtung und den Modernisierungseliten.

Die Entscheidungen und die Kommunikationsgestaltung gegenüber Chinesen sind somit vor der Einsicht in einen anderen sozial-strukturellen und kulturellen Hintergrund auszubilden, damit eine Zielverfolgung und ein Austausch von westlicher Seite erfolgreich und im gegenseitigen Interesse durchgeführt werden kann. Vor diesem Hintergrund sind Enttäuschungen neu zu betrachten und in die Kommunikationsstrategie einzubauen.

Der Ansatz des Kapitels „4. Ausgleich ohne Gleichheit" ist als Artikel von Gerhard Preyer und Reuß-Markus Krauße mit dem Titel „Rechtliche Kommunikation in der chinesischen Gegenwartsgesellschaft als normativ-faktischer Ausgleich ohne Gleichheit" in: *Rechtstheorie* 4 2012 erschienen.

Zum Begriff der Hybridisierung, der seit der zweiten Hälfte der 1990er ein neues Forschungsprogramm in der Modernisierungs- und Entwicklungstheorie ist vgl. Jan Nederveen Pieterse, Globalization and Culture. Global Mélange, Rowman & Littlefield Publisher: Oxford u. a.O. 2004. Zu diesem Ansatz Gerhard

Preyer, „Globalisierung und Multiethnizität. Jan Nederveen Pieterse", in: Ders., Gesellschaft im Umbruch II Jenseits von National- und Wohlfahrtsstaat, Humanities Online: Frankfurt am Main 2009, S. 48–73.

Veröffentlichungen aus dem Projekt „Globalization, Theory of Modernization, Multiple Modernities"

ProtoSociology
Vol. 29 2012
China's Modernization II
Edited by Georg Peter and Reuß-Markus Krauße

Vol. 28 2011
China's Modernization I
Edited by Georg Peter and Reuß-Markus Krauße

Vol. 27 2010
Modernization in Times of Globalization II

Vol. 26 2009
Modernization in Times of Globalization I

Gerhard Preyer, Reuss-Markus Krausse
In China erfolgreich sein
Kulturunterschiede erkennen und überbrücken
Strategien und Tipps für den Umgang mit chinesischen Geschäftspartnern
Springer/Gabler Verlag, Wiesbaden

Gerhard Preyer
Zur Aktualität von Shmuel N. Eisenstadt
Eine Einleitung in sein Werk
Aktuelle und klassische Sozial- und Kulturwissenschaftler|innen
Herausgegeben von Stephan Moebius
Springer/VS Verlag Sozialwissenschaften, Wiesbaden

Gerhard Preyer
Soziologische Theorie der Gegenwartsgesellschaft
Mitgliedschaftstheoretische Untersuchungen
Springer/VS Verlag Sozialwissenschaften, Wiesbaden

Gerhard Preyer
Soziologische Theorie der Gegenwartsgesellschaft II
Lebenswelt, System, Gesellschaft
Springer/VS Verlag Sozialwissenschaften, Wiesbaden

Gerhard Preyer
Soziologische Theorie der Gegenwartsgesellschaft III
Mitgliedschaft und Evolution
Springer/VS Verlag Sozialwissenschaften, Wiesbaden

Georg Peter, Reuß-Markus Krauße Hrsg.
Selbstbeobachtung der Modernen Gesellschaft
und die neuen Grenzen des Sozialen
Springer/VS Verlag Sozialwissenschaften, Wiesbaden

Gerhard Preyer, Mathias Bös Eds.
Borderlines in a Globalized World
New Perspectives in a Sociology of the World-System
Social Indicators Research Series Vol. 9
Kluwer Academic Publisher, Dordrecht
Rep. Springer Verlag, Wien

Gerhard Preyer
Rolle, Status, Erwartungen und soziale Gruppe
Mitgliedschaftstheoretische Reinterpretationen
Springer/VS Verlag Sozialwissenschaften, Wiesbaden

Gerhard Preyer Hrsg.
Neuer Mensch und kollektive Identität
in der Kommunikationsgesellschaft
Springer/VS Verlag Sozialwissenschaften, Wiesbaden

Gerhard Preyer
Max Webers Religionssoziologie
Eine Neubewertung
Humanities Online, Frankfurt am Main

Gerhard Preyer
Intention and Practical Thought
Humanities Online, Frankfurt am Main

Die Autoren

Prof. Dr. phil. Gerhard Preyer lehrt Soziologie an der Goethe-Universität Frankfurt am Main und gibt die Zeitschrift *ProtoSociology – An International Journal of Interdisciplinary Research and Project* an der Goethe-Universität Frankfurt am Main heraus. Er ist Autor zahlreicher Veröffentlichungen zur Globalisierung von Wirtschaft und Gesellschaft.

Kontakt:
www.gesellschaftswissenschaften.uni-frankfurt.de/institut_1/gpreyer/index.html
www.protosociology.de

Reuß-Markus Krauße, Diplom-Soziologe und Doktorand am Projekt der ProtoSociology, hielt sich zu Forschungszwecken seit 1999 mehrmals in China auf. Seine Erfahrungen und Untersuchungen zu den chinesischen Netzwerken sind in diesem Buch ausgewertet. Als Berater und interkultureller Trainer für die chinesische Geschäftsgestaltung hält er auch Workshops zu *In China erfolgreich sein* ab.

Kontakt:
www.reuss-markus-krausse.com
info@reuss-markus-krausse.com

The manufacturer's authorised representative in the EU is Springer Nature Customer Service Centre GmbH, Europaplatz 3, 69115 Heidelberg, Germany. If you have any concerns regarding our products, please contact ProductSafety@springernature.com

Printed and bound by CPI Group (UK) Ltd, Croydon, CR0 4YY

25/03/2026

02078189-0013